普通高等教育车辆工程专业"新工科"建设系列教材

Qiche Xinjishu
汽车新技术

（第 3 版）

史文库　编　著
陈志勇　主　审

人民交通出版社股份有限公司
北京

内 容 提 要

本书是"普通高等教育车辆工程专业'新工科'建设系列教材"之一。本书在前两版的基础上,对近年来汽车上应用的新技术进行了介绍与解析,包括:发动机新技术、变速器新技术、转向新技术、悬架新技术、制动新技术、汽车 NVH 技术、发动机液压悬置、双质量飞轮扭转减振器、车身新技术、汽车轻量化技术、新能源汽车技术、智能汽车技术。

本书可作为高等院校车辆工程、汽车服务工程、交通运输等专业本科生的教材,也可作为一般工程技术人员的参考书。

图书在版编目(CIP)数据

汽车新技术/史文库编著. —3 版. —北京:人民交通出版社股份有限公司,2021.7(2025.1 重印)
ISBN 978-7-114-17285-4

Ⅰ.①汽… Ⅱ.①史… Ⅲ.①汽车—高技术 Ⅳ.①U46

中国版本图书馆 CIP 数据核字(2021)第 082906 号

书　名:	汽车新技术(第3版)
著作者:	史文库
责任编辑:	钟　伟
责任校对:	刘　芹
责任印制:	张　凯
出版发行:	人民交通出版社股份有限公司
地　址:	(100011)北京市朝阳区安定门外外馆斜街3号
网　址:	http://www.ccpcl.com.cn
销售电话:	(010)85285911
总经销:	人民交通出版社股份有限公司发行部
经　销:	各地新华书店
印　刷:	北京科印技术咨询服务有限公司数码印刷分部
开　本:	787×1092　1/16
印　张:	16.5
字　数:	386 千
版　次:	2010 年 9 月　第 1 版
	2017 年 1 月　第 2 版
	2021 年 7 月　第 3 版
印　次:	2025 年 1 月　第 3 版　第 2 次印刷　总第 10 次印刷
书　号:	ISBN 978-7-114-17285-4
定　价:	46.00 元

(有印刷、装订质量问题的图书,由本公司负责调换)

普通高等教育车辆工程专业"新工科"建设系列教材

编 委 会

主　任

赵祥模(长安大学)

副主任(按姓名拼音顺序)

陈　南(东南大学)	高振海(吉林大学)	郭应时(长安大学)
黄　彪(北京理工大学)	刘　杰(湖南大学)	吴光强(同济大学)

委　员(按姓名拼音顺序)

曹立波(湖南大学)	冯崇毅(东南大学)	龚金科(湖南大学)
郭伟伟(北方工业大学)	韩英淳(吉林大学)	胡兴军(吉林大学)
黄　江(重庆理工大学)	黄韶炯(中国农业大学)	李　凡(湖南大学)
李志恒(清华大学)	刘晶郁(长安大学)	鲁植雄(南京农业大学)
栾志强(中国农业大学)	史文库(吉林大学)	谭继锦(合肥工业大学)
谭墅元(北方工业大学)	汪贵平(长安大学)	王　方(长沙理工大学)
吴志成(北京理工大学)	谢小平(湖南大学)	杨　林(北京理工大学)
姚为民(吉林大学)	于海洋(北京航空航天大学)	张　凯(清华大学)
张志沛(长沙理工大学)	周淑渊(泛亚汽车技术中心)	左曙光(同济大学)

第3版前言
Preface to the third edition

为主动应对新一轮科技革命与产业变革,支撑服务创新驱动发展、"中国制造2025"等一系列国家战略,自2017年2月以来,教育部积极推进"新工科"建设,先后形成了"复旦共识""天大行动"和"北京指南",全力探索形成领跑全球工程教育的中国模式、中国经验,助力高等教育强国建设。为顺应"新工科"建设的发展需求,人民交通出版社股份有限公司针对高等院校车辆工程专业课程开设情况进行了充分的调研,并在此基础上,围绕着工程教育改革的新理念、新结构、新模式、新质量、新体系,对原有的车辆工程专业教材进行了全面的调整、修订和增补等,形成了全新的"普通高等教育车辆工程专业'新工科'建设系列教材"。

目前,汽车正朝着高效、安全、节能、环保、舒适的目标不断迈进,因此带动了轻量化汽车、新能源汽车、智能网联汽车、共享化汽车的快速发展,各项新技术不断涌现。本书力争紧跟汽车工业发展潮流,及时推出汽车发展的新技术,以满足广大读者的迫切需求。

本书主要介绍近年来汽车行业出现的一些新技术的概念、新的结构和新的原理,力争由浅入深,通俗易懂。本书可作为高等院校汽车类相关专业本科生的教材,也可作为车辆工程方面技术人员以及广大汽车爱好者的参考书。通过对本书的学习,学生将对目前汽车新技术有一个比较全面的了解。近年来,新能源汽车、智能网联汽车方面的新技术发展日新月异,我们将实时跟踪汽车新技术的发展脉搏,及时对本书进行更新,以满足广大读者的需要。

参加本书编写的成员及分工如下:吉林大学史文库教授编写第三章、第六章、第七章、第八章、第十章;北京航空航天大学杨世春教授编写第一章、第十一章;吉林大学雷雨龙教授编写第二章;山东交通学院张恒海博士编写第四章;吉林大学赵健教授编写第五章;吉林大学余天明副教授编写第九章;吉林大学朱冰教授编写第十二章。本书由吉林大学陈志勇教授主审。

在本书的编写和出版过程中分别得到了吉林大学汽车工程学院和人民交通出版社股份有限公司的大力支持,在此表示感谢。

由于编著者的水平能力有限,书中难免有错误,恳请广大读者批评指正。

编著者
2021年2月于吉林大学

目录

第一章 汽车发动机 ········· 1
- 第一节 汽油机直喷技术 ········· 1
- 第二节 新型柴油机燃烧及排放控制技术 ········· 7
- 第三节 发动机控制新技术 ········· 13
- 第四节 新型燃烧系统 ········· 29
- 思考题 ········· 34

第二章 自动变速器 ········· 35
- 第一节 自动变速器综述 ········· 35
- 第二节 液力变矩器 ········· 36
- 第三节 液力机械式自动变速器（AT） ········· 39
- 第四节 电控机械式自动变速器（AMT） ········· 47
- 第五节 无级变速器（CVT） ········· 49
- 第六节 双离合器自动变速器（DCT） ········· 53
- 第七节 变速器的自动控制系统 ········· 56
- 思考题 ········· 60

第三章 转向 ········· 61
- 第一节 概述 ········· 61
- 第二节 四轮转向系统（4WS） ········· 61
- 第三节 电动助力转向（EPS） ········· 63
- 第四节 汽车线控转向（SBW） ········· 68
- 第五节 主动转向技术 ········· 72
- 思考题 ········· 75

第四章 悬架 ········· 76
- 第一节 概述 ········· 76
- 第二节 可调空气悬架 ········· 76
- 第三节 多连杆式悬架 ········· 79
- 第四节 橡胶悬架 ········· 82
- 第五节 复合材料悬架 ········· 85
- 第六节 馈能悬架 ········· 88
- 第七节 磁流变悬架 ········· 92

  第八节 电磁悬架 ······ 94
  思考题 ······ 95

第五章 制动
  第一节 汽车电控制动技术的发展 ······ 96
  第二节 防抱死制动系统(ABS) ······ 99
  第三节 牵引力控制系统(TCS) ······ 104
  第四节 稳定性控制程序(ESP) ······ 107
  第五节 线控制动系统(BBW) ······ 109
  思考题 ······ 116

第六章 汽车NVH
  第一节 汽车 NVH 概述 ······ 117
  第二节 汽车上的 NVH 现象 ······ 119
  第三节 车内降噪 ······ 124
  第四节 汽车 NVH 系统的仿真分析 ······ 130
  第五节 汽车 NVH 试验 ······ 132
  思考题 ······ 136

第七章 发动机液压悬置
  第一节 概述 ······ 137
  第二节 发动机悬置的功能和基本要求 ······ 139
  第三节 液压悬置结构和工作原理 ······ 140
  第四节 液压悬置的发展方向 ······ 142
  思考题 ······ 151

第八章 发动机双质量飞轮
  第一节 概述 ······ 152
  第二节 双质量飞轮式扭转减振器的基本功能和要求 ······ 153
  第三节 双质量飞轮式扭转减振器工作原理 ······ 155
  第四节 双质量飞轮式扭转减振器的结构介绍 ······ 157
  思考题 ······ 164

第九章 车身
  第一节 概述 ······ 165
  第二节 空调 ······ 165
  第三节 座椅 ······ 166
  第四节 智能仪表 ······ 167
  第五节 中央门锁与防盗系统 ······ 169
  第六节 安全气囊与安全带 ······ 169
  第七节 红外夜视系统 ······ 171
  第八节 后视镜 ······ 172
  第九节 倒车辅助系统 ······ 173
  第十节 灯光 ······ 174

第十一节　多功能转向盘 176
　　第十二节　电动天窗 176
　　思考题 177
第十章　汽车轻量化 178
　　第一节　概述 178
　　第二节　结构优化设计 180
　　第三节　轻量化新材料 181
　　第四节　轻量化设计的先进成型技术 194
　　第五节　汽车轻量化评价 198
　　第六节　轻量化技术路线 201
　　思考题 203
第十一章　新能源汽车 204
　　第一节　纯电动汽车 204
　　第二节　混合动力电动汽车 211
　　第三节　燃料电池电动汽车 216
　　思考题 228
第十二章　智能汽车 229
　　第一节　智能汽车概述 229
　　第二节　智能汽车的发展概况 230
　　第三节　智能汽车功能架构 236
　　第四节　智能汽车技术挑战与发展趋势 248
　　思考题 250
参考文献 251

第一章 汽车发动机

第一节 汽油机直喷技术

近年来,受全球气候变暖及与之相对应的二氧化碳排放的困扰,在满足发动机排放要求的前提下,改善发动机的燃油经济性显得格外迫切。由于汽油机的燃油经济性比柴油机差,所以降低汽油机的能耗已经成为汽车界当前必须要解决的一个问题。开发车用具有汽油机优点同时具有柴油机部分负荷高燃油经济性优点的发动机是主要的研究目标。汽油缸内直喷是提高汽油机燃油经济性的重要手段,近些年来,以汽油缸内直喷(Gasoline Direct Injection,GDI)为代表的新型混合气形成模式的研究和应用,极大地提高了汽油机的燃油经济性。

一、汽油缸内直喷技术发展概况

汽油发动机缸内直喷的工作方式,早在20世纪50年代德国的奔驰300SL车型、60年代的MAN(Maschinenfabrik Auguburg Nurnberg)系统,70年代美国Texaco的TCCS(Texaco Controlled Combustion System)系统和福特的PROCO(Programmed Combustion Control System)系统就曾经采用过。这些早期的GDI发动机在大部分负荷范围实现了无节气门控制并且燃油经济性接近非直喷柴油机。其主要缺点是由于采用机械式供油系统,各负荷甚至全负荷时后喷时刻是固定的,燃烧烟度限制了空燃比不能超过20:1。采用柴油机供油系统并使用涡轮增压来增加功率输出,使得发动机性能和柴油机相似,并且在部分负荷时有更差的HC排放。空气利用效率低,机械供油系统受到转速范围的限制,使得发动机的输出功率非常低。因此,受当时发动机制造技术水平的限制,加上尚没有电控喷射手段,开发出的GDI发动机性能和排放并不理想,没有得到实际的应用。

20世纪90年代以后,由于制造精密、性能优良的发动机部件的应用和精度高、响应快的电控汽油直喷系统的应用,GDI发动机的研究和应用得到快速发展。GDI发动机瞬态响应好,可以实现精确的空燃比控制,具有快速的冷起动和减速断油能力及潜在的系统进一步优化能力,这些方面都显示了它相比进气道喷射汽油发动机的优越性。采用先进的电子控制技术,早期直喷发动机的控制和排放等方面的许多问题都能够得到解决。新技术和电子控制策略的发展使得许多发动机制造企业重新考虑GDI发动机的潜在优点。例如,1996年日本三菱汽车公司率先推出1.8L顶置双凸轮轴16气门4G93壁面引导型直喷发动机;丰田公司开发出了同时使用GDI和PFI两套供油系统的2GR—FSE V6发动机;通用公司2004年开发出了使用VVT(Variable Valve Timing)技术的分层稀燃直喷发动机;宝马公司在低压均质混合气直喷GDI V12发动机的基础上,2006年也开发出了可以实现分层稀燃的R6直喷发动机;德国大众公司2000年底利用电子控制系统把与TDI柴油机相似的原理用在汽油机上,开发了壁面引导型燃油分层直接喷射FSI(Fuel Stratified Injection)发动机,并用于Lupo车上,其100km的平均油耗只有4.9L;2004年奥迪公司开始将其2.0T-FSI燃油分层直接喷射增压汽油机推向市场。大众FSI发动机目前是唯一引入我国量产的GDI发动机。缸内直喷技术对汽油的油品质量是个严格考验,正是基于这些原因的考虑,大众公司在我国的FSI发动机上取消了分层燃烧技术,只保留了均匀燃烧模式,而三菱、丰田等其他公司目前都没有将各自的GDI技术引入到我国。

由于在排放、燃烧稳定性、燃油品质、性能及可靠性等方面的问题限制了GDI发动机的普遍使用,使用GDI技术完全替代气门口喷射(Port-fuel-injection,PFI)技术目前仍然存在一些技术难题。国内外的公司和研究机构也都在积极地开发设计新型直喷发动机,如,AVL公司正在开发基于喷射引导和激光点火系统的新一代分层稀燃直喷发动机技术。目前,国内一汽、长城、比亚迪、奇瑞、长安和吉利等汽车企业,联合高校正在开发理论空燃比混合气或多种燃烧模式相结合的GDI发动机。

二、汽油缸内直喷发动机分类及产品

汽油缸内直喷发动机喷油嘴安装在燃烧室内,其典型结构如图1-1所示。GDI发动机的工作过程如图1-2所示,燃油直接喷注在燃烧室内,空气则通过进气门进入燃烧室与汽油混合成混合气被点燃做功,这种形式与直喷式柴油机相似,因此,有人认为缸内直喷式汽油机是将柴油机的形式移植到汽油机上的一种创举。

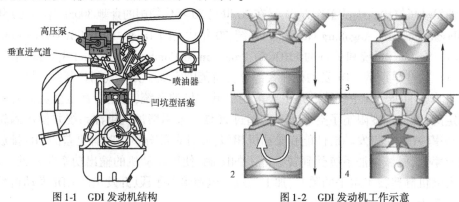

图1-1 GDI发动机结构   图1-2 GDI发动机工作示意

按照燃烧系统和控制策略的不同,GDI发动机可以分为8类。表1-1总结了GDI发动机的类型和定义,表中前5种按照燃烧系统的形式分类,后3种按照控制策略进行了分类。

GDI发动机分类   表1-1

分类依据	分 类	特 点
喷油嘴和火花塞之间的距离	窄间距	火花塞靠近喷嘴,火花直接点燃喷油束外围混合气,喷束引导燃烧系统属于此分类
	宽间距	火花塞和喷嘴之间的间距较大,通过气流运动或燃油与壁面之间的相互作用实现分层,气流引导型和壁面引导型燃烧系统属于此分类
产生层流充气的方式	喷束引导型	通过燃油喷射扩散和混合形成分层,火花塞靠近喷油器点燃油束外围,同时属于窄间距分类
	壁面引导型	燃油喷向活塞头部的凹坑,通过壁面形状和燃油喷雾的相互作用实现分层,属于宽间距概念分类,目前为量产发动机中应用最多的形式
	气流引导型	通过燃油喷射和缸内气流运动形成分层充气,同时属于宽间距分类

续上表

分类依据	分 类	特 点
气流运动类型	滚流	应用滚流产生或辅助分层充气
	涡流	应用涡流产生或辅助分层充气
喷嘴位置	中心喷射	喷嘴位于燃烧室中央,火花塞与喷嘴的间距较窄
	侧面喷射	喷嘴位于燃烧室的外缘,一般在进气门一侧,火花塞通常位于燃烧室中央
喷嘴类型	单一液相喷射	使用单一液相燃油,通常用于高压,是目前最为广泛使用的类型
	辅助空气增压喷射	喷油时空气和燃油同时喷入汽缸内,使用适合的燃油和空气压力
燃油分布	均质	缸内形成均质混合气
	分层混合气	缸内形成分层混合气
喷油时刻	早喷	进气行程喷油形成均质混合气
	后喷	在压缩行程喷油形成分层充气
空燃比	浓混合气	发动机在小于理论空燃比下工作,充气可以均质或分层
	理论空燃比	发动机在理论空燃比下工作,充气可以均质或分层
	稀混合气	发动机在大于理论空燃比下工作,充气可以稀均质或分层(局部可能小于理论空燃比)

三、GDI发动机燃烧系统

1. 喷束引导

燃油喷嘴靠近火花塞,窄间距布置,喷油器安装在汽缸中央,火花塞紧靠燃油喷嘴位于燃油喷束的边缘,喷油器直接将燃油射向火花塞的电极,如图1-3a)所示。这种布置方式可以使燃油混合气能在有限的空间内产生有效的分层,并可保证当整个燃烧室内为稀薄混合气时,火花塞周围仍能形成可供点火的混合气浓度,这种混合气形成方法被称为"喷束引导法"。福特的PROCO发动机就是基于此概念开发的直喷稀燃系统。这种燃烧系统存在的问题:由于火花塞与油束之间的距离近,使混合气形成的时间太短,火花塞容易被液态燃油沾湿而造成积炭和点火困难,缩短了火花塞的使用寿命,同时,由于油束周围可点燃混合气的范围较小,影响了着火稳定性。然而,喷束引导型燃烧系统却有着实现更稀薄的燃烧和扩大稀燃区域的潜力,是分层稀燃直喷燃烧系统发展的一个重要方向。

2. 壁面引导

使用特殊形状活塞表面,同时优化涡流和滚流之间的平衡,控制喷射到活塞表面的燃油传输方向即可控制分层燃烧。如图1-3b)所示,喷油嘴与火花塞之间采用宽间距布置方式。喷油器设置在进气门一侧,相对应活塞凹坑的开口也朝向进气门侧,火花塞布置在中间,采用具有特殊形状的立式进气道,进气行程中吸入的空气通过立式进气道被强制沿汽缸壁向下流动,形成逆向滚流,从而将喷射的燃油和蒸发的燃油送到火花塞附近。进气道直立后,降低了进气阻力,提高了充气效率,从而使发动机功率得到进一步的增大。在这种燃烧系统中,活塞顶面通常被设计成弧状的曲线形,并在其上开有小型的球形燃烧室,当喷油器将油束直接喷射到燃烧室内时,它就可借助于球型燃烧室凹坑壁面形状并利用由立式进气道产生的逆向翻滚气流,将燃油蒸气导向火花塞,在火花塞间隙处形成合适浓度的混合气。在压缩过程中,挤流使逆滚流得到加强,有利于燃烧的进行。在燃烧过程后期,逆挤流使火焰传播到排气门一侧。这种混合气形成方式被称为"壁面引导法"。三菱、丰田、日产、大众等公司开发的机型,均采用此燃烧系统。

3. 气流引导

采用接近水平的进气道,在缸内产生顺向的滚流,如图1-3c)所示。喷油器与火花塞采取宽间距布置,喷油器不直接将油束喷向活塞凹坑,而是对准燃烧室的中心喷向火花塞(但不朝向火花塞电极),并利用缸内有组织的气流运动与油束相互作用,使发动机在大部分工况范围内都能实现分层充气或形成均质混合气,这种混合气形成的方式被称为"气流引导式"。德国FEV发动机技术有限公司公布的一些开发方案采用的就是这种燃烧系统。

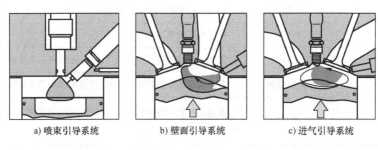

a) 喷束引导系统　　b) 壁面引导系统　　c) 进气引导系统

图1-3　三种燃烧系统结构

四、GDI发动机的发展趋势

由前文分析可知,GDI发动机的发展面临排放、稳定燃烧控制、燃油经济性提高、性能可靠性、控制复杂性等方面的挑战。GDI发动机的燃烧技术将按照图1-4所示的四个方向发展:采用$\lambda=1$的均质混合燃烧方式;采用分层充气或均质($\lambda=1$)充气的涡轮增压技术;优化燃烧系统扩大分层稀燃区域;实现GDI发动机的均质充量压燃(HCCI)燃烧。

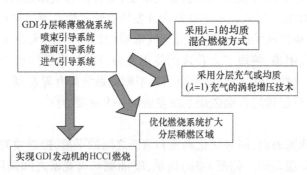

图1-4　GDI发动机的燃烧技术发展趋势

1. 采用$\lambda=1$的均质混合气燃烧方式

采用过量空气系数$\lambda=1$的均质混合气燃烧方式,其主要优点是能够采用目前PFI发动机上广泛使用的三元催化转换器,可以避免使用稀燃NO_x催化转换器,使其排放能够满足越来越严格的排放法规。同 PFI 发动机和分层稀燃 GDI 发动机相比，$\lambda=1$ 的均质混合燃烧发动机同样具有较多优点。

(1) 发动机起动过程。具有更快速的起动，较少的起动加浓和具有降低起动 HC 排放的潜力。

(2) 瞬变工况。能够提高瞬态响应，减少加速加浓，实现更准确的空燃比控制，并能够最大限度地实现减速断油。

(3) 燃烧过程。不需要分层充气和均质充气的模式转换。缸内燃油蒸发冷却充气，压缩行程可以减少热损失，有利于提高燃烧稳定性和废气再循环（EGR）率，并能够提高由于爆震限制的压缩比。若改为稀燃均质充气模式工作时，系统不需要修改。

(4) 燃油经济性。燃油经济性能够提高 5%，容积效率能够提高 5%。能够最大限度地实现减速断油，并能够应用直接起—停技术，取消怠速，实现进一步节油。

(5) 动力性能。由于容积效率提高 5%，能够提高峰值转矩和功率 7% 左右，可以在保持发动机转矩和功率不变的前提下减小发动机的尺寸。

(6) 系统的灵活性和复杂性。控制系统比分层稀燃简化，增加了系统优化的灵活性。

(7) 与其他技术的匹配。更容易实现其他技术，如：增压、取消发动机怠速、采用直接起—停技术、使用无级变速器、使用混合动力技术。

(8) 排放方面。不需要稀燃 NO_x 后处理系统，可以使用三元催化转换器，同分层稀燃 GDI 发动机相比具有更低的排放，并能够降低瞬态工况的排放。

因此，均质理论空燃比 GDI 发动机具有满足未来超低排放法规的潜力，是 GDI 发动机未来的一个重要发展方向。

2. 采用分层充气或均质（$\lambda=1$）充气涡轮增压技术

通过提高进气压力、提高空气利用效率来减小发动机的尺寸是提高发动机经济性的有效途径，传统的 PFI 发动机由于受到爆震的限制和涡轮增压器响应滞后等因素的影响，使得汽油机涡轮增压技术没能迅速发展。GDI 发动机由于缸内形成混合气，燃料蒸发能够降低混合气温度，同时混合气在缸内停留的时间相对较短，相同压缩比条件下，GDI 发动机要比 PFI 发动机爆震倾向小，对燃料辛烷值的要求低。GDI 发动机小负荷时不使用节气门进气量相对较大，涡轮增压器转速高，使得 GDI 发动机在瞬态工况能够实现快速响应随负荷变化引起的涡轮增压变化。GDI 发动机应用涡轮增压技术具有以下优势：

(1) 缸内充气冷却。由于燃油在汽缸内蒸发能够显著冷却缸内充气，结合多阶段喷油可以有效地降低爆震倾向，因此，可以实现比常规 PFI 更高的压缩比。

(2) 分层充气。由于增加了发动机的充气量，所以可以扩大发动机稀燃区域的转速和负荷范围。

(3) 提高涡轮增压发动机瞬态响应。小负荷时不使用节气门，发动机的进气量大，涡轮增压器转速增高，因此，即使在部分负荷稀燃区域时涡轮增压的响应延迟也较小。

3. 优化燃烧系统扩大分层稀燃区域

燃油经济性的提高是影响未来 GDI 发动机和小型高压共轨柴油机在市场所占比例的重要因素。GDI 发动机分层稀燃区域可以实现节油 20%~25%，可以优化 GDI 发动机燃烧技术，采用新一代喷射引导型燃烧系统，扩大分层稀薄燃烧范围，进一步提高 GDI 发动机的经济性。表 1-2 为 GDI 发动机各部分的效率提高与过量空气系数 λ 之间的关系，由表 1-2

可以看出,若提高混合气的过量空气系数,能够大幅提高发动机的热效率,扩大直喷发动机分层充气稀燃区域是新一代直喷供油系统的发展趋势。因此,基于窄间距设计的喷束引导燃烧系统,由于其具有实现更稀薄燃烧并扩大稀燃区域的潜力,将成为下一代 GDI 发动机的首选燃烧系统,如图 1-5 所示为 AVL 公司设计的新一代基于窄间距和激光点火的直喷汽油机。

GDI 发动机的效率提高与过量空气系数之间的关系(2000r/min;进气压力 =200kPa)   表 1-2

λ	排气能量	壁面传热	换气壁面传热	高压壁面传热	压力损失	换气损失	总体效率提高
1	基准	基准	基准	基准	基准	基准	基准
1.3	-6%	-8%	-19%	-4%	-6%	-30%	5%
3.4	-26%	-42%	-92%	-23%	-20%	-95%	23%

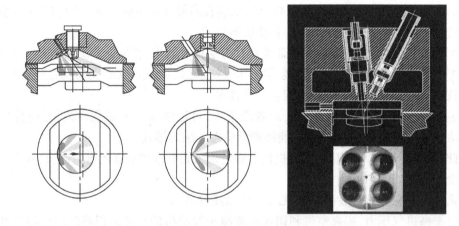

图 1-5 AVL 公司的新一代燃烧系统

4. 实现 GDI 发动机的 HCCI 燃烧

分层稀薄燃烧 GDI 发动机的混合气是不均匀的,NO_x 会在燃料较稀的高温区产生,而在混合气较浓的区域易产生炭烟。在 HCCI 的燃烧过程中,理论上是均匀混合气完全压燃、自发燃烧、没有火焰传播过程,这样可以阻止 NO_x 和微粒的生成,同时能够实现较高的燃油经济性。若实现 HCCI 燃烧可以不需要任何后处理装置就可以达到欧Ⅵ或更加严格的排放法规,HCCI 燃烧的实现需要解决两个问题,即点火时刻的控制和发动机整个工况内燃烧速率的控制。HCCI 燃烧需要通过控制汽缸内温度、压力和混合气的浓度来控制整个汽缸内混合气的燃烧时刻,没有明确的触发手段来控制燃烧,局部的温度变化或空燃比变化都是控制 HCCI 燃烧起始时刻的关键变量,使燃烧控制变得十分困难。使用 GDI 技术燃油直接喷入汽缸内,能够更加灵活地控制喷油时刻和精确控制喷油量,为 HCCI 燃烧模式的实现提供了可能。应用 GDI 技术实现 HCCI 燃烧具有以下优点:

(1)缸内直喷可以通过改变喷油时刻来改变局部混合气浓度。

(2)缸内燃油蒸发可以改变缸内局部温度。

(3)燃油早喷能够为燃油蒸发和形成均质混合气提供足够的时间,压缩行程后喷射能够控制汽缸内局部区域混合气浓度从而控制 HCCI 燃烧,可应用 GDI 的多阶段喷射实现这两种喷射。

(4)缸内直喷技术在瞬态工况能够实现精确的喷油量控制,有效避免瞬态工况 HCCI 燃烧爆震或失火。

第二节　新型柴油机燃烧及排放控制技术

一、柴油机技术发展现状

推广柴油机是提高热效率和降低温室气体排放的有效途径之一。此外,柴油机在 HC 和 CO 排放上也具有汽油机无法比拟的优势。各项排放法规阶段性的强制实行,是促使柴油机技术不断更新换代的最重要因素。

目前达到最新排放标准的柴油机主要采用的改善燃烧过程的技术措施如下:

(1)电控燃油喷射系统。燃油喷射系统是高速直喷式柴油机燃烧中最为关键的部分,也是为达到最佳排放控制而改进燃烧的主要部分。十几年来,提高喷油压力一直是直喷式柴油机降低排放的主要技术途径。高压喷射系统主要有电控径向柱塞式分配泵、共轨式喷油系统和泵喷嘴系统。电子控制技术已经经历了三代变化:

①第一代:凸轮压油、位置控制。

②第二代:凸轮压油、时间控制。

③第三代:共轨蓄压、电磁阀时间控制。

(2)直喷燃烧室。燃烧室形状控制空气的运动和燃烧过程中空气与燃油的混合。在燃烧室中的空气运动和喷束,与燃烧室尺寸的优化匹配对柴油机燃烧排放具有重要的影响。与涡流室式和预燃室式燃烧室相比,直喷式燃烧室具有较好的燃油经济性,燃油消耗率降低 15%~20%,CO_2 排放减少 20%。随着现代电子控制技术和直喷燃烧技术的迅猛发展,直喷式柴油机的 NO_x 排放和噪声也得到了妥善解决。采用直喷式燃烧室已经成为现代柴油机的重要标志。

(3)四气门结构。采用四气门的目的是增加进排气门的流通截面积,在高速时增加进气量和降低泵气损失。采用四气门布置,燃油分布更加均匀,有利于油气混合和高效率燃烧,其结果使 NO_x 和微粒排放降低,同时也提高了燃油经济性。因此,许多柴油机,甚至是轿车柴油机都开始采用四气门。

(4)废气再循环(EGR)。为取得最佳的 NO_x 排放和燃油消耗率的均衡关系,自 2000 年起,冷却 EGR 的应用越来越多。对于小型柴油机来说,冷却 EGR 增加了发动机管路的复杂性,并产生布置问题。ECOTEC 发动机采用了利用汽缸盖内部冷却通道来输送 EGR 的方法以解决此问题。在典型的高速直喷式柴油机中,EGR 取自涡轮增压器涡轮前的排气,并被输送到涡轮增压器压气机和中冷器的下游以避免在压气机和中冷器中堆积积炭。由于涡轮增压器和发动机的不同特性,在排气和进气之间可能会发生因压力差不足而不能提供足够的 EGR 气流量的情况,但可通过使用一个进气节流阀或者使用可变截面涡轮增压器解决这一问题。

(5)增压中冷及可变截面增压器。增压技术可以改善柴油机在中、低速下的转矩特性。越来越多的轿车柴油机开始采用可变截面涡轮增压器。这种增压器能根据发动机工况的变化实时调节导向叶片的角度,改变涡轮喷嘴环横截面积,从而实现进气量的动态调节。采用可变截面涡轮增压器不仅可以改进发动机额定工况点附近的效率,而且还可以改进发动机整个特性曲线范围内的增压压力,提高低速区的转矩,改善起动性能和低速区域的加速性能。

(6) 燃油品质的提高。降低柴油机排放的一个有效措施是改进燃油性能。欧洲目前正在进行改性柴油对柴油机排放影响的研究。欧洲已进行的研究工作表明:燃油密度、多环芳香烃、十六烷值和 T96 馏出点温度 4 个参数对柴油机排放影响很大,如果将燃油密度由 855kg/m³ 降到 826kg/m³,多环芳香烃的质量分数由 8% 降到 1%,十六烷值由 50 提高到 58,T96 馏出点温度由 370℃ 降到 325℃,则柴油机 HC 排放降低 34%,CO 排放降低 42%,NO_x 排放增加 3%,微粒排放降低 24%。

二、新型低温燃烧控制技术

由于柴油机 NO_x 和炭烟排放存在"此消彼长"的缘故,同时降低这两种排放物非常困难。尽管柴油机后处理技术取得一些进展,然而,这种技术距实用化尚待时日。为了满足日益严格的排放法规,柴油机需要一种有效的技术途径同时降低 NO_x 和炭烟排放。柴油机低温燃烧模式有可能成为解决这一难题的有效手段。研究表明,在低当量比情况下,如果局部燃烧温度在 2200K 以上,NO_x 会大量生成;在当量比较高的情况下,为了避开炭烟的主要生成区域,最高燃烧温度则需要进一步降低。如果燃烧温度可以保持在低于 1650K 的水平,无论当量比如何,燃烧都可以完全避开 NO_x 和炭烟的主要生成区域,这种燃烧模式便是低温燃烧。与传统直喷式柴油机的燃烧相比,低温燃烧模式通常增加燃烧前的油气混合,或者采用大量的废气再循环(EGR)。由空气或 EGR 稀释后的混合气使燃烧温度降低,从而减少 NO_x 的生成。均质混合气的形成减少了局部过浓的区域,从而减少了炭烟的生成。同时,稀薄的混合气也有利于抑制炭烟的生成。

1. 新型低温燃烧控制技术分类

柴油机低温燃烧的实现方式——低温燃烧模式可以分为两类:第一类,着火时刻与喷射时刻无关,而完全由化学反应动力学决定;第二类,燃烧相位的控制与喷油时刻耦合。第一类燃烧系统中,燃料和空气通常已经进行充分预混合,因此,着火开始时混合气近似于均质,而且各处的当量比(ϕ)均小于 1。极低的当量比($\phi<0.5$)或者对高当量比的混合气采用 EGR,都可以达到较低的燃烧温度。对于第二类系统,喷油时刻和着火开始时刻之间时间间隔很短,所以,不能实现充分预混合,在着火开始时刻,许多区域的当量比仍然大于 1。因此,在大部分热量释放出的同时,油气依然在混合,此时的最高燃烧温度接近理论空燃比条件下的绝热火焰温度。此时,通常采用低压缩比、大量的冷却 EGR 以及推迟喷油时刻等策略来抑制火焰温度的升高。

图 1-6 示出了传统直喷式柴油机的燃烧、预混合燃烧以及部分预混燃烧等几种燃烧方式炭烟和 NO_x 的生成区域。图 1-6 中空心箭头代表直喷式柴油机的燃烧,燃油喷射到燃烧室里时首先经历了绝热混合过程,在着火延迟期之后经历了快速放热过程,使混合气的温度迅速达到绝热火焰温度。此后混合过程继续进行,同时混合气温度与火焰温度始终保持一致。黑色箭头代表完全预混合燃烧,在燃烧开始之前油气便已经充分混合。灰色箭头代表的是部分预混合燃烧,在这种燃烧方式下,混合过程可以在燃烧已经发生的情况下继续进行,直至达到足够低的当量比。显而易见,炭烟和 NO_x 的生成与燃烧路径密切相关。

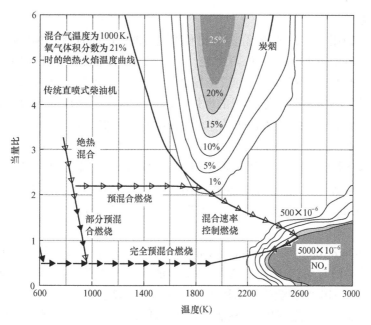

图1-6 在 ϕ-T 平面上柴油机的传统燃烧模式与两种低温燃烧模式

1) 均质充量压燃燃烧

均质充量压燃（HCCI）燃烧是低温燃烧的一个分支，是同时降低柴油机 NO_x 和炭烟排放的一种有效手段。其主要观点是在着火前形成一种理想的均质稀薄混合气，通过提高压缩比，采用 EGR、进气加温和增压等手段来提高缸内混合气的温度和压力，使汽缸内的高度稀释的预混合气可以实现多点同时着火。因而传统的扩散燃烧的火焰将会消失，燃料主要以预混合的形式燃烧。燃油喷射提前可以得到这种近似于均质的混合气，从而避免了扩散火焰所产生的高温，使炭烟和 NO_x 的排放大幅降低，而燃烧效率仅小幅上升。20 世纪 90 年代后期，HCCI 燃烧技术在内燃机节能和排放方面展现的潜力使各国的研究机构和企业大力开展这一领域的研究工作。柴油的 HCCI 燃烧具有两阶段自燃过程。第一阶段称为低温冷焰化学反应阶段，第二阶段称为热焰燃烧阶段，污染物主要产生于第二阶段。柴油的低挥发性使其难以在自燃之前形成均质混合气，所以经常使用的喷油策略包括进气道喷射、压缩行程内的早喷或晚喷以及早喷与晚喷的结合。为了促进油气混合和延长点火延迟期，经常采用大涡流比和高 EGR 率等措施。HCCI 燃烧的应用也存在着一些问题：在大幅降低 NO_x 和炭烟排放的同时，HC 和 CO 排放却大幅增加，特别是在低负荷条件下；为了避免爆震，发动机的工作范围很窄，仅限于部分负荷，因此在动力性上受到限制；由于 HCCI 着火过程完全依靠化学动力学，其燃烧相位和燃烧速率难以直接控制；其冷起动和瞬态的性能不佳；在均质混合气的制备以及 HCCI 控制策略方面，仍然需要进一步研究。

2) 柴油机浓混合气无烟燃烧

柴油机浓混合气无烟燃烧技术由丰田公司开发。浓混合气无烟燃烧式柴油机拥有与传统直喷式柴油机相同的热效率，然而它的 NO_x 和炭烟排放却低很多。柴油机浓混合气无烟燃烧是在理论空燃比甚至是更浓的混合气条件下，通过大量的冷 EGR（60% 或者以上）来保持油束内的温度低至无微粒生成，但是对高 EGR 率的需要限制了其只能在低负荷区域应用，而且 EGR 的增加使 HC 和 CO 排放以及燃烧效率下降。

3) MK 燃烧

Kimura 发现使用大量的 EGR、高涡流比和推迟喷油可以同时降低 NO_x 和炭烟排放,这种燃烧方式称为 MK(Modulated Kinetics)燃烧。大量的 EGR 导致着火延迟期延长,保证了油气在着火前可以更加充分地混合,因此,微粒的生成被显著抑制;使用高涡流比抑制了 HC 和可溶性有机成分(SOF)的生成;推迟的燃烧相位以及使用大量 EGR 所降低的燃烧温度又显著减少了 NO_x 的生成。由于喷油时刻与燃烧开始时刻近似一致,相对于 HCCI 燃烧,燃烧相位更加容易控制。但是,因为燃油的推迟喷射,大部分燃烧发生在膨胀行程,所以热效率下降,失火的风险增加。此外,在大负荷区域喷油持续期增加,因此,需要更长的着火延迟期来保证燃油在着火前进入汽缸;然而,负荷的增加同时导致了 EGR 温度的上升,使着火延迟期缩短。因此,大负荷时整个喷射过程很难在着火延迟期内完成。

4) UNIBUS 燃烧

UNIBUS(Uniform Bulky Combustion System)燃烧技术由丰田公司开发。最初的 UNIBUS 燃烧是通过提前喷油时刻、提高喷油压力、缩短喷油脉冲以及使用 EGR 来形成均质混合气。在随后的研究中,UNIBUS 燃烧模式采用了两次喷射的策略(图 1-7)。通过控制首次喷射时刻、喷射量、进气温度以及进气压力,燃油可以开始低温化学反应但是不会燃烧;而在上止点附近的第 2 次喷射,则是引发燃烧的关键因素。通过改变第二次喷油时刻,燃烧相位可以得到控制。尽管在 UNIBUS 燃烧模式和传统直喷式柴油机的燃烧中,都有燃油被喷入火焰中(图 1-7),但两者的情形却又不完全一样。对于直喷式柴油机的燃烧,高温火焰可以使燃油立刻分解;而对于 UNIBUS 燃烧,火焰温度不足以使燃油分解却可以使其充分蒸发,从而避免炭烟生成。利用这种燃烧方式,NO_x 和炭烟排放可以同时降低至极低的水平,其工况范围如图 1-8 所示。在 UNIBUS 燃烧模式下,增大进气压力可以使压力升高率大大降低。升高的喷油压力可以降低炭烟生成速率,却增加炭烟氧化速率;负荷增加则会同时增大炭烟的生成和氧化速率。

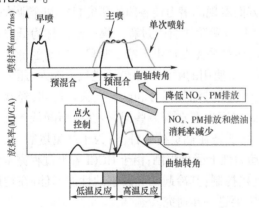

图 1-7 UNIBUS 模式的燃烧策略

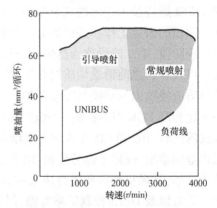

图 1-8 UNIBUS 燃烧的工况范围

5) 部分预混合燃烧

部分预混合燃烧是通过燃油部分预混合来减少燃烧中扩散部分的比例。该种燃烧方式通过将燃油在压缩行程直喷,利用很长的一段时间来形成预混的稀薄混合气;或者可以在进气道内预先喷射一部分燃油,从而获得一部分均质混合气。这种燃烧方式可以将 NO_x 排放降至很低水平,但是,当喷油量超过一定的范围时,将会发生爆震,这限制了部分预混合燃烧的工作区域。同时,这种燃烧方式伴随着燃烧效率的下降及 HC 和 CO 等污染物排放的上升。如果不使用 EGR,这种燃烧方式所产生的 NO_x 和燃烧噪声比 HCCI 燃烧高很多。

2. 柴油机低温燃烧技术需要解决的问题

低温燃烧模式是现阶段同时降低柴油机炭烟和 NO_x 生成的一种很有潜力的策略。通过优化 EGR 率、喷油时刻、压缩比、进气温度、进气压力、喷射压力和涡流比等参数,柴油机的燃烧路径可以完全避开 NO_x 和炭烟的生成区域,从而达到清洁燃烧的目的,如 HCCI 燃烧、浓混合气无烟燃烧、MK 燃烧、UNIBUS 燃烧和部分预混燃烧等燃烧方式。但是,大量 EGR 的使用和喷油时刻的推迟可能带来 HC 和 CO 等排放以及燃油消耗率上升的问题,并且使其局限在中小负荷运行。针对今后柴油机低温燃烧技术的研究,应该重点关注于以下几个方面:

(1)加强对低温燃烧模式中混合过程的研究,包括着火前混合气的制备以及燃烧后期混合过程的改善,以便能够降低柴油机低温燃烧模式下的 HC 和 CO 的排放及燃油消耗率。

(2)对于低温燃烧只能应用于中小负荷的情况,应该努力探索可以拓展其负荷范围的技术手段。

(3)加强低温燃烧柴油机的应用研究,可将其与先进后处理技术相结合,从而进一步降低尾气中炭烟和 NO_x 排放。

三、排放后处理技术

柴油机排放后处理技术自 2000 年开始就已经在欧美各国和地区汽车生产过程中被强制实行,其中 NO_x 和微粒排放的后处理是技术的关键。目前各国开发了多种不同的后处理系统,如 DOC、LNT、DPF、SCR、DOC、DPF、SCR、Fuel Reformer/LNT、SCR 等集成后处理系统,各种系统缩写词对照表见表1-3。

后处理系统的缩写词对照表 表1-3

缩写	英文名称	中文名称
EGR	Cooled Exhaust Gas Recirculation	冷却型废气再循环
DOC	Diesel Oxidation Catalyst	柴油机氧化型催化器
DPF	Diesel Particulate Filter	柴油机微粒过滤器
POC	Particulate Oxidation Catalyst(Bypass Filter)	颗粒氧化型催化器(旁通式过滤器)
SCR	Selective Catalytic Reduction	选择性催化还原器
CRT	Continuous Regeneration Trap	连续再生捕集器

国外研究表明,达到欧Ⅳ/Ⅴ排放标准的基本要求为缸内最高压力 < 20MPa,增压压力高达 300kPa。其标准配置为:增压中冷、四气门、电控高压喷射及特定的后处理系统。根据用户的需求及国家(地区)发展规划不同,欧Ⅳ/Ⅴ发动机的系统构架策略也不尽相同。主要集中在两种方案:燃烧系统优化 + EGR + 微粒捕集器和燃烧系统优化 + SCR。上述两种技术方案均存在相应的优点和不足,不同国家和地区采用不同方案。

技术方案 1(燃烧系统优化 + EGR + 微粒捕集器):增加一个冷却式 EGR 及一个适应 EGR 的燃烧系统,这种方法将会降低 NO_x 排放,但是会增加颗粒物排放,因此,必须在排气气流内安装一个 DPF 以降低颗粒物排放。

技术方案 2(燃烧系统优化 + SCR):通过喷射系统和喷射正时提前来优化发动机以降低颗粒物排放,这种方法能够满足颗粒物排放标准,但是会增加 NO_x 排放。因此,需要在排气气流中安装一个降 NO_x 的催化器(如 SCR)以降低 NO_x 的排放。

1. EGR + DOC + DPF 方案

1）工作机理

图 1-9 所示为 EGR + DOC + DPF 技术路线方案。该方案必须具备主动再生能力，需要 ECU 的软件硬件能够实现和标定 DPF 的再生，同时需要额外的燃油计量装置，其中 DPF 为壁流式，可能发生过滤器阻塞（对灰分敏感）。对于 EGR 来说，一部分废气取自排气歧管，在 EGR 冷却器中冷却后再混入进气中。将废气与进气混合可以降低缸内氧气浓度，从而在燃烧过程中降低气体的最高温度，同时降低 NO_x 的排放。但油耗也会增加，这是由于燃烧以及变化的缸内气体交换过程，同时也是由于颗粒物后处理装置的背压造成的。另一方面，缸内较低的氧气浓度将会增加颗粒物的排放，这样就需要通过 DPF 来降低。DPF 的载体为多孔性材料组成，可以是陶瓷或是金属。它由很多管道组成，这些管道的入口和出口之一是封闭的，这样，废气在进入出口封闭的管道之后，必须通过蜂窝状的管壁进入相邻的只有出口开放的管道。当穿过管壁的时候，颗粒物会从排气气流中分离出来并在管壁上堆积。过滤的效率一般为 80% ~ 90%，取决于过滤器的材料和系统布局。这些沉积在过滤器壁上的颗粒物，如果不通过过滤器再生清除的话，最后过滤器就会被堵塞。如果发动机在大负荷下运转，那么废气的温度就足以燃烧这些颗粒物。通过在 DPF 的上游增加一个 DOC，就能够改进再生过程的效率，这将进一步降低 HC 的排放。这样的 DOC 载体通常都是有贵金属涂层的，如铂。

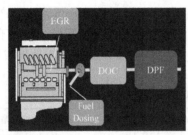 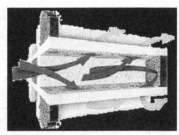

图 1-9　EGR + DOC + DPF 技术路线方案

2）方案特点

优点：具有较高的颗粒转化率。

缺点：由于 EGR 造成的较高燃烧爆发压力；连续再生所需的最低排气温度为 250℃；需控制主动再生；需要低硫柴油（理想硫含量为 $10 \times 10^{-6} \sim 15 \times 10^{-6}$）；为清洁过滤器，需定期维护或置换；为获得可接受的维护周期，要使用低灰分的机油；推迟喷射，存在炭烟进入机油的风险；对 EGR 系统要加装 OBD。

2. EGR + DOC + POC 方案

1）工作机理

图 1-10 所示为 EGR + DOC + POC 技术路线方案。炭烟颗粒由在以铂为贵金属的颗粒氧化型催化器内形成的 NO_2 氧化，未燃 HC、可溶性颗粒和 CO 在颗粒氧化器中氧化，颗粒沉积在混合区的多孔性截面上。

2）方案特点

优点：过滤器没有阻塞风险；无须主动再生；装车尺寸小。

面临的主要问题：EGR 造成的燃烧爆发压力较高；相对 DPF 较低的转化效率，但可通过提高燃油喷射压力降低发动机排出的颗粒予以补偿；需要低硫柴油（理想硫含量为 $10 \times 10^{-6} \sim$

15×10^{-6});推迟喷射,存在机油中含炭粒的风险;对 EGR 系统要加装 OBD,具有满足欧 V 排放标准的潜力。

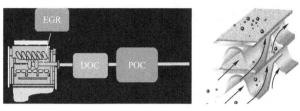

图 1-10　EGR + DOC + POC 技术路线方案

3. SCR 方案

1)工作机理

工作过程中,尿素转化为氨,氨用以降低 NO_x,转化效率可达 85%。发动机为降低颗粒物排放而进行了优化,主要是高压喷射、喷射正时提前以及加大涡轮增压器的增压比。这样将会降低燃油消耗率,但是会增加 NO_x 的排放。根据戴克公司的研发经验,发动机的颗粒物排放量在 0.015g/(kW·h)、NO_x 排放量在 6.5g/(kW·h) 左右是可以实现的。

当颗粒物排放在不使用任何附加措施即可符合欧Ⅳ/Ⅴ标准时,NO_x 排放就必须通过安装在排气气流中的 SCR 催化器来降低。这个催化器需要用氨作为废气降氮的触媒,所需要的氨将会通过向催化器上游的排气管内喷射尿素水溶液产生。尿素溶液必须根据发动机工况定量喷射。因此,定量喷射单元的逻辑电路是与发动机控制单元相连接的。

2)方案特点

优点:燃油经济性改善 6%,但要消耗 4% 的尿素;在相同排放和功率条件下,燃烧爆发压力可为 18MPa;在相同排放和功率条件下,燃油喷射压力为 160MPa;提前喷油,降低了机油中含炭粒的风险。

缺点:需要供应尿素的基础设施;降低 NO_x 的最低排放温度为 200℃;需控制主动再生;需要低硫柴油(理想硫含量为 $10\times10^{-6}\sim15\times10^{-6}$);避免氨气排出;车上要搭载 SCR 系统,包括尿素罐;对 SCR 系统要加装 OBD。

第三节　发动机控制新技术

近几十年来,基于提高汽车发动机动力性、经济性和降低排放污染的要求,许多国家的发动机厂商、科研机构投入了大量的人力、物力进行新技术的研发。目前,这些新技术和新方法,有的已在发动机上得到应用,有些正处于发展和完善阶段,有可能成为未来发动机技术的发展方向。

一、发动机可变进气相位正时技术

发动机可变气门正时技术(Variable Valve Timing,VVT)是针对在常规车用发动机中,因气门定时固定不变而导致发动机某些重要性能在整个运行范围内不能很好地满足需要而提出的。VVT 技术在发动机运行工况范围内提供最佳的配气正时,较好地解决了高转速与低转速、大负荷与小负荷下动力性与经济性的矛盾,同时在一定程度上改善了排放性能。

1. 可变配气相位在国外的研究状况

奔驰公司的 500SL 型车用 V8 发动机采用了可变气门正时，使用进气凸轮轴两点调相法来改变气门正时。在进气门关闭角提前调整的工况，发动机 4000r/min 全负荷工况下，转矩平均增加 15~30N·m，提高了 5%~8%，在进气门关闭角滞后调整时，标定功率增加 15kW，提高了约 7%。

本田公司声称本田 VTEC 发动机是把赛车发动机的高转速性能和普通 2 气门发动机的低转速性能结合在一起的发动机。本田公司的三段式 VTEC 发动机，能在低、中、高三种不同状态下让气门以三种不同的方式工作，这种三段式 VTEC 机构使发动机油耗在与 VTEC-E 相同的情况下，功率提高了 40%，最大功率 96kW(64kW/L)，如图 1-11 所示。

2. 可变气门正时工作原理

合理选择配气正时，保证最好的充气效率 η_v，是改善发动机性能极为重要的技术问题。分析发动机的工作原理，不难得出这样的结论：在进、排气门开闭的四个时期中，进气门迟闭角的改变对充气效率 η_v 影响最大。进气门迟闭角改变对充气效率 η_v 和发动机功率的影响关系可以通过图 1-12 进一步给以说明。

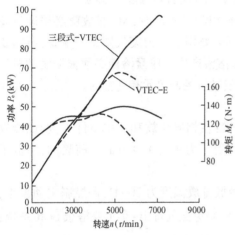

图 1-11　三段式 VTEC 与 VTEC-E 发动机输出功率对比图

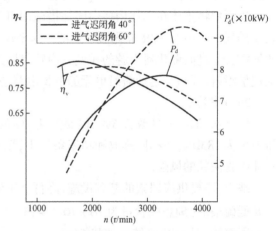

图 1-12　进气门迟闭角改变对充气效率 η_v 和发动机功率 P_d 的影响

图 1-12 中每条充气效率 η_v 曲线体现了在一定的配气正时下，充气效率 η_v 随转速变化的关系。如迟闭角为 40°时，充气效率 η_v 是在约 1800r/min 的转速下达到最高值，说明在这个转速下工作能最好地利用气流的惯性充气。当转速高于此转速时，气流惯性增加，就使一部分本来可以利用气流惯性进入汽缸的气体被关在汽缸之外，加之转速上升，流动阻力增加，所以使充气效率 η_v 下降。当转速低于此转速时，气流惯性减小，压缩行程初始时就可能使一部分新鲜气体被推回进气管，充气效率 η_v 也下降。

图 1-12 中不同充气效率 η_v 曲线之间，体现了在不同的配气正时下，充气效率 η_v 随转速变化的关系。不同的进气迟闭角与充气效率 η_v 曲线最大值相当的转速不同，一般迟闭角增大，与充气效率 η_v 曲线最大值相当的转速也增加。迟闭角为 40°的充气效率 η_v 曲线与迟闭角为 60°的充气效率 η_v 曲线相比，曲线最大值相当的转速分别为 1800r/min 和 2200r/min。由于转速增加，气流速度加大，大的迟闭角可充分利用高速的气流惯性来增加充气。

改变进气迟闭角可以改变充气效率 η_v 曲线随转速变化的趋向，以调整发动机转矩曲线，满足不同的使用要求。不过,更确切地说,加大进气门迟闭角,高转速时充气效率 η_v 增加有利于最大功率的提高,但对低速和中速性能则不利。减小进气迟闭角,能防止气体被推回进气管,有利于提高最大转矩,但降低了最大功率。因此,理想的气门正时应当是根据发动机的工作情况及时做出调整,应具有一定程度的灵活性。

3. 可变配气相位机构的分类

1) 无凸轮轴可变配气相位机构

该类机构没有凸轮轴,直接对气门进行控制,其优点是能对气门正时的所有因素进行控制,在各种工况下获取最佳气门正时;另外,还能关闭部分汽缸的气门,实现可变排量。直接对气门控制,是比较理想的状况,但该类控制机构操纵时需要消耗较高的能量,如何降低能量消耗,是这类机构必须解决的问题。德国 FEV 电磁控制全可变气门机构和美国福特公司与德国奔驰公司的无凸轮电控液压可变配气相位机构是属于该类型的典型机构。

(1) 德国 FEV 电磁控制全可变气门机构。图 1-13 表示了 FEV 发动机技术公司的电磁控制气门机构。这是利用电磁铁来固定气门运动终点的自由振动系统。

(2) 福特 ECV 无凸轮电控液压可变配气相位机构(图 1-14)。福特公司研制出无凸轮电控液压气门控制机构,可以对气门正时、升程及速度进行连续可变的控制。利用液压流体的弹性特征,在气门开启和关闭时对其加速或减速,简称液压摆原理。像机械摆锤一样,液压摆可以实现由流体的势能转换到动能,然后再转回到势能,其中只有很小的能量损失。

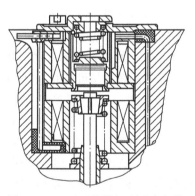

图 1-13　FEV 电磁控制全可变气门机构

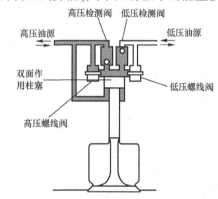

图 1-14　ECV 无凸轮电控液压可变配气相位机构

2) 变换凸轮型线的可变配气相位机构

这类机构可以提供两种以上凸轮型线,在不同转速和负荷下,采用不同的凸轮型线驱动气门。本田公司的 VTEC 机构、三菱公司的 MIVEC 机构、菲亚特三维凸轮机构、Elrod 和 Nelson 可变凸轮相位机构都属于此类机构类型。

(1) 本田三段式 VTEC 可变配气相位机构。本田公司在 VTEC-E 型可变配气相位机构基础上,开发出三段式 VTEC 可变配气相位机构(图 1-15)。该机构继承了 VTEC-E 型机构特点,能更好地改善发动机性能,如图 1-16 所示。

(2) 菲亚特三维凸轮机构。如图 1-17 所示,它是一个三维凸轮机构,由意大利菲亚特公司开发研制。一带有锥度外廓的凸轮和装有可倾斜式垫块的挺柱相接触。凸轮轴

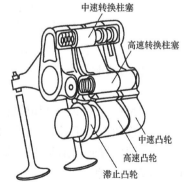

图 1-15　本田 VTEC 可变配气相位机构

的轴向移动使凸轮的不同部分和挺柱相接触,导致气门升程和配气相位发生变化。基圆半径沿凸轮轴轴向是不变的,但凸轮升程沿轴向改变,故垫块必须随凸轮轴旋转改变它的倾斜角。凸轮轴端部安装一机械式调速器,当凸轮轴转速发生变化时,调速器拖动凸轮轴产生轴向移动,使得气门升程和配气相位同时发生改变。该机构可以在气门升起、回落特性上进行控制。

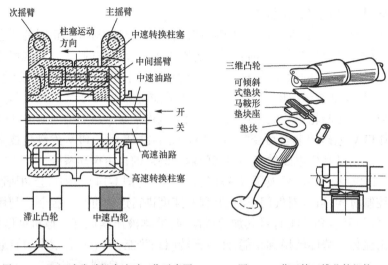

图1-16　VTEC在发动机中速时工作示意图　　图1-17　菲亚特三维凸轮机构

3) 改变凸轮轴相角的可变配气相位机构

该类机构利用凸轮轴调相原理,凸轮型线是固定的,而凸轮轴相对曲轴的转角是可变的。因为配气相位中影响发动机性能较大的是进气门关闭角和进排气重叠角,在多气门双顶置凸轮轴发动机上,单独控制进、排气凸轮轴,可以实现对这两个因素的控制,改善发动机性能。虽然这类机构不能改变气门升程和持续期,但是它机构原理简单,可以保持原发动机气门系不变,只用一套额外的机构来改变凸轮轴相角,对原发动机改动较小,便于采用,应用较广泛。属于这种原理的机构很多,大多是液压式的,如图1-18所示。

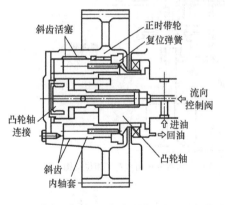

图1-18　日产凸轮轴可变相位机构

4) 改变凸轮与气门之间连接的可变配气相位机构

该类机构主要是通过改变凸轮与气门之间的连接机构,如挺柱、摇臂或推杆的结构,间接地实现改变凸轮形线作用。这类机构机械式的较多,也有液压式的,可以较好地实现可变配气相位的功能。不足之处是大多数机构从动件比较多,气门系统存在冲击,有的结构也很复杂。

(1) MEC可变配气相位机构。该机构采用一个结构简单的可移动摇臂支点,如图1-19所示,当移动枢轴相对固定齿条移动时,摇臂支点将发生变化,摇臂比相应改变,从而使气门升程、持续历程或相角改变。摇臂上表面的平面用来承受移动枢轴的负荷,固定齿条限制摇臂发生轴向窜动。

(2) 电控液压挺柱式可变配气相位机构。该机构原理如图1-20所示,当电磁阀关闭时,凸轮推动第一挺柱,由于挺柱室内的液压油不能溢出,油压推动第二挺柱,使气门工作。当电磁阀打开,由于一部分液压油溢出到储油室,第二挺柱延缓推动气门,使气门晚开或早关,气门升程也可以减小。这种机构比较简单,它只需改变液压挺柱。当液压油溢出到储油室足够多时,可以完全消除气门升程,实现可变排量。

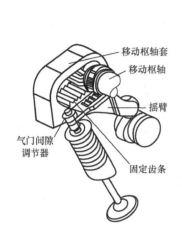

图1-19　MEC可变配气相位机构

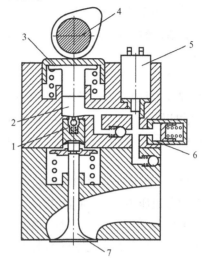

图1-20　电控液压挺柱式可变配气相位机构
1-具有液压制动的第二挺柱；2-挺柱室；3-第一挺柱；4-凸轮轴；5-电磁阀；6-储油室；7-气门

二、发动机涡轮增压技术

1. 涡轮增压技术概述

1905年,瑞士工程师Alfred Buchi首次提出了"涡轮增压"的概念。20世纪50年代初,涡轮增压技术开始由船舶领域应用到车用领域。从20世纪60年代起,国外开始在车用柴油机上大量采用涡轮增压技术。20世纪70年代末,汽油机涡轮增压技术取得突破性进展,并在20世纪80年代中期得到大量应用和推广。

涡轮增压器目前正在向两个方向发展:一是向小功率及汽油机方向发展;另一是向高增压和超高增压方向发展。在早期,涡轮增压器首先在大功率发动机上得到应用。由于涡轮增压器属于叶片机械,随着涡轮直径的减小,叶片的机械效率是下降的,随着空气动力学研究的深入,实现了在小叶轮下仍能保持较高效率,才有了向小功率发动机和汽油机发动机发展的可能性。图1-21所示为涡轮增压系统。

图1-21　涡轮增压系统

2. 发动机涡轮增压的基本原理

1) 增压的基本概念

为提高平均有效压力以增加汽缸内封存气体密度的方法,称为增压。从广义上讲,凡是能够将发动机进气密度提高到高于周围环境密度的一切方法,都称为增压。增压的目的是通过增加充气量,以提高功率,改善经济性和排放性。

发动机有效功率的计算公式为:

$$P_e = \frac{p_{me}V_s ni}{30\tau} \tag{1-1}$$

式中:p_{me}——发动机的平均有效压力;

V_s——发动机汽缸工作容积,$V_s = S\pi D^2/4$(S 为活塞行程,D 为汽缸直径);

n——发动机工作转速;

i——汽缸个数;

τ——行程数,对四冲程发动机:$\tau = 4$;对二冲程发动机:$\tau = 2$。

由整个公式可以看出,提高发动机的有效功率 P_e 有以下几种路径:

(1)改变结构参数。增加汽缸个数 i、发动机工作容积 V_s(D、S),减少行程数 τ,但体积和质量增加。

(2)提高转速 n。但充气效率和机械效率减少,机件寿命减少,噪声大。

(3)提高平均有效压力 p_{me}。通常,提高平均有效压力 p_{me} 有以下几种方法:①减少过量系数;②提高充气效率;③增加充气密度,也就是通常所说的增压。

增压的作用是,在汽缸容积一定的情况下,充气密度越大,新鲜空气的绝对量越大,就可以喷入较多的燃料进行燃烧,发动机就能发出更大的功率。增压后发动机功率的增长程度常以增压度表示。增压度 ϕ_k 是指发动机在增压后增长的功率与增压前功率之比。即:

$$\phi_k = \frac{P_e - P_{e0}}{P_{e0}} = \frac{p_{me} - p_{me0}}{p_{me0}} = \frac{\rho_s - \rho_0}{\rho_0} \tag{1-2}$$

式中:ρ_s——增压后的充气密度;

ρ_0——增压前的充气密度;

ϕ_k——范围为 10%~60%,大部分为 20%~30%。

由式(1-2)可以看出,增压度的大小取决于充气密度的提高程度,通常 $\rho_s = P_s/RT_s$,故充气密度的提高,除了提高进气压力以外,还可以降低进气温度。于是为了增强增压效果,特别是在高增压情况下需要采用进气冷却措施,中冷除了可以提高充气密度以外还可以相应降低排气温度,并对降低发动机热负荷也是有利的。

增压度反映了发动机在增压前后输出功率的变化。在发动机增压研究中,也常用到增压比的概念,增压比 π_k 是指进入汽缸的气体压力 p_k 与大气压力 p_0 的比值,即:$\pi_k = p_k/p_0$。一般来讲,$\pi_k = 1.3 \sim 1.6$ 为低增压,发动机平均有效压力 $p_{me} = 0.7 \sim 1.0\text{MPa}$;$\pi_k = 1.6 \sim 2.5$ 为中增压,发动机平均有效压力 $p_{me} = 1.0 \sim 1.5\text{MPa}$;$\pi_k > 2.5$ 为高增压,$p_{me} > 1.5\text{MPa}$;$\pi_k > 3.5$ 为超高增压,发动机平均有效压力 $p_{me} > 2.0\text{MPa}$。

2)废气涡轮增压器工作原理

涡轮增压器实际上是一种空气压缩机,通过压缩空气来增加进气量。它是利用发动机排出的废气惯性冲力来推动涡轮室内的涡轮,涡轮又带动同轴的叶轮,叶轮压送由空气滤清器管道送来的空气,使之增压进入汽缸。当发动机转速增快,废气排出速度与涡轮转速也同步增快,叶轮就压缩更多的空气进入汽缸,空气的压力和密度增大可以燃烧更多的燃料,相应增加燃料量和调整一下发动机的转速,就可以增加发动机的输出功率了。

涡轮增压器根据废气在涡轮机不同的流通方向,可分为径流式涡轮与轴流式涡轮两大类。大中型柴油机多采用轴流式涡轮增压器,而对于车用发动机则用径流式涡轮增压器。图1-22所示为废气涡轮增压器结构,图1-23所示为径流式涡轮增压器的工作原理,它是由离心式压气机和径流式涡轮机这两个主要部分,以及支承装置、密封装置、冷却系统、润滑系统所组成。

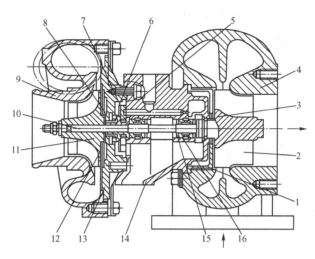

图1-22 废气涡轮增压器结构

1-隔热板;2-涡轮;3、12-密封环;4-涡轮壳;5-推力轴承;6-O形密封圈;7-膜片弹簧;8-密封套;9-压气机;10-转子轴;11-压气机叶轮;13-压气机后盖板;14-中间壳;15-卡环;16-浮动轴承

(1)离心式压气机的工作原理。离心式压气机主要由进气道、工作轮、扩压器和出气涡轮壳组成(图1-24)。空气沿收敛的轴向进气道流入时,气流略有加速。

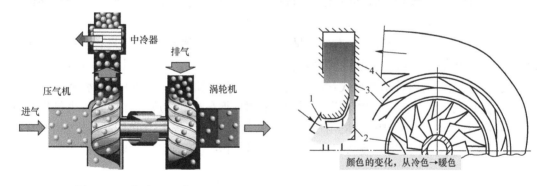

图1-23 涡轮增压器工作原理

图1-24 离心式压气机气流变化
1-进气道;2-工作轮;3-扩压器;4-出气涡轮壳

从图1-25可以看出空气在压气机中的参数变化情况:

0—1段进气道:速度↑、温度↓、压力↓。
1—2段工作轮:速度↑、温度↑、压力↑。
2—3段扩压器:速度↓、温度↑、压力↑。
3—4段涡轮壳:速度↓、温度↑、压力↑。

(2)径流式涡轮机的工作原理。径流式涡轮机主要由进气涡轮壳、喷嘴环、工作轮及出气道组成(图1-26)。进气涡轮壳的作用是引导发动机的排气均匀地进入涡

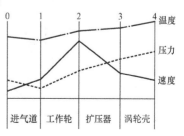

图1-25 空气在压气中的参数变化情况

轮。根据增压系统的要求,涡轮壳可以有1个、2个甚至更多的进气口。

由发动机进气管中排出的气体具有压力p_T、温度T_T,并以一定的速度C_T经进气涡轮壳流入喷嘴环。在喷嘴环上均匀地安装了具有一定角度的许多叶片,这就使燃气经过叶片间的通道后更具有方向性,使气流更加均匀且有秩序地进入涡轮机工作轮。同时,叶片间的通道面积是渐缩的,使部分压力势能转变为气体的动能,即气体的压力降低到p_1,温度降低到T_1,气体的流动速度增加到C_1;工作轮的出口气体流动速度下降为C_2,同时,压力降为p'_0,温度降为T'_0(图1-27)。

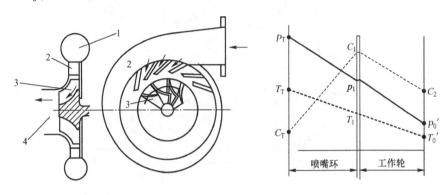

图1-26 径流式涡轮机
1-进气涡轮壳;2-喷嘴环;3-工作轮;4-出气道

图1-27 空气在涡轮机中的参数变化

3)废气涡轮增压类型

发动机中,燃料所供给的能量有25%~45%是由排气带走的,发动机排气系统的作用就是要利用这部分排气能量,通过涡轮增压器将其转换为压缩空气的有效功,以增加发动机的充气量,达到增压目的。

排气门打开后,汽缸中燃气含有的能量不可能完全用来做功,实际上只有当排气膨胀到大气压力时,所释放出来的能量才有可能转换为有用功,它占排气总能量的60%左右。

废气涡轮增压的两种基本形式:等压(定压)增压系统和脉冲(变压)增压系统。

(1)定压增压系统。定压增压系统(图1-28)中,所有汽缸的废气都接到一个排气总管中,然后再引向涡轮的整个喷嘴环,由于排气总管截面和长度较大,同时各缸排气相互交替补充,使得排气总管中的压力波动很小,进入涡轮前的废气压力基本恒定,故称为定压增压系统。

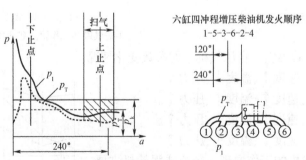

图1-28 涡轮增压柴油机的排气管连接和压力曲线(定压增压系统)
p_T-排气歧管压力;p_k-大气压力;p_1-缸排气压力

(2)脉冲增压系统。为利用在定压系统中损失的那部分能量,采用脉冲增压系统(图1-29)尽可能将汽缸中的废气直接而迅速地送到涡轮机中。涡轮机尽可能靠近汽缸,把排气管制作得短而细,并且为了减少各缸排气中压力波的相互干扰,用几根排气支管把相邻发火汽缸的排气相互隔开。排气管内压力是周期性脉动的。由于涡轮是在进口压力有较大波动的情况下工作的,所以称为脉冲增压系统。

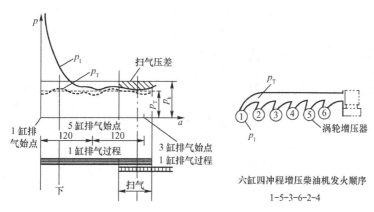

图1-29 涡轮增压柴油机的排气管连接和压力曲线(脉冲增压系统)

3. 发动机涡轮增压的优缺点

1)优点

(1)发动机质量和体积增加很少情况下,发动机不需做重大改变很容易提高功率20%~50%。由于不像机械增压时压比受到限制,故近来高增压的趋势越来越明显。高增压时功率提高甚至可大于100%。

(2)由于废气能量的收回,发动机经济性会得到明显的提高。一般由于废气能量的回收能提高经济性3%~4%,再加上相对地减少了机械损失及散热损失,提高了发动机机械效率和热效率,使发动机涡轮增压后油耗率降低5%~10%。

(3)涡轮增压发动机对海拔的变化有较高的适应力,在高原地区工作时比不增压发动机功率下降要少得多,故涡轮增压除了用来提高发动机功率外,还可用作高原发动机恢复功率。

(4)涡轮增压后排气噪声相对减小,排气烟度及排气中有害成分也减少,故对减少污染是有利的。

2)缺点

(1)迄今为止涡轮增压发动机的加速性已接近不增压或机械增压发动机,但仍有差异。

(2)与机械增压相比,涡轮增压时热负荷问题较严重。

(3)对大气温度及排气背压比较敏感,故经常在高背压下工作的发动机不宜采用涡轮增压。

4. 可变涡轮增压技术

随着控制技术的提高,为了更有效地利用废气能量,相关企业开发出以下各种新型涡轮增压器。

1)可变进气道增压器

增压器低速时使用一个进气通道;高速时,进气量大,使用两个进气通道,可以改善增压发动机的过渡性能。

2) 可变喷嘴环增压器(VNT)

增压器各喷嘴环通过轴销固定在涡轮壳上,再经传动杆与喷嘴控制盘相连(图1-30)。转动喷嘴控制盘即可改变喷嘴环的角度。

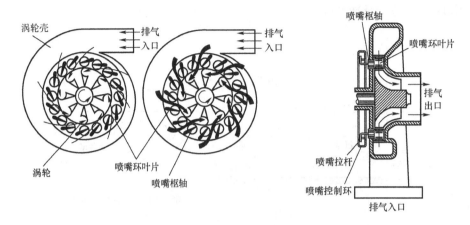

图1-30 可变喷嘴环增压器结构

通过调整涡轮壳与涡轮叶轮之间的喷嘴环角度来调整涡轮流通截面。

增压器低速时,喷嘴角度小,流通截面小;高速时喷嘴角度大,流通截面能保证涡轮从废气中获取足够能量达到压气机的需求。

3) 可变涡轮喉口截面增压器

可变涡轮喉口截面增压器是在废气量不变的情况下改变进入涡轮的状态参数,从而改变从废气中获取能量的大小。小喉口截面将使进入涡轮的废气加速,作用在涡轮叶片上的冲击力增加(此时涡轮效率将有所降低),空气增压压力增加,从而满足发动机在低速小负荷时的需要。发动机在高速大负荷时,可以保证涡轮在高速范围运行,这时喉口截面处于最大位置,排气背压最小,涡轮效率最大。

可变喉口截面控制板可以由电磁阀进行无级调整。

4) 可变叶片增压器

与可变喷嘴环技术类似,通过压气机结构(叶片角度)的变化,来调整增压压力与发动机转速负荷的匹配关系。

采用多个可变叶片,效率高,但结构复杂,成本高、体积大。

5) 废气放气增压器

车用增压发动机为获得低速大转矩和良好的加速性能,涡轮增压器一般按发动机低速、小流量设计。轿车用增压器设计转速为发动机标定转速的40%左右。公共汽车、重型车用的增压器设计转速为发动机标定转速的60%左右。高速时,将会使增压压力过高,增压器超速,柴油机爆发压力过大,汽油机容易引起爆震。为此,设计增压器常增加废气放气阀,在高速时将一部分废气旁通掉,加以控制增压压力。

废气门与增压器的涡轮并联地连接在发动机的排气管上。废气门的阀门固定在膜片上,膜片上部通大气,并受弹簧的作用,下部与压气机出口的增压空气相通。平时,弹簧将废气门的阀门压在阀座上,发动机排气管来的废气不能经阀门旁通到涡轮出口的排气管内。

一旦增压压力对膜片的作用超过弹簧的预紧力,废气门打开,一部分废气不经涡轮直接从涡轮出口排入大气中。涡轮做功减小,空气的增压压力回落,以实现空气增压压力的自动调节。

6)进气回流增压器

为避免由于负荷突变及环境变化而使压气机出现喘振而损坏增压器,在增压器的压气机进口装上整体式的回流阀。

当进气管压力低于某一值时,作用在回流阀上的进气管压力、弹簧压力和压气机出口的空气增压压力不平衡,回流阀顶开,压气机出口的空气通过回流阀和回流通道进入压气机进口,以增加通过压气机的空气量。

5. 增压中冷技术

增压空气温度增加,在柴油机中引起增压条件下进气密度减小,即在保持过量空气系数 λ 不变的情况下,意味着功率下降,不然需要进一步提高增压压力,但柴油机机械负荷又要增加。虽然汽缸内工质温度提高有利于柴油机的燃烧,但却使燃烧室内受热零件的热负荷增加,排温过高,NO_x 排放增加。汽油机中增压温度升高,除与柴油机一样功率下降外,最主要的是爆震倾向增加。

一般,当增压空气的压力超过 0.15MPa 时,就值得采用中冷。解决空气温度过高的办法就是采用中冷器冷却增压后的空气。增压空气温度每降低 20K,涡轮前的废气温度约可降低 20K,燃油消耗率可减少 3g/(kW·h)。

常用的增压中冷方案:

(1)闭式空—水中冷:中冷器中冷却介质采用内燃机冷却系统中的循环水。该方案结构与布置简单,但不能将增压空气温度冷却较低。

(2)分开式空—水中冷:中冷器采用独立的冷却介质。该方案可提高中冷器的冷却效率,能较低地降低空气地温度。但其结构要复杂些,布置上会增加难度。

(3)共用冷却风扇空—空中冷:中冷器装在发动机冷却系水散热器前或后,依靠风扇和车辆行驶时的空气气流冷却增压空气。该方案由于它的能量消耗最少而得到广泛应用。

(4)独立冷却风扇空—空中冷:中冷器带有独立地冷却风扇,它可由直流电动机或空气涡轮带动。

三、可变压缩比发动机

1. 可变压缩比基本原理

可变压缩比的目的在于提高燃油的经济性。压缩比越大,发动机循环效率越高,经济性越好。因此,在中、小负荷时采用较大的压缩比,以提高经济性;而在高负荷时,适当减小压缩比,可避免汽油机爆震或柴油机压力过高。

在增压发动机中,为了防止爆震,其压缩比低于自然吸气式发动机。在增压压力低时热效率降低,使燃油经济性下降。特别在涡轮增压发动机中由于增压度上升缓慢,在低压缩比条件下,转矩上升也很缓慢,形成所谓的增压滞后现象。也就是说,发动机在低速时,增压作用滞后,要等到发动机加速至一定转速后增压系统才起到作用。为了解决这个问题,可变压缩比是重要方法。也就是说,在增压压力低的低负荷工况使压缩比提高到与自然吸气式发动机压缩比相同或超过;另一方面,在高增压的高负荷工况下适当降低压缩比。换言之,随着负

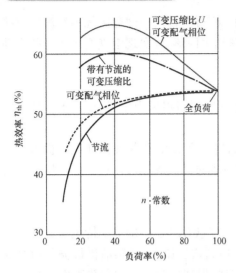

图1-31 可变配气样位、可变压缩比与传统节流调节情况下,汽油机的热效率与负荷的关系

荷的变化连续调节压缩比,以便能够从低负荷到高负荷的整个工况范围内有效提高热效率。

图1-31 表示出可变配气相位和可变压缩比对汽油机热效率—负荷关系的影响。从图中可以看出,通过可变配气相位来改变发动机充量,减少的节流作用并不太大。如果采用可变压缩比同节流调整相结合的方案,可以看出部分负荷工况下的热效率明显提高。

2. 实现可变压缩比的方法

改变发动机压缩比可通过改变汽缸的工作容积和燃烧室容积来实现。通常采用改变燃烧室容积、可变活塞压缩高度、可移动的汽缸盖和汽缸体、可变长度连杆、偏心主轴承和可变的曲柄连杆机构等方法来改变汽缸压缩容积,还可采用偏心连杆轴承改变汽缸压缩容积和工作容积。

在已申请的专利文献中有很多实现可变压缩比的方法,如图1-32所示。

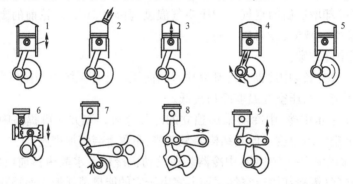

图1-32 几种可变压缩比方案

1-汽缸作推移;2-改变汽缸盖的几何形状;3-改变活塞的几何形状;4-偏心的连杆支承;5-偏心的曲轴支承;6-借助于齿条推动的传动方式;7、8、9-第二个可移动的连杆操纵点

可变压缩比发动机的主要缺点是结构复杂,制造成本高,在工作过程中的稳定性仍需进一步提高。

3. 偏心盘可变压缩比方案

下面以FEV公司的方案来介绍可变压缩比的实现。偏心盘可变压缩比原理如图1-33所示。

曲轴支承在一个偏心盘上,通过使偏心盘摆转一个角度,就改变了曲轴在竖直方向上的位置,因而活塞的上止点和下止点同时移动了一个相同的相量。由于曲轴轴心线的移位,必须对气门定时传动链和动力传动轴进行补偿。

可控的曲轴定位(Controlled Crankshaft Positioning,CCP)发动机作用原理的核心就是一根置于偏

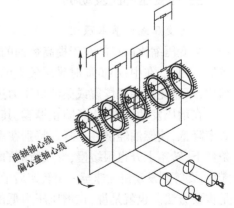

图1-33 偏心盘可变压缩比原理示意图

心盘中的曲轴。偏心盘可以通过一个调节执行器进行摆转,通过这种摆转使得曲轴得以移位。曲轴移位后必须对驱动系统进行补偿,这种补偿通过专门开发的平行曲柄式传动装置进行。在离合器端,平行曲柄式传动装置制成飞轮。这种飞轮也可以制成双质量系统(ZMS)。

1)曲轴和偏心盘单元的支承

主轴承的传统制式如图1-34所示,该图中偏心盘制成分体式的,以便能够装入主轴承壳,并且能够安装曲轴。可变压缩比结构中,偏心盘直接安置在发动机机体的曲轴箱孔中。偏心盘完全依靠轴承壳的预张力加以固定。相反,在固定主轴承盖时就没有这种预张力。所以,防止主轴承壳的开裂就不再成为设计中必须遵循的准则。曲轴在偏心盘中的支承完全不要求改变传统的轴承部位几何形状。图1-35为实际的偏心单元零件,图1-35为用于成批生产的偏心结构。调节轴的侧面与曲轴箱制成一体,节省了安装空间,如图1-36所示。

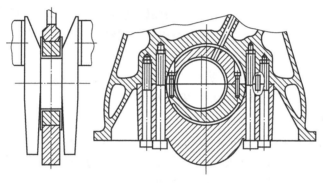

图1-34 曲轴在偏心盘中的支承

图1-35 用于发动机的偏心单元

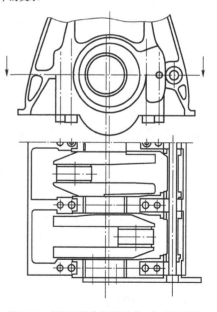

图1-36 在侧面跟曲轴箱制成一体的调节轴

2)曲轴移位的补偿

由于曲轴相对于曲轴箱的移位,所以要求飞轮与驱动端之间以及皮带轮与气门定时传动端之间采取特殊的连接方式。从原理上讲,两根平行的、相互之间要求能够发生相对移动的轴(这里是曲轴和变速轴)可以以多种方式相互连接。对于结构上的改动所提出的要求是降低质量、安装空间、摩擦和成本。

根据这些要求,对两根轴的传动采用一种稍加改动的平行曲柄式传动装置,也就是变速器中所常用的施密特离合器。在这种离合器中,两个圆盘通过耦合元件相互连接,它们的回转轴线既是曲轴的轴线,又是变速器的轴线,如图1-37所示。曲轴的摆转运动通过耦合元件加以平衡。耦合器的支承通过传统的滚动轴承或者滑动轴承实现,这些轴承得到发动机机油的润滑。

圆盘设计成深拉件。而且从结构和质量上与成批生产的飞轮相仿。耦合元件本身是形状非常简单的回转件。双质量飞轮的功能可以集成于其中。这种系统由于它与曲轴是脱开的,并且飞轮的次级零件已经有了支承,所以它为接纳集成于一体的起动机—发电机提供了理想的先决条件。

图1-37　飞轮和气门定时传动链的驱动

在气门定时传动端,采用了一个类似于平行曲柄式传动装置。气门定时传动装置的皮带或链条间距保持不变,所以不要求增加安装空间。

3) 调节执行器

由于杠杆比比较有利(较小的偏心度,较大的偏心盘杠杆臂长),所以只要求相对较小的调节力矩。这使得有可能采用比较小的执行器。为了通过一根调节轴来推动偏心盘单元,可以采用两种根本不同的概念:采用一个独立的传动电动机来推动,或者采用带传动或链传动作为动力源。

采用偏心盘方式的可变压缩比结构,其优点在于,发动机的尺寸保持不变。与气门定时传动装置和离合器的接合部也可以保持不变。调节轴可以布置在发动机机体内曲轴的旁边。在成批生产条件下,直列式四缸发动机上质量的增加大约是6kg。

该系统可以相当简单的方式集成于发动机内,飞轮的结构设计使得可以接纳一台集成的起动机—发电机系统而不给最后一挡曲轴主轴承增加负荷。对主轴承盖等零件的强度研究表明,在较高的汽缸压力下(如柴油机中)也能够达到很高的耐久性。

4) 负荷特性与油耗

在低转速下,如果运行在一个固定的、很高的压缩比下,就必须通过点火推迟和加浓来抵消爆震倾向性。但是,这样做不利于燃油经济性。可变压缩比发动机通过对压缩比进行匹配而使得转矩获得甚至更大的增加幅度。

在中高转速和负荷下,爆震倾向性下降,因而压缩比可以选得比预定的压缩比大一些。由于热效率得到了改善,而且混合气加浓要求也降低,通常较为不利的"客户油耗"可以得到改善。

FEV公司在传统的3.0L六缸自然吸气发动机上进行可变压缩比改动,改造后的功率保持不变,根据NEDC(新欧洲循环)进行测试得到油耗结果,比改造前降低了16%的油耗。对于汽油直喷和电动气门发动机来说,在欧Ⅳ的边界条件下,取得了油耗改善10%～16%的成绩。

四、停缸技术

发动机部分负荷时,切断部分汽缸的供油而使工作汽缸的负荷提高,以改善发动机性能的技术称为停缸技术。

1. 停缸节油的原理

汽油发动机小负荷运转时,节气门开度小,节流作用大,换气能量损失增加,造成机械效率下降。进入汽缸混合气的减少和残留废气量的相对增加,使燃烧过程变差,发动机循环波动变大,为了保持稳定的点火和必要的燃烧速度,被迫采用过浓的混合气,致使指示效率显著下降,发动机的经济性变差。若在部分负荷时关闭部分汽缸,就必须供给工作汽缸更多的可燃混合气以达到停缸前发动机的功率,这样可增加工作缸的负荷率,从而提高发动机的机械效率。

汽油发动机在部分负荷时,因节气门开度小,节流作用变大,致使进气歧管压力降低,发动机的充气效率下降。假如在此工况下,停止部分汽缸工作(停缸),要让发动机输出停缸前的功率,必须给工作缸更多的可燃混合气,就得开大节气门,使节流作用变小,发动机进气歧管内的压力上升,充气效率提高,滞留在缸内的残余废气量相对减少,从而提高混合气的燃烧品质,减少了发动机的循环波动。图1-38为一款六缸发动机小负荷工况与停止(关闭进排气门和断油)三缸工作的示功图。在这里,停缸后(三缸工作)发动机的输出功率与停缸前(六缸工作)相同,发动机的转速维持不变,可推出停缸前后发动机的平均指示压力(定义为指示功与发动机总排量的比值)是不变的,而工作缸的平均指示压力(指示功与工作缸排量的比值)显著增加。由于停缸工况下发动机的泵气损失功减少,同时发动机的机械摩擦损失功也减少,从而可明显提高发动机的燃油经济性,这是停缸节油的主要原因。

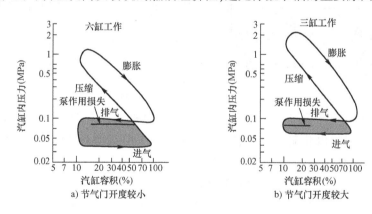

图1-38 停缸前后示功图的变化

发动机停缸后,燃烧室总表面积的减少可降低燃烧过程的传热损失,从而提高了发动机的循环热效率,这也是停缸节油的一个原因。此外美国福特汽车公司的一项试验表明,在停缸许可的发动机转速范围内,节油效果主要和发动机的平均有效压力有关,而与发动机转速关系不大。

2. 停缸控制的技术方案

从应用发展状况看,实现停缸的方法有三种:①仅仅停止供油(简称断油);②停止气门运动和断油(简称停阀机);③断油的同时引入工作缸的废气到不做功的汽缸内(断油回流),原理如图 1-39 所示。

第一种方法在电控直接喷射汽油机上最容易实现,但考虑到发动机与三元催化转换器的匹配、发动机热负荷的均匀性、气流造成的热损失和节油的效果等因素,不作为优先采用的方案;第三种方法节油效果较好,结构也不复杂,发动机的进排气系统不作改动,通过单独的管路与控制阀组成的系统把工作缸废气引入不做功的汽缸,可以使发动机停缸的汽缸保持在一定的温度,热负荷基本保持平衡,从而能实现发动机快速恢复到全缸大负荷做功的工况;第二种方法节油效果最好,但停阀结构相对复杂。关闭进排气门与打开进排气门相比,后者节流损失大,气门密封面容易遭到污染物黏附,使密封面遭到破坏。从使用情况看,目前主要采用的方案是关闭进排气门和切断燃油喷射,采用这种方法,发动机停缸后可以和三元催化转换器正常匹配,可以把发动机的过量空气系数控制在 1 左右,使三元催化转换器处于高的转化效率区,因此排放容易控制,这是一个技术可行的方案。这个方案的关键技术在于气门关闭与启动的执行机构,图 1-40 为一种关闭气门的执行机构,国外的技术相当成熟,国内有待突破。

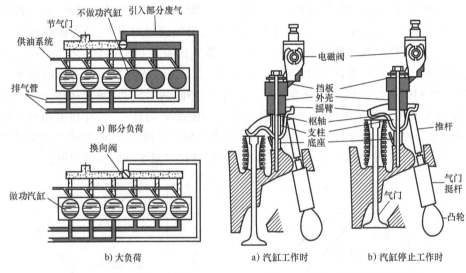

图 1-39 断油的引入和部分停缸示意图　　图 1-40 气门开启与关闭执行机构

对具体的发动机,以其配套的车型和车辆的运行工况选择合适的停缸工况范围。在制订停缸策略时,要权衡停缸的数目、工况范围、发动机的振动和控制系统复杂程度等因素。一般来讲,对于四、六缸发动机,发动机部分负荷时,让发动机的一半汽缸不做功,另一半汽缸工作。当采用停阀控制方案时,关闭不做功汽缸的进、排气门,可以利用原机电控系统的传感器实现对工作汽缸的数据采集与性能监控。

五、发动机自动起停技术

1. 发动机自动起停技术概况

当前,交通拥堵导致的车辆堵成一锅粥的现象时有发生,当汽车处于停止状态时,发动机则处于怠速状态,由此带来了严重的尾气污染问题,严重影响了车辆的燃油经济性。自动起停系统(STOP-START),是一套能自动控制发动机熄火、点火的系统。在车辆行驶过程中临时停车时发动机自动熄火;当松开制动踏板或踩下加速踏板时,发动机立刻自动起动。自动起停系统能够尽量降低发动机怠速空转时间,以减少不必要的燃油消耗,降低了排放,提高了燃油经济性。

目前市场上已经有许多车型搭载发动机自动起停系统,欧系车装备自动起停技术的车型较多,如奥迪(从 A1 到 A8L、Q3/Q5/Q7)、奔驰(E 级、S 级等)、宝马(1 系到 7 系、X1/X3)、沃尔沃(几乎全系新车)、保时捷(几乎全系新车)等。福特汽车在 2017 年实现旗下 70% 的车型配备自动起停系统。我国 2019 年销售的新车中每 3 辆中就有一辆配有起停系统。

2. 发动机自动起停技术原理

自动起停的原理是在车辆上设置一块电池以及一台起动机。通过能量回收系统或者发电机对电池充电储备能量。当车辆因为拥堵或者在路口停止行进时,驾驶员踩下制动踏板,停车挂入空挡,这时候,Start-Stop 系统自动检测:发动机空转且没有挂挡;防锁定系统的车轮转速传感器显示为零;电子电池传感器显示有足够的能量进行下一次起动。满足这三个条件后,发动机自动停止转动。而当信号灯变绿后,驾驶员踩下离合器,随即就可以启动"起动停止器",并快速地起动发动机,驾驶员挂挡,踩加速踏板,车辆快速起动。在高效的蓄电池技术和相应的发动机管理程序的支持下,起停系统在较低的温度下也能正常工作,只需短暂的预热过程便可激活。

第四节 新型燃烧系统

一、HCCI 技术

1. HCCI 燃烧发展历程和研究现状

20 世纪 90 年代末和 21 世纪初,在环境和能源的双重压力下,HCCI 成为人们关注的焦点。在大量开展 HCCI 理论和基础研究的同时,其实用化步伐也明显加快。关于 HCCI 燃烧控制方面的研究,无论是汽油燃料还是柴油燃料,都占有相当大的比重。从实用化角度出发的燃烧控制方法,HCCI 和 SI 燃烧的模式过渡及 HCCI 模式区内工况变换过程的研究,缸内信息反馈方法,都取得了较大进展。除了传统的试验方法外,数值模拟被大量的应用,发展出了基于计算流体力学(CFD)和详细化学反应动力学模拟的各种模型;先进的光学测试方法也被广泛地应用到这种燃烧方式的基础研究中。通过可视化手段,一些悬而未决的燃烧概念问题得到了清晰的答案。

2. HCCI 燃烧方式及特点

HCCI 燃烧是一种新的发动机燃烧方式,它既不同于传统汽油机的火花点火、火焰传播燃烧方式,也不同于传统柴油机的燃油喷射、扩散燃烧方式。在 HCCI 燃烧过程中,空气与燃料预混合形成较稀薄的均匀混合气,在活塞压缩到上止点附近时,依靠混合气的自燃,实现缸内混合气的着火燃烧。由于 HCCI 发动机燃烧的是稀薄均匀混合气,燃烧过程既不存在高温区,也无局部缺氧区,因而有效地抑制了发动机缸内燃烧过程中排放的产生。

HCCI 燃烧方式在理论上可以达到全部混合气同时着火,燃烧放热速率快,缸内循环的定容度高,因而具有较高的热效率。但 HCCI 主要受化学反应动力学控制,很难在全部转速和负荷下控制着火时间和相位,目前取得性能优越、运行稳定、排放减少等优点的 HCCI 燃烧研究主要集中在较窄的中低负荷范围内。

1) HCCI 燃烧方式

均质充量压缩燃烧(HCCI)指的是在进气过程中,将大量燃料和稀释空气、排放废气、水等预先混合形成均质混合气,当活塞运行压缩到上止点附近时,均质混合气被压缩自燃着火、燃烧做功的一种发动机工作过程。图 1-41 描述的是 HCCI 燃烧的一般工作过程。

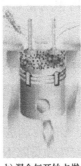

a) 进气并压缩　　b) 混合气开始点燃　　c) 燃烧做功　　d) 排气

图 1-41　HCCI 燃烧的一般过程

HCCI 发动机利用的是均质混合气,可通过提高压缩比、采用废气再循环、进气加温和增压等多种控制手段来提高缸内混合气的温度和压力,促使混合气压缩自燃,在缸内形成多点火核,减少了火焰传播距离和燃烧持续期,有效维持了着火燃烧的稳定性。

HCCI 燃烧方式的出现,有效地解决了传统均质稀混燃烧不同步的缺点,是有别于传统的汽油机均质点燃预混燃烧、柴油机非均质压燃扩散燃烧和缸内直喷汽油机分层稀薄燃烧的一种燃烧方式。

2) HCCI 与传统燃烧方式的比较

传统的火花点火式燃烧是典型的预混合燃烧,其燃烧过程遵循奥托循环。由于汽缸内部气流速率的变动,空燃比以及空气、燃料、废气混合情况的变动,其燃烧过程可控制性差,只能通过组织缸内气流运动来对燃烧过程进行轻微的改变。而且由于点火时,火花塞附近的混合物组成和气流状况对火焰核的形成有很大影响,因而造成发动机循环变动较大。

火花点火发动机工作时,在温度和压力都合适的条件下,如果在燃料完全燃烧之前有足够的时间,终端的混合气就会自燃,从而在多点几乎同时发生爆震,导致缸内压力迅速上升。如果持续下去,严重的爆震会导致发动机结构的破坏,降低其使用寿命。降低终端混合气的温度和压力可以避免爆震的发生,比较有效的办法就是控制压缩比。控制火花点火发动机爆震的其他技术包括改变汽缸的几何形状、提高燃料的辛烷值、改变工作运行参数。

另外,传统点燃发动机许用的压缩比相对较低,采用节气门来控制进气量,在部分负荷时,由于节气门没有全开,增加了进气阻力,使发动机泵气损失增加,从而使发动机的效率降低,并且也使得其燃油消耗较高,其经济性比压燃式发动机低 30% 左右。点燃发动机的燃料利用率比柴油机低很多,这就是传统的点燃发动机难以克服的燃料利用率低的缺点。

在火花点火式(主要是指汽油机)发动机中,均质混合气被火花塞点燃,火焰前锋在均质混合气中由内向外传播,火焰前锋及其燃烧产物的局部温度远远高于其他未燃混合气,燃烧过程和温度分布极不均匀,局部的高温容易导致已燃区内产生 NO_x。另外,火花点火发动机的排放性能(特别是 HC 和 CO 排放)也不好。虽然通过三元催化处理可以有效改善其排放性能,但会出现油耗增加的现象,也由于存在提高辛烷值的困难,还会造成更多的 CO_2 排放。

由于传统汽油机采用均质混合气燃烧,燃料与空气预先混合均匀,均质混合气被喷入汽缸后在压缩上止点被火花塞点燃,其燃烧完全,使得在燃烧过程中能够避免 PM 的形成。

传统的压缩点火燃烧是基于狄塞尔循环,其采用高压缩比、压燃式工作,空燃比较大,燃油消耗率较低,可以承受较大的输出功率,发动机循环变动小,燃烧过程相对火花点火燃烧来说也较为平稳。压缩着火式燃烧不需用节气门,泵气损失小,其部分负荷燃油经济性优于汽油机。与汽油机相比,柴油机具有较高的热效率和较好的燃油经济性,以及更低的 HC 和 CO 排放。

压燃式发动机(主要是指柴油机)是缸内形成混合气,采用喷雾扩散燃烧方式,燃料在压缩末期以高压状态喷入汽缸,与空气迅速混合发生自燃。压燃式燃烧的化学反应速率远高于燃料和空气的混合与扩散速率,燃烧快慢由可燃混合气的扩散速率决定。

由于压燃式发动机进行柴油喷射,形成的是非均匀的混合气,燃烧过程受到燃料/空气混合过程(湍流扩散)的控制,是扩散燃烧过程,燃烧温度分布也极不均匀,扩散火焰外围的高温区容易产生 NO_x,内部高温缺 O_2 的浓燃烧区产生 PM 和微粒排放。

传统柴油机的排放存在一个难题:无法同时有效降低 NO_x 和 PM 排放。因为 NO_x 生成的主要机理是高温富氧,为减少 NO_x 排放而采取的降低燃烧温度的措施,往往会减少 PM 的氧化,导致 PM 排放恶化,这是以扩散燃烧为主的传统柴油机所无法避免的。

在压燃式发动机上,现在人们主要是通过提高喷油压力的方法来改善喷雾和混合气的质量,改善燃烧过程,减少排放,但发动机的喷射系统对降低 NO_x 和 PM 排放的潜力已经趋近饱和状态。废气再循环可用来降低 NO_x 排放,但又会因缺氧而增加 PM 的产生。

HCCI 燃烧模式是在进气及压缩过程中,燃油与空气预先混合形成均质混合气,在压缩行程活塞接近上止点的时刻,被压缩的缸内混合气同时自动着火燃烧。其既有传统汽油机的混合气均质混合,又有传统柴油机的压燃式工作,可以看作是两种传统燃烧方式的综合,试验证明这种燃烧方式具有较高热效率、低 NO_x 和 PM 排放等优点,可以同时实现降低排放和达到高热效率的目的。三种燃烧方式之间的比较如图 1-42 所示。

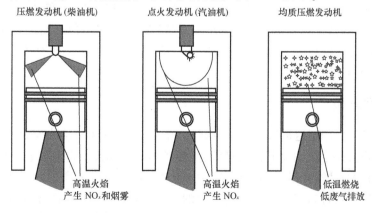

图 1-42 三种燃烧方式之间的比较

3) HCCI 的优缺点

HCCI 燃烧相对传统的火花点火式发动机、压缩点火式发动机有比较明显的优点。

(1) HCCI 燃烧具有较高的热效率。这主要在于 HCCI 燃烧模式采用较高的压缩比,具有较低的节气损失,同时由于汽缸内没有火焰传播过程,具有较短的燃烧持续期,因而其热效率与压缩自燃式发动机相当。同时 HCCI 燃烧具有很低的炭烟和 NO_x 排放。这主要在于 HCCI 是均质充量、稀薄混合气燃烧,基本上没有炭烟产生;缸内同时着火而没有明显的火焰传播,不存在高温的火焰前锋,加之无局部过浓的混合气燃烧区,因此整个缸内温度分布均匀,温度较低,因此 NO_x 排放很低。

(2) HCCI 燃烧燃料适应性好,可以采用多种燃料,这对改善全球能源分布,减少经济社会发展对化石能源的依赖有重大意义。

HCCI 燃烧模式目前仍然存在以下几个主要难题:

(1) HCCI 在较宽转速和负荷范围内着火时刻的控制。HCCI 燃烧的着火时刻主要受到混合气本身化学反应动力学的控制,随当量比进气成分(或 EGR 率)、进气温度等参数的改变而改变。因此如何保证在各种工况下都能够在上止点附近燃烧是 HCCI 最大的难题。目前相关研究有可变压缩比(VCR)、可变气门正时(VVT)、可变 EGR 等措施。

(2) 较大负荷下燃烧速率的控制。HCCI 燃烧反应较快,因此,一般采用较大的空燃比或较高的 EGR 率来减缓燃烧速率,以防爆震的发生,但这也使得发动机缸内的平均指示压力难以达到较高的水平,无法实现高负荷下运行。

(3) 负荷范围的拓宽。由于 HCCI 主要工作在稀混合气下,因此,功率输出受到限制,目前 HCCI 发动机的平均有效压力在 650kPa 以下。

(4) 均匀混合气制备。如何在很短的时间内形成均匀的、满足要求的混合气,对 HCCI 燃烧与着火控制相当关键。

(5) HCCI 冷起动及过渡工况。发动机起动时,温度低,向汽缸散热也快,HCCI 发动机不易着火。通常采用以下方法:常规工作方式起动,再转换成 HCCI 燃烧模式;使用 VCR、VVT 增加压缩比等。发动机负荷和转速变化时(过渡工况),着火时刻必须迅速变化以实现 HCCI 燃烧,这就必须研究和发展一种快速响应的控制系统。

(6) HC 和 CO 排放较高。HCCI 发动机有较高的 HC 和 CO 排放,大负荷时,HC 与常规发动机差不多。中低负荷下,HC 排放较高,这是由于壁面激冷效应,CO 不能氧化成 CO_2。但这两种排放相对于氮氧化物和炭烟来说,更容易通过后处理技术来解决。

(7) 克服多缸效应。目前进行的理论与试验研究大多数是对单缸发动机进行研究,由于发动机各个汽缸的温度和成分存在一定程度的差别,因此,多缸发动机有的汽缸可能没有着火,而有的汽缸可能发生爆震。

二、阿特金森循环

阿特金森循环采用延迟进气门关闭时刻的方法,在压缩行程的起始阶段(活塞开始上行时),部分进入汽缸的空气回流到进气歧管,延迟了压缩起始点,同时通过减小燃烧室容积,实际的压缩比并没有增大,但是膨胀比提高了,循环的热效率也提高了。阿特金森循环汽油机由于返回到进气歧管的空气将降低进气管的负压,这样可以加大部分载荷时节气门的开度,又可以减小进气损失。但是阿特金森循环低速转矩小,需要大功率电动机来弥补动力系统低速转矩的不足,因此,阿特金森循环发动机只能在中度以上混合动力车上应用。综合发动机工作过程优化和工作区域优化,阿特金森循环可以实现节油5%~15%。

早期的阿特金森循环发动机并没有被广泛制造和使用,可能原因是它的结构比现代普遍使用的发动机更为复杂。然而,近年来一些发动机制造商在现代发动机中实现了阿特金森循环发动机的特点,而无须对现代发动机结构做过多改变。原始阿特金森循环发动机的基本特征是在压缩行程和做功行程中使用不同的汽缸容积,在现代发动机中可通过轻微改变进气门的关闭时间而实现(将进气门的关闭时间推迟到活塞向上运行之后)。

图1-43概念性地说明了阿特金森循环四冲程发动机的运行过程。当活塞自上止点向下运动时进气门开启,进气歧管的可燃混合物被吸入汽缸,如图1-43a)所示。与奥托循环发动机关闭进气门不同,活塞向上运动时进气阀保持开启状态,如图1-43b)所示,此时部分吸入的混合气被迫回流到进气歧管,直到活塞到达压缩行程起点位置(CSC),进气门关闭,开始压缩行程。活塞继续向上运动压缩汽缸内的可燃混合物,如图1-43c)所示。当活塞运动接近上止点时,火花塞点火,点燃汽缸内压缩的可燃混合物。当活塞运动过上止点后,汽缸内混合气燃烧产生的高压将活塞沿汽缸向下推动,如图1-43d)所示。当活塞接近下止点时,排气门被打开,汽缸内的废气被推出。当活塞通过下止点后,活塞向上运动将残余废气排出,如图1-43e)所示。阿特金森循环发动机曲轴旋转角的气门正时如图1-44所示,图中还显示了奥托循环的气门正时。

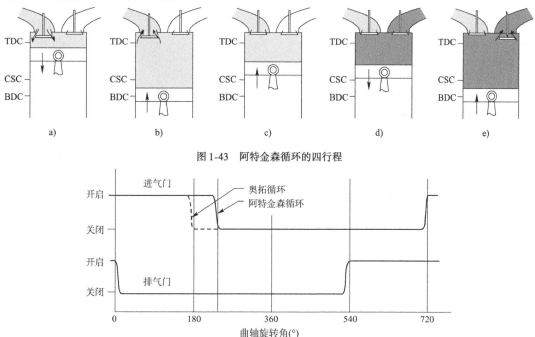

图1-43 阿特金森循环的四行程

图1-44 阿特金森循环发动机的正时时间(进气、压缩、做功、排气)

很显然进气行程和压缩行程中活塞扫过的容积小于做功和排气行程。图1-45展示了阿特金森循环发动机的p-V图。相较于同样压缩容积的奥托循环发动机,阿特金森循环发动机做功更多,如图中C和D区域所示,这可以提高发动机的燃油利用率。

阿特金森循环发动机的一个缺点是汽缸容积利用率降低(只有汽缸几何容积的一部分用于进气和压缩行程),从而降低了发动机的功率密度(单位汽缸几何容积的功率值)。但由于混合动力电动汽车对发动机功率的要求较低,该缺点对混合动力电动汽车来说可能并不严重。

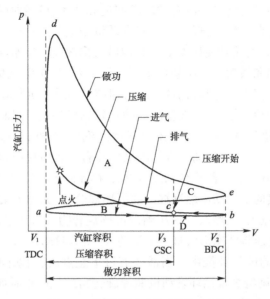

图 1-45 现代阿特金森发动机的 p-V 图

 思考题

1. 什么是汽油直接喷射式发动机?
2. 常用的汽油发动机电控燃油喷射系统控制系统主要有哪些类型?各有什么优缺点?
3. 简述废气再循环(EGR)技术及其主要作用。
4. 简述柴油机高压共轨系统的工作原理。
5. 涡轮增压控制系统的工作原理是什么?为什么要使用增压中冷技术?
6. 简述阿特金森循环发动机的工作原理和优势。

第二章　自动变速器

第一节　自动变速器综述

汽车的发展经历了三大革命：动力革命、传动革命与控制革命。先进国家目前正处于控制革命阶段，即自动控制阶段。从各总成的单独控制向动力传动系统一体化综合控制；从一般控制向智能化、网联化控制发展。

手动变速汽车由于频繁的换挡操作，易使驾驶人疲劳，影响行驶安全；而自动变速器可以全面提升车辆的燃油经济性、动力性及乘坐舒适性，减小因驾驶技术水平不同带来的车辆使用性能差异，自动变速技术是现代汽车工业发展水平的重要标志。

自动变速器种类很多，主要有液力机械式自动变速器（AT）、电控机械式自动变速器（AMT）、无级自动变速器（CVT）、双离合器自动变速器（DCT）。

1. 液力机械式自动变速器（AT）

它是将发动机的机械能平稳地传给车轮的一种液力机械装置，以良好的乘坐舒适性、方便的操纵性、优越的动力性、良好的安全性奠定了其在汽车工业的主导地位。

效率低、难制造、成本高是 AT 的缺点，带有变矩器的 AT 几乎都是电子控制，且带有闭锁机构，并扩大闭锁范围和缩短锁止接合时间；闭锁离合器分离时，能量损失大，必须利用适当的滑差控制以改善传动效率。同时，通过三维流体分析，优化循环圆形状、叶片角度、叶片负荷分布及导轮叶片形状，进而提升变矩器效率是提高燃油经济性的手段之一。

2. 电控机械式自动变速器（AMT）

AMT 既具有液力机械式自动变速器自动变速的优点，又保留了原手动变速器齿轮传动效率高、成本低、结构简单、易制造的长处，它是非常适合我国国情的机电一体化高新技术产品。它是在现生产的机械变速器上进行改造的，保留绝大部分原总成部件，只改变其中手动操作系统的换挡杆部分，生产继承性好，改造的投入费用少，非常容易被生产厂家接受。它的缺点是非动力换挡，这可以通过电控软件方面来得到一定弥补。

在几种自动变速器中，AMT 的性能价格比最高。在中低档轿车、城市客车、军用车辆、载货汽车等方面应用前景较广阔。

3. 机械式无级自动变速器（CVT）

CVT 可以发挥发动机的最佳性能，是一种理想的传动形式，是自动变速器的重要发展方向之一。CVT 的核心部件金属带，制造困难、成本高昂，对其推广应用造成一定影响。可承载更大转矩的半圆环式无级变速器正在研究中，它是利用输入/输出圆盘和动力滚子间的剪切力传递动力，通过滚子的倾斜连续地改变传动比，有望进一步提升无级自动变速器的性能。

除湿式金属带外，由树脂和铝合金等构成的干式带 CVT 被日本大发公司在新开发的汽车上采用，皮带轮连续变速地控制使用直流电动机。该变速器的特点是，起步时通过由定传动比齿轮构成的副传动路线来传递动力，保证起步性能；当达到规定车速时，变换到由带传动所确定的主动力传动路线。

4. 双离合器自动变速器(DCT)

双离合器自动变速器具有传动效率高、结构简单、燃油经济性好等优点,同时其动力换挡的特性保证了较好的舒适性。DCT 在结构上通过两个离合器分别连接两根输入轴,换挡过程中两个离合器交替工作传递转矩,可实现动力不切断情况下改变传动比,换挡品质优秀。从技术特点上来说,DCT 兼具 AMT 和 AT 的优点,燃油经济性和平顺性俱佳。

DCT 最早应用于 20 世纪 80 年代的保时捷赛车上,之后由大众公司与博格华纳公司合作开发了适用于批量生产的 DCT 产品(DQ250)。2007 年大众公司又成功开发了干式双离合器自动变速系统(DQ200),干式离合器模块避免了湿式离合器转矩传递效率低的问题,能量消耗小,燃油经济性更加出色。湿式离合器转矩容量更大,散热较好,适用范围广。DCT 前景被业界普遍看好,尤其是随着传动系统向着电动化方向发展,DCT 以其较高的传动效率,多变的机电耦合构型方案成为新能源汽车传动系统的选择之一。

第二节 液力变矩器

通常 AT 均由液力变矩器、辅助变速器与自动换挡控制系统这三大部分组成。本节仅阐述液力变矩器(Torque Converter,TC),它是通过工作轮叶片的相互作用,引起机械能与液体能的相互转换来传递动力,通过液体动量矩的变化来改变转矩的传动元件,具有无级连续改变速度与转矩的能力,它对外部负载有良好的自动调节和适应性能,从根本上简化了操作;它能使车辆平稳起步,加速迅速、均匀、柔和;由于用液体来传递动力进一步降低了尖峰载荷和扭转振动,延长了动力传动系统的使用寿命,提高了乘坐舒适性和车辆平均行驶速度,以及安全性和通过性。

一、液力变矩器的工作原理

液力传动装置的基本形式为液力耦合器与液力变矩器。液力耦合器工作原理如图 2-1

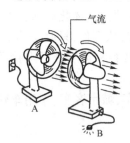

图 2-1 液力耦合器工作原理

所示,两台对置的风扇,电动机使 A 旋转,气流带动 B 也旋转起来,为了有效传递动力,将空气改为液体,使两风扇间距尽可能小并且使两者闭合起来,以免能量散失,这就是今天的耦合器。

液力变矩器结构上与耦合器的区别是在泵轮 P 与涡轮 T 之间增加了单向离合器 P 和固定在壳体上的导轮 D(图2-2)。液体在各工作轮(P、T 与 D)组成的闭合循环流道内传递动力,发动机带动泵轮旋转,其离心力使液体在泵轮中向半径大的方向流动,封闭的循环圆迫使液体冲进涡轮,推动叶片转动,以驱动汽车。为了提升涡轮上的转矩,一般叶片是空间曲面,使液体离开涡轮时,方向与流入涡轮时的方向相反,以产生尽可能大的动量矩,从而提供最有效的转矩传递。导轮的作用是再将液体回流至泵轮,且使流动方向再次反向。液体回流至泵轮后,推动其叶片的后表面,促使泵轮旋转,故在来自发动机转矩的基础上,再加上从导轮回流动转矩,将合成的转矩传递至涡轮。即:

$$T_T = -(T_P + T_D) \tag{2-1}$$

式中:T_P、T_T、T_D——分别为泵轮、涡轮及导轮上的作用转矩。

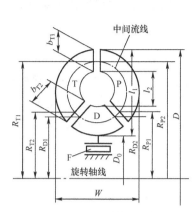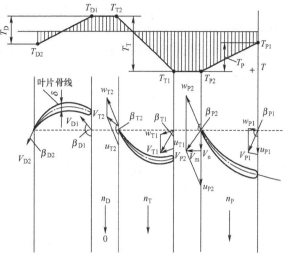

图 2-2 液力变矩器的工作原理

根据动量矩定理可求出叶轮与液体的作用转矩 T：

$$T = \frac{M}{t}\Delta(V_u R) = \rho Q \Delta(V_u R) = \rho Q (V_{u2} R_2 - V_{u1} R_1) \tag{2-2}$$

式中：M、Q——液体的质量与流量；

V_u——液体在叶轮进出口的绝对流速的周圆分速度；

V_{u1}、V_{u2}——液体在叶轮进口与出口的绝对流速的周圆分速度；

R——叶轮进出口的半径；

R_1、R_2——叶轮入口与出口的半径；

ρ——液体密度。

图 2-2 所示是最简单也是最常用的单级三元件工作轮，按式(2-2)分别为：

$$\begin{cases} T_P = \rho Q (V_{uP2} R_{P2} - V_{uP1} R_{P1}) \\ T_T = \rho Q (V_{uT2} R_{T2} - V_{uT1} R_{T1}) \\ T_D = \rho Q (V_{uD2} R_{D2} - V_{uD1} R_{D1}) \end{cases} \tag{2-3}$$

式中：V_{uP2}——液体在泵轮出口的绝对流速的周圆分速度；

R_{P2}——泵轮出口半径；

V_{uP1}——液体在泵轮入口的绝对流速的周圆分速度；

R_{P1}——泵轮入口半径；

V_{uT2}——液体在涡轮出口的绝对流速的周圆分速度；

R_{T2}——涡轮出口半径；

V_{uT1}——液体在涡轮入口的绝对流速的周圆分速度；

R_{T1}——涡轮入口半径；

V_{uD2}——液体在导轮出口的绝对流速的周圆分速度；

R_{D2}——导轮出口半径；

V_{uD1}——液体在导轮入口的绝对流速的周圆分速度；

R_{D1}——导轮入口半径。

因循环圆内无叶片区的动量矩不变，即：

$$V_{uP2}R_{P2} = V_{uT1}R_{T1} 、 V_{uT2}R_{T2} = V_{uD1}R_{D1} 、 V_{uD2}R_{D2} = V_{uP1}R_{P1}$$

如将方程(2-3)中三式相加,同样可得式(2-1)的结果,正是由于导轮的引入,才使涡轮上转矩提高,它是属于扭转变换器范畴,又兼有转速变速器的功能,在汽车上已取代了耦合器。

二、液力变矩器性能

1. 变矩系数 K

液力变矩器是以液体的动能来传递能量的,在泵轮与涡轮之间的转速差大时,涡轮旋转所形成的反压力小,则从泵轮处流入涡轮的流速高,循环圆中的流量也大,则涡轮上的转矩也随之增大。显然,当涡轮不动时($n_T = 0$),循环流量达到最大(Q_{max}),涡轮上转矩也增至最大(T_{Tmax})。从而,表征其增大倍数的变矩系数 K 为:

$$K = -\frac{T_T}{T_P} \tag{2-4}$$

失速变矩系数 K_0 也将达到最大,对轿车通常在 1.6~2.4 之间。为了具有可比性,一般用涡轮转速 n_T 与泵轮转速 n_P 之比 i(称为速比,$i = n_T/n_P$)来代替 n_T 描述 K 的变化。这种不需要控制,就能根据外界负荷变化自动改变其转速和转矩的性能,非常接近于理想牵引特性,其良好的自动适应性,对于各种运输车辆都是十分重要的。

2. 效率 η

$$\eta = \frac{T_T n_T}{T_P n_P} = Ki \tag{2-5}$$

效率性能是指变矩器在传递能量过程中损失的变化,用 $\eta = f(i)$ 来表示(图2-3)。它是具有极大值的抛物线,其分布如图2-4所示。

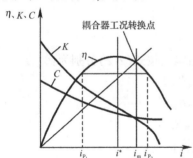
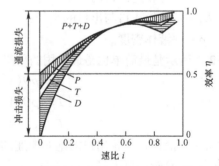

图 2-3 液力变矩器原始特性曲线　　图 2-4 液力变矩器流通和冲击损失对效率的影响

η 是变矩器性能中最重要的参数,决定着结构的发展与设计理论的改进。对 $\eta = f(i)$ 的变化,因轿车常在高速比下工作,所以为了提高最高效率 η_{max},宁可适当降低 K_0。对越野车辆,行驶工况复杂,则希望效率不低于80%,所对应的速比范围 $d_P = i_{P2}/i_{P1}$ 大一些较好,$\eta = f(i)$ 应先有该车型的变矩器工况概率分布,才能有准确的结论。另一种高效率化的途径是通过三维流体分析,使循环圆形状、叶片角度、叶片负荷分布及导轮叶片形状最优化等,来进一步提高变矩器自身效率。

3. 透穿(负荷)性能 C

透穿性能是指变矩器涡轮轴上转矩和转速变化时,是否影响泵轮轴上转矩和转速也相应变化的能力。通常以能容系数 $C = f(i)$ 表示(图2-3),C 为:

$$C = \frac{T_P}{n_P^2} \tag{2-6}$$

也有用力矩系数 λ_P 来描述的，则 $C = \lambda_P \rho g D^5$，ρ 为液体密度，D 是变矩器循环圆有效直径。透穿能力也可用透穿系数 T 表示：

$$T = \frac{C_0}{C_m} \tag{2-7}$$

式中：C_0、C_m——分别为失速及转入耦合器工况时的能容系数。

一般 $T = 0.9 \sim 1.15$ 时为非透穿，$T > 1.15$ 为正透穿，$T < 0.5$ 为负透穿。

全面评价性能时，应考虑几种典型工况：起步工况、最高效率工况、高效区工况和转入耦合器工况等，大体上有 10 个指标，限于篇幅不再评述。上述三大性能间是存在着相互制约的关系。如 K_0 增大，T 将下降，η^*、i^*、i_m、C_0 也均变小；反之，则升高。故确定指标时，一定要全面衡量。

第三节　液力机械式自动变速器(AT)

一、概述

液力变矩器的无级变速性能虽然很好，但从经济性考虑它不能完全满足车辆改变速度和变化动力两方面的要求，故需与齿轮传动串联或并联，以扩大其传动比与高效率工作范围。齿轮传动有旋转轴式(行星齿轮系)与定轴式两种。由于行星齿轮传动易于实现自动化、结构紧凑、质量轻，特别是其具有与液力变矩器可实现功率分流的长处，故目前 AT 中多为此型。显然机械传动在 AT 中属于辅助地位，故又称其为辅助变速器，这样完整的 AT 是由三部分组成(图 2-5)：液力变矩器、辅助变速器、自动换挡控制系统。

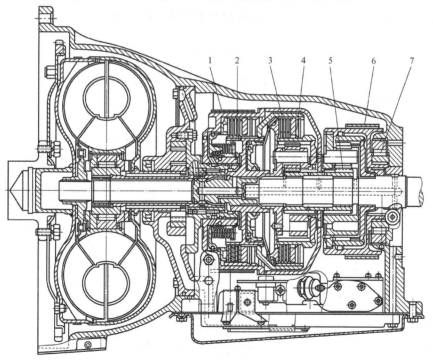

图 2-5　某轿车三速液力机械式自动变速器
1-制动器 B_1；2-离合器 C_2；3-离合器 C_1；4-前行星排；5-后行星排；6-制动器 B_2；7-单向离合器 F

二、行星传动

行星传动类型很多,最简单的是由太阳轮 S、齿圈 R、行星架 C 和支架上自由行星齿轮 P 组成(图 2-6)。

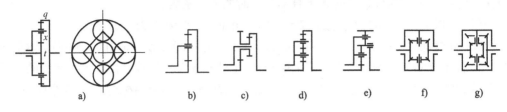

图 2-6 行星齿轮机构简图

1. 行星传动运动学

如图 2-6a)所示,给整个行星排附加一个与行星架转速 n_C 大小相等、方向相反的牵连速度,对构件的相对速度不变,则行星排变为定轴式传动,可得:

$$\frac{n_S - n_C}{n_R - n_C} = \frac{-z_R}{z_S} = -\alpha \tag{2-8}$$

式中:n_S、n_C——分别为太阳轮转速和齿圈转速;

z_S、z_R——分别为太阳轮齿数和齿圈齿数;

α——行星排结构参数,$\alpha = z_R/z_S$,通常取 $4/3 \leq \alpha \leq 4$。

由式(2-8)可得单行星排 3 元件的转速特性方程:

$$n_S + \alpha n_R - (1+\alpha)n_C = 0 \tag{2-9}$$

式(2-9)是三元一次齐次方程,三个未知数清楚地反映了单排是二自由度机构,这正是其与一自由度定轴式不同之处。

三构件中任意两者之间均无固定转速联系,必须加一个约束条件(用制动器 B 使其一固定,$n = 0$)或用离合器 C 连接两者以同一转速旋转,才能获得确定的传动比。实际行星齿轮变速器中是多个行星排的组合。

2. 行星传动动力学

仍以单行星排为例,在稳定的等速工况下,不计摩擦损失分析其 3 元件的内部理论转矩。由行星轮的平衡条件(图 2-7),得到各力之比为:

$$F_S : F_R : F_C = 1 : 1 : (-2) \tag{2-10}$$

而 3 个力的作用半径很容易推出为:

$$R_S : R_R : R_C = 1 : \alpha : \frac{1+\alpha}{2} \tag{2-11}$$

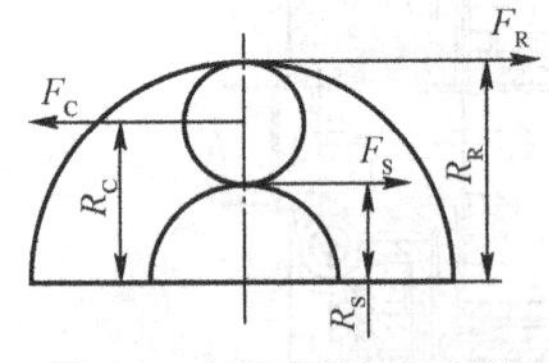

图 2-7 行星轮受力平衡图
F_S-作用于太阳轮上的力;F_R-作用于齿圈上的力;F_C-作用于行星架上的力;R_S-太阳轮的节圆半径;R_R-齿圈的节圆半径;R_C-行星轮与太阳轮的中心距

则可知 3 元件的理论转矩关系式为:

$$T_S : T_R : T_C = 1 : \alpha : -(1+\alpha) \tag{2-12}$$

式中:T_S——作用于太阳轮上的力矩;

T_R——作用于齿圈上的力矩;

T_C——作用于行星架上的力矩。

3. 行星传动效率

由于行星传动一般既传递牵连功率(行星架),又传递相对功率,甚至还有功率循环,故在获得同样传动比时，选择不同组合方案，其效率值可能相差很大，所以要对其十分重视。效率计算时假设：

(1) 行星轮系的牵连损失小，只计与相对运动有关的齿轮啮合损失。

(2) 齿轮啮合损失，整体旋转效率为1，一对外啮合齿轮效率为 0.97~0.98，内啮合取 0.98~0.99，则相对的运动效率为：单行星排 $\eta_{PS} = 0.95 \sim 0.97$；双行星排 $\eta_{PD} = 0.92 \sim 0.97$。

齿轮传动中转速无损失，其效率反映在力矩传递中，行星变速器在某挡传动比为 i 时，其效率公式为：

$$\eta_{io} = \frac{1 + (i-1)\eta_{iB}^u}{i} \tag{2-13}$$

式中：η_{io}——该挡传动比为 i 时，输入轴 i 至输出轴 o 的整体行星轮系效率；

η_{iB}^u——该挡时，输入轴 i 传至制动件 B 时的该段行星轮系效率。

对单行星排太阳轮主动时 u 取"+"，太阳轮被动时 u 取"-"，但对多排组成的复杂轮系，需进一步判断功率流向，可用虚位移原理推导 u 的判别式：

$$u_i = \text{sign}\frac{\partial \ln i}{\partial \alpha_i} \tag{2-14}$$

$u_i > 0$ 为"+"，$u_i < 0$ 为"-"。

三、行星齿轮变速器换挡执行机构

因为所有齿轮是处于常啮合状态，其挡位变换不同于手动变速器用移动拨叉变速，它是以对行星机构的基本元件进行约束来实现。通常由离合器、制动器和单向离合器3种执行机构组成，具有连接、固定或锁止功能，使变速器获得不同传动比，从而达到换挡的目的。

1. 离合器

其作用是连接二元件成为一体，采用的是多片湿式。通常由离合器鼓、活塞、复位弹簧、钢片与摩擦片组、离合器毂及密封圈组成。

2. 制动器

其作用是使所控制元件固定不转，常用带式与片式两种。

对带式制动器（图2-8），当活塞作用力 F_a 方向与制动鼓旋转方向相同时，其制动力矩 T_b 为：

$$T_b = (F_y - F_a)R = F_a R(e^{\mu_d \theta} - 1) \tag{2-15}$$

式中：F_y——制动带固定端的拉力；

F_a——活塞缸通过杠杆作用在带末端的拉力；

R——制动鼓半径；

μ_d——带与鼓之间的摩擦系数；

θ——制动带衬面的接触角。

3. 单向离合器

它与制动器不同之处是以单向锁止原理来实现固定或连接作用。传递转矩容量大，空转时摩擦小，且无须控制机构，工作完全由与之相连元件的方向控制，瞬间即可接合或分离。自动切断或接通变速时转矩，从而保证平顺无冲击换挡，且简化了液压控制系统。常用的是滚柱斜槽式和楔块式(图2-9)。

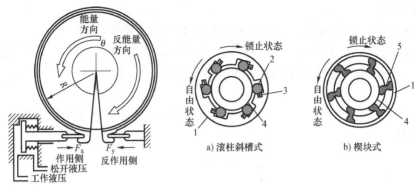

图2-8　带式制动器

a) 滚柱斜槽式　b) 楔块式

图2-9　单向离合器

1-外环;2-滚柱;3-弹簧;4-内环;5-楔块

四、几种典型的三自由度行星变速器

车辆中经典的三自由度行星变速器主要有4类:即辛普森式、拉威娜式、CR-CR式及Willson式。

1. 辛普森结构

这是以发明者辛普森工程师命名的结构,如图2-10所示,其结构特点是由两个完全相同齿轮参数的行星排组成。优点:齿轮种类少、加工量少、工艺性好、成本低;以齿圈输入、输出,强度高,传递功率大;无功率循环,效率高;组成的元件转速低,换挡平稳;虽然是三自由度的变速器,每次换挡需操纵两个执行机构,但因安排合理,实际仅需更换一个执行机构(图2-10)。

挡位	B_1	B_2	C	i
Ⅰ	+	−	−	1.72
Ⅱ	−	−	+	1.00
R	−	+	−	2.39

a) 2挡的辛普森结构

挡位	C_1	C_2	B_1	B_2	F	i
Ⅰ	+	−	−	−	+	2.45
Ⅱ	+	−	+	−	−	1.45
Ⅲ	+	+	−	−	−	1.00
R	−	+	−	+	−	2.21

b) 3挡的辛普森结构

挡位		C_1	C_2	B_1	B_2	B_3	F_1	F_2
Ⅰ			*				*	
Ⅱ			*	*				*
Ⅲ		*	*					
R		*			*			
强制	Ⅰ		*		*			
强制	Ⅱ		*			*		

c) 3挡的改进型辛普森结构

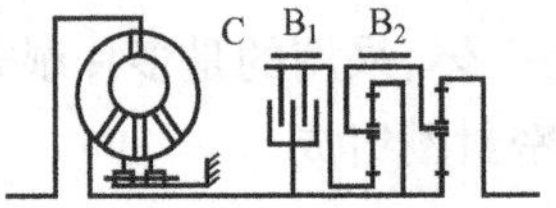

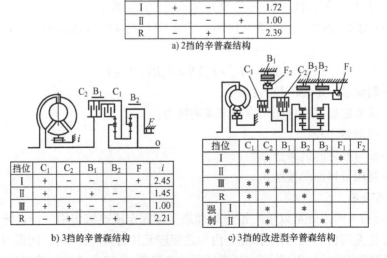

图2-10　2挡与3挡的辛普森结构

以图 2-5 中三速液力机械式自动变速器为例,求各挡的传动比:
其 $\alpha_1 = \alpha_2 = \alpha = z_R/z_S = 62/68$;输入转速 n_i、输出转速为 n_o;求 i_1:
第 1 排
$$n_{S1} + \alpha n_{R1} - (1+\alpha)n_{C1} = 0 \qquad (2\text{-}16)$$

第 2 排
$$n_{S2} + \alpha n_{R2} - (1+\alpha)n_{C2} = 0 \qquad (2\text{-}17)$$

从辅助构件知:$n_{S1} = n_{S2}$,$n_{C2} = n_{R2} = n_o$;从执行机构知:$n_i = n_{R1}$,$n_{C2} = 0$,联解并消去 n_S,则:

$$i_1 = \frac{n_i}{n_o} = \frac{1+\alpha+\alpha}{\alpha} = \frac{1+2\alpha}{\alpha} = 2.45 \qquad (2\text{-}18)$$

同理按上述方法可求:$i_2 = 1.45$。
C_1 与 C_2 均接合,使 $i_3 = 1$,从图 2-10b)表中可看出:
(1)此变速器倒挡通过 C_2 换联了主动件,故属换联主动件的三自由度。
(2)虽为三自由度,但实际每换一次挡,仅操纵一个执行机构。
为进一步提高燃油经济性和降低噪声,车辆向多挡化发展,基于辛普森行星变速机构可变换出更多的结构方案。

2. 拉威娜结构
它是由一个单行星排与一个双行星排组合而成的复合式行星机构,共用一行星架、长行星轮和齿圈,故它只有 4 个独立元件(图 2-11)。其特点是:构成元件少、转速低、结构紧凑、轴向尺寸短、尺寸小、传动比变化范围大、灵活多变、适合前置前驱(FF)式布置。

图 2-11 的改进形式是在输入轴和后太阳轮之间增加一个离合器 C 和单向离合器 F,既改善了换挡品质,又能在 2 挡、3 挡实现发动机制动。

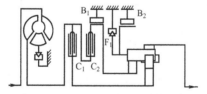

操纵手柄位置	挡位	换挡执行元件				
		C_1	C_2	B_1	B_2	F_1
D	1 挡	○				○
	2 挡	○		○		
	3 挡	○	○			
R	倒挡		○		○	
S、L 或 2、1	1 挡	○			○	
	2 挡	○		○		

图 2-11 拉威娜结构
○-接合、制动或锁止

同样,基于拉威娜行星变速机构也可以变换出更多的传动方案,用何种方案合适,需从成本、结构紧凑与复杂性、生产继承性等方面全面考虑。

3.5 挡自动变速器
为了进一步提高动力性,降低油耗和废气排放,自动变速器应有更大的传动比变化范围和增加挡数,以适应外部行驶条件的需要。

丰田的 A350E 型(5 挡自动变速器)主要是为了改善低速和中速范围的加速功能,是采用组合式设计,在原辛普森 3 挡变速器的前面加装一行星排(图 2-12),具有与丰田 4 挡变速器(A340E)相同的结构与总长,而质量仅增大 2kg,实现了质量轻、尺寸小和多传动比的要求。关键技术是 2 挡换 3 挡时,前后齿轮组必须同步且反向换挡,即前组降挡而后组升挡。反映在表中不仅 C_0 要接合,而且 B_0 放油的同时 B_2 也要接合。在三自由度的变速器中,换挡时理论上是要限制两个自由度,才有固定的挡位输出,但在换挡执行中,设计都是在前挡保留一个执行元件不变,仅更改一个新的执行机构,而现在则是需要变更 2 个执行元件,C_0 与 B_2 接合与 B_0 的同时释放,大大增加了保持换挡平顺性的困难。但它用现代控制理论建立起的瞬态换挡模拟装置解决了这个问题,实现了平稳加速和平稳换挡。

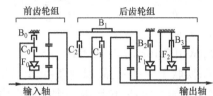

挡位	S_1	S_2	S_3	C_0	C_1	C_2	B_0	B_1	B_2	B_3	F_0	F_1	F_2
1	OFF	ON	ON	○	○					◎	○		○
2	OFF	ON	OFF	○	○				○				○
3	ON	ON	ON	○	○			◎	○		○	○	
4	ON	OFF	ON	○	○	○			○		○		
5	OFF	OFF	OFF		○	○	○		○				
R	OFF	ON	ON	○		○				○	○		○

a)辛普森型行星齿轮装置

挡位	1	2	3	4	5
前齿轮组	低(1.000)	高(0.705)	低(1.000)	低(1.000)	高(0.705)
后齿轮组	1(2.804)	1(2.804)	2(1.531)	3(1.000)	3(1.000)
总传动比	2.804	1.978	1.531	1.000	0.705

b)两齿轮组的齿轮组合

图 2-12 丰田 A350E 5 挡自动变速器
S_1、S_2、S_3-换挡电磁阀;ON-开;OFF-关;○-工作;◎-发动机制动

5HP30 和 5HP24 采用了 Wilson 型结构,这是德国 BMW 与 ZF 共同新设计的行星排变速器(图 2-13、图 2-14)。而 5HP24 则在 5HP30 基础上进行了优化,它不仅比 5HP30 少了一个单向离合器 F_1 与制动器 B_3,并采用铝制零件和薄壁壳体以及有限元法进行优化,从而使结构更为紧凑,质量更轻;而且对铝制阀体采用了新的涂覆工艺,改善了阀的控制性能,并对换挡电磁阀的换挡定时和流量进行了优化,以保证在冷态下也具有良好的响应性能。

4.8 挡自动变速器

大部分普通消费者已经习惯了 4 挡自动变速器和 6 挡自动变速器给我们带来的驾驶感受,实际上 8 挡自动变速器的好处是不但可以使换挡更顺畅、油耗更低、加速更快,而且还可以承受更高的转矩。目前,8 挡自动变速器最主要的供应商有三家:日本爱信旗下的爱信 AW(Aisin-Warner)、德国采埃孚(ZF)集团、现代汽车旗下的派沃泰(Powertech)。此外,还有盛瑞传动股份有限公司提供的 8 挡自动变速器。ZF 8 挡自动变速器原理如图 2-15 所示,共有 4 个行星排,5 个执行元件实现了 8 个前进挡和一个倒挡。

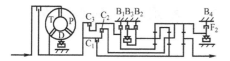

杆位	挡位	换挡执行元件							
		C_1	C_2	C_3	B_1	B_2	B_3	B_4	F_1	F_2
P	P									
R	R			○				○		
N	N									
D	1	○								○
D	2	○				○	○			
D	3	○			○					
D	4	○	○							
D	5		○		○					
4	1	○								○
4	2	○				○	○			
4	3	○			○					
4	4	○	○							
3	1	○								○
3	2	○				○	○			
3	3	○			○					
2	1	○							○	
2	2	○				○				

图2-13 5HP30 5挡自动变速器

杆位	挡位	换挡执行元件						
		C_1	C_2	C_3	B_1	B_2	B_3	F_1
P	P							
R	R			○			○	
N	N							
D	1	○						○
D	2	○				○		
D	3	○			○			
D	4	○	○					
D	5		○		○			
4	1	○						○
4	2	○				○		
4	3	○			○			
4	4	○	○					
3	1	○						○
3	2	○				○		
3	3	○			○			
2	1	○						○
2	2	○					○	

图2-14 5HP24 5挡自动变速器

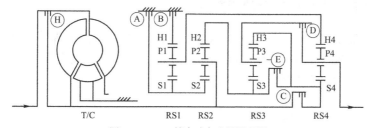

图2-15 ZF 8挡自动变速器原理图

T/C-液力变矩器；RS1(2、3、4)-行星齿轮组；H-闭锁器；S1(2、3、4)-太阳轮；A、B-制动器；P1(2、3、4)-行星轮；C、D、E-离合器；H1(2、3、4)-齿圈

8挡自动变速器因其广泛的变速范围、更密集的挡位分布，发动机性能匹配更好，可以发挥发动机在最优运转区间的性能，使得汽车在动力性、经济性和舒适性有更优异的表现，此外更大的1挡传动比可代替部分车型分动器低速挡位，简化分动器结构，为分动器的选择及开发节省了成本。

5.10挡自动变速器

传统级数较低的装置将逐步被高级数装置取代，以带来更高的转矩输出、更优越的操纵手感和更强的行驶性能。日趋严苛的油耗和排放法规将导致多年来汽车行业追求发动机功率输出的趋势从增长逐渐走向平稳。同时也将促使整车厂将注意力转向传动系统，大量采用6挡以上变速装置，为了满足市场需求，福特和通用公司联合研发出10挡自动变速器，其结构如图2-16所示。

该变速器采用4组行星齿轮组以及6个换挡执行器，其中前6个挡位为减速传动比，第7挡为直接挡传动比，第8~10挡为超速挡传动比，整体齿比范围仅为7.34，可承受最大的输入转矩为800Nm。其整体结构非常紧凑，外壳和支架均采用铝合金材质，有利于减轻质量并增强刚度，同时通过传动比的优化，偏密齿比设计让换挡时发动机转速下降更少，保证发动机最大转矩的输出。同时,采用了可变排量电动油泵后提高了车辆起停工况下的起动速度。

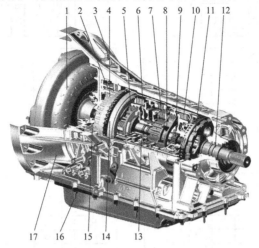

图 2-16　福特/通用 10 挡自动变速器

1-液力变矩器;2-多片制动器 A;3-变速器壳体通风口;4-行星齿轮装置 1;5-行星齿轮装置 2;6-多片离合器 C;7-多片离合器 E;8-行星齿轮装置 3;9-行星齿轮装置 4;10-多片离合器 F;11-驻车锁止棘轮;12-输出轴;13-多片离合器 D;14-电动油泵驱动齿轮;15-多片制动器 B;16-油底壳;17-变速器壳体

五、平行轴式液力机械式自动变速器

该自动变速器不用行星齿轮而用常啮合平行轴式的独特结构,基本上类似于手动变速方式,但从图 2-17 看出它用多片湿式离合器的分合代替了干式离合器与拨叉换挡,日本本田公司率先将此结构应用于轿车(图 2-17)。

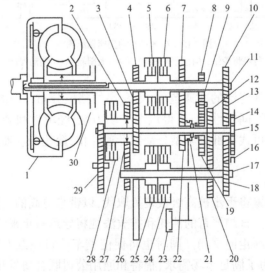

图 2-17　本田自动变速器

1-变矩器;2-中间轴第 1 挡齿轮;3-中间轴第 3 挡齿轮;4-第 1 轴第 3 挡齿轮;5-第 3 挡离合器;6-第 4 挡离合器;7-第 1 轴第 4 挡齿轮;8-第 1 轴倒挡齿轮;9-倒挡惰轮;10-第 2 挡惰轮;11-第 1 挡;12-中间轴第 2 挡齿轮;13-中间轴惰轮;14-停车齿轮;15-中间轴;16-停车锁;17-第 2 轴;18-第 2 轴惰轮;19-中间轴倒挡齿轮;20-第 2 轴第 2 挡齿轮;21-倒挡接合套;22-中间轴第 4 挡齿轮;23-伺服阀;24-第 2 挡离合器;25-第 1 挡离合器;26-第 2 轴第 1 挡齿轮;27-单向离合器;28-第 1 挡固定离合器;29-主减速器齿轮;30-油泵

本田公司也开发了没有单向离合器的 4 挡自动变速器(图 2-18),它是利用离心油压解除机构、全直接控制和换挡逻辑控制机构代替了单向离合器与固定离合器的功能,使变速器缩短 22mm,零部件数减少 76 个,从而使结构更进一步小型化。由于该结构无须切断动力换挡,而执行机构又类同于自动变速器,从整体来说也属于一种特殊形式的自动变速器。

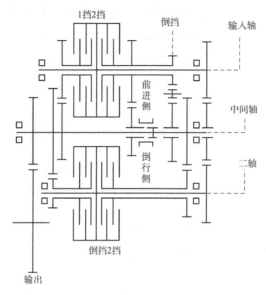

图 2-18 本田新型自动变速器

第四节 电控机械式自动变速器(AMT)

一、概述

电控机械式自动变速器是在传统的手动齿轮式变速基础上改进的。它结构简单,保留了干式离合器与手动变速器的绝大部分总成部件,只改变其中手动操作系统的换挡杆部分,改为自动控制机构,有电—液、电—气和全电 3 种控制方式,图 2-19 为当今采用最多的电控—液动系统。它生产继承性好,改造投入费用少,易于被生产厂接受,是融合了 AT(自动变速器)与 MT(手动变速器)两者优点的机—电—液一体化高科技产品。

起步与换挡是控制功能的主要内容,基本思想从图 2-19 可知,驾驶人通过加速踏板和操纵杆向计算机传递控制信号,大量的传感器时刻掌握着车辆的行驶状态,计算机按存储于其中的最佳程序:动态三参数最佳换挡规律、离合器模糊控制规律、发动机供油自适应调节规律等,对发动机供油、离合器的分离与接合,以及变速器换挡三者的动作与时序实现最佳匹配,从而获得优良的燃料经济性与动力性能以及平稳起步与迅速换挡的能力。其性能价格比高,是非常适合我国国情的自动变速器。

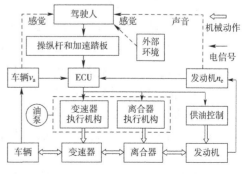

图 2-19 AMT 的基本结构

二、电子控制单元(ECU)

1. 组成

图 2-20 是电子控制单元框图。ECU 由电源、中央处理器(CPU)与存储器、输入电路与输出电路几部分组成。因各类传感器的增多,使输入电路也大为复杂,既有脉冲还有模拟、接点输入。而输出也增加了发动机供油控制,坡上辅助起动装置(HAS)等电路。

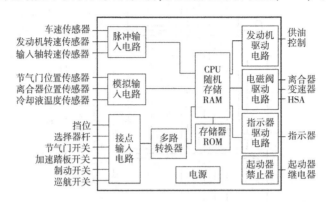

图 2-20 电子控制单元框图

2. 控制软件

(1)变速控制。各种最佳换挡规律存储于微型计算机,然后根据两参数或三参数控制换挡。驾驶人干预的意图主要依靠踩加速踏板,必要时也可通过选挡器。

(2)离合器控制。离合器的接合过程:它是根据离合器的最佳接合规律确定目标接合行程的时间历程,即离合器的接合速度 v_c 是由节气门开度、发动机转速、输入轴转速及离合器传递的转矩特性 $T_c = f(t)$ 等参数控制。

(3)发动机控制。换挡过程需要对发动机转速、转矩实施控制。换挡过程由变速器控制单元给发动机控制单元发送控制指令,以实现需求的目标转速、转矩。

三、执行机构

AMT 控制机构有 3 种形式,目前用得最多的仍是电—液执行机构,它不仅可用于高转矩范围,有最快的换挡速度,而且与其他液压系统可实现最佳配合,此处仅介绍电控—液压执行机构(图 2-21)。

1. 离合器的执行机构

它是单杆型单动液压缸,由电磁阀 V_1、V_3、V_4 控制,它们按需要有直径相同的节流孔,以满足最大接合速度;再将 V_3、V_4 组合,并由 ECU 进行脉宽调制,便可得到小于 v_{cmax} 的任意速度。工作模式有:分离、保持分离、接合以及保持接合 4 种。

(1)分离。电磁阀 V_1 开放,V_3、V_4 关闭,压力油进入离合器液压缸 5 使离合器分离,这是为防止发动机熄火,而正常换挡需要。

(2)保持分离。V_1、V_3、V_4 均关闭,缸内油压封闭,离合器液压缸活塞不运动,离合器保持分离。

(3)接合。V_1 关闭,V_3、V_4 分别或同时工作,由 ECU 对其进行脉宽调制,即脉冲越宽,接合速度越快,由传感器将其实际行程反馈给 ECU,如与要求的最佳接合规律不一致,则进行修正,以配合汽车起步、换挡等。

(4)保持接合。以保证确实在新挡位行驶。

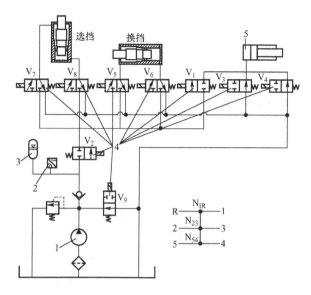

图 2-21　AMT 的液压系统

1-液压泵;2-压力继电器;3-蓄能器;4-电磁阀;5-离合器液压缸

2. 选换挡执行机构

有平行式与相互正交两种,后者称 X-Y 换挡器,它们各有 3 个停止位置,组成矩阵方式(见图 2-21 右下方)。对 5 个前进挡 1 个倒挡的 AMT 而言,采用正交式比平行式可节省两个活塞缸,因而结构简单、紧凑,对于插入了选挡动作的换挡,其时间会比平行式略长,其液压缸是单杆型复动式,用二位三通控制油路,可使活塞正确可靠停于 3 个位置;其运动通过内部杆件传至拨叉换挡与手动变速器相同。现以 1 挡换 2 挡为例说明其过程:先分离离合器,同时发动机降低转矩;这时 ECU 指令换挡阀 V_5、V_6 同时进液压油,摘下 1 挡进入空挡 N_{1R};接着 ECU 又指令 V_7、V_8 进液压油,使杆从 N_{1R} 进入 N_{23} 位置;挡位信号接通,表示选挡到位后,换挡阀 V_6 继续通油,而换挡阀 V_5 放油,从而换入 2 挡;换挡开关接通,ECU 令离合器接合,发动机自适应地恢复转矩。

第五节　无级变速器(CVT)

一、概述

无级变速传动(Continuously Variable Transmission,CVT)指无级控制传动比变化的变速器。它能提高汽车的动力性、燃料经济性,驾驶舒适性,行驶平顺性。电控的 CVT 可实现动力传动系统的综合控制,充分发挥发动机性能。

无级变速器的种类很多(图 2-22)。液力式即液力变矩器,其优良品质已在第一节中阐述,它是迄今世界上占主导地位的无级变速器。

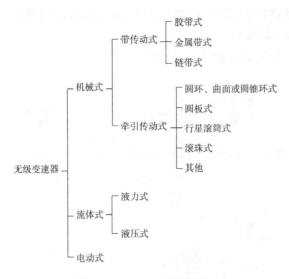

图 2-22　无级变速器的种类

(1) 液压式。它与液力传动同属流体传动,其区别在于:它是依靠液压能的变化来传动或变换能量,是用工作腔的容积变化进行工作的。液压元件主要是液压泵与液压马达,有液压车轮马达与液压驱动轴两种。它的优点、缺点除与液力式类似外,还有液压元件不适应汽车高转速、高负荷和转速变化频繁、振动大等不利的工作条件,故仅在推土机、装载机上有所应用,汽车上应用较少。

(2) 电动式。发动机作为动力装置的优点很多,但在部分负荷时效率低并产生有害气体排放而导致了电传动的发展。为了适应与给定的电动机匹配,有的用单速变速器(与异步电动机共同工作),有的需两挡以上(与永磁同步电动机配合),而有的则要多挡(与直源串绕电动机匹配),以达到设计的性能。

(3) 机械式。因为是通过摩擦传递转矩,故总有打滑的危险。进而在接触面产生高温而磨损。它经历百余年的改进、提高,目前也仅金属带或链带式及牵引环式有实用价值。

二、机械式无级变速器

1. 带传动式(Belt Drive)

用挠性的带或链与带轮的摩擦力传递动力。首先应用的橡胶带式因传递功率容量低,而被橡胶与金属带、金属带及链带等形式所取代。其中又以 VDT(Van doorne's Transmission)的金属带最为成功。除这类湿式带外,由树脂和铝合金等构成的干式带也已问世。它用直流电动机控制,其特点是:起步由定传动比的齿轮,即副传动路线来传递动力,保证起步性能;当达到规定车速时,再变换到由带传动确定的主传动路线。

1) 工作原理

VDT 是目前已投产的 CVT,其组成与工作原理如图 2-23 所示,发动机动力 5 经起步装置 4 传至 CVT 的主动工作带轮(2、2a),再由关键部件——V 形金属带 9 将动力传递到从动工作带轮(6、6a),最后动力经减速器 7、主减速器与差速器 8 到达车轮。车辆行驶时,当主、从动工作带轮的可动部分通过控制高压油使其按需要做轴向移动时,改变了主、从动轮的工作半径比,从而实现了外界对汽车的变速要求。

2)关键部件

(1)金属传动带。由几百片(现已达400多片)V形金属推片(元件)和两组金属环组成高柔性的金属带(图2-24),每个金属V形块厚度为1.4~2.2mm,在两侧工作轮挤压力作用下,推挤前进来传递动力。两边的金属环由多层薄钢带、厚度为0.18mm的带环叠合而成,在传动中正确引导金属元件的运动。较薄的厚度对减少运转噪声十分重要。较多的元件与带轮接触,降低接触面压力,还可允许其表面偶尔出现一两个损坏,亦有利耐久性提高。这种带的特点是使带轮可以以最小的卷绕半径工作,传动比工作范围大,转矩传递容量高。

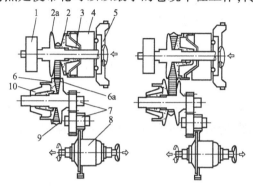

图2-23 VDT-CVT传动组成与工作简图
1-油泵;2a-主动工作轮不动部分;2-主动工作轮可动部分;3-主动轮液压控制缸;
4-离合器;5-发动机飞轮;6-从动工作轮可动部分;6a-从动工作轮不动部分;7-中
间减速器;8-主减速器与差速器;9-金属传动带;10-从动轮液压控制缸

图2-24 V形金属带传动带
1-金属推片;2-金属环

(2)链式CVT。链式CVT是带的另一种形式(图2-25),类似自行车的链条,它由3部分组成:内连接片、压板连接片和连接它们的浮动销,销相互滚动,使链条在弯曲时摩擦力小,且具柔性。销的表面被冲压成如图2-25b)所示形状,以使其与轮的接触随旋转半径的减小而从上移到下,使链表面保持磨损稳定。链轮表面的沿轮向凸起是防止链因摩擦因数下降而打滑。链可不必有固定周节,有利于降低噪声。链式相对金属带式简单价廉。

2. 牵引传动式

它是以刚性转动体接触的摩擦力传递动力,形式多样,其中以Toroidal最优,简称牵引环式(图2-26)。它具有良好的动态响应性能,且能从正转过渡到反转,因此,它无须前进离合器和正反转运动的切换机构。但其接触刚体间接触压力大,要特殊的黏性很高的润滑油,利用油膜在金属表面之间形成高的牵引系数μ来传递动力,故提高接触疲劳寿命和弯曲寿命,以及开发出黏性高、牵引系数大的润滑油是其能否进入市场的关键问题;它的特点是可提高传递转矩的容量。

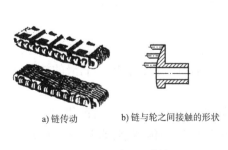

a)链传动　　b)链与轮之间接触的形状

图2-25 链式CVT传动

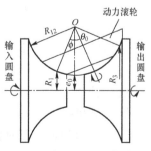

图2-26 牵引环式的几何关系

三、几种典型的无级变速器

1. 新型 CVT8 简介

由于 CVT 是以摩擦来传递动力,这就决定了它不仅要有防止转矩过大的限制功能,以消除来自车轮的冲击,而且更必须与其他起动装置联合作用,才能使车辆顺利起步。CVT 的起动装置多为电磁离合器或液力变矩器,以满足起步平顺性要求。

如图 2-27 所示,CVT8 也是日产公司最新一代的 CVT 产品,应用于 2.0~3.5L 排量的车型。根据最大可承受转矩的不同,CVT8 分为普通版和高转矩版(CVT8HT),二者可承受的最大转矩分别为 250N·m 和 380N·m。

CVT8 相比上一代产品在燃油经济性方面提升了 12%。CVT8 的主要结构与 CVT7 基本一致,但主要进行了三方面的优化升级:

(1)增加了变速器的变速比范围。如图 2-28 所示,CVT8 是通过采用新带轮以及缩小带轮轴直径等修改来拓宽变速比的覆盖范围,传动比也达到了 7.0(CVT7 为 7.3),相对于传统的 CVT 有了很大的改善。

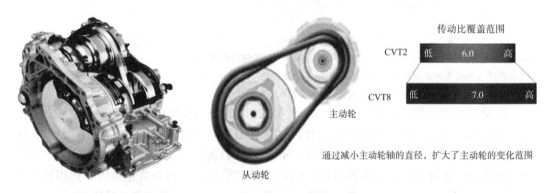

图 2-27 CVT8 结构图　　　　　图 2-28 变速比范围示意图

(2)减小了内部摩擦损耗。在改善传动效率上,CVT8 主要是通过以下 3 种方式降低变速器本身消耗的功率约 40%,尽可能地把发动机的输入功率传向输出:

①减少供油系统流量。通过缩小油泵尺寸,最小化控制阀的间隙以及把控制阀的柱塞数量减少等修改,使得供油系统的流量减少了大约 25%,通过扩大带轮受压面积来控制线压力大小,从而减少油泵损失(漏油量)。

②使用新钢带及新链条。采用了全新设计的钢带,其中每一个钢片的刚度得到了优化,工程师们通过缩小钢环的宽度以减少钢带与带轮的接触面积,来减小摩擦损失,从而提升了变速机构的工作效率。

③减少了搅油损失。通过采用黏度低的新油(新油黏度降低了约 7%),机械效率将大大提升,另外加装改进后的挡板,有效控制油路流向,在达到同等润滑的效果下,用油量将减小,继而减少了油搅动损失。

(3)提升控制系统和控制逻辑。CVT8 进一步优化了控制逻辑,融入了新一代 ECO-mode 智能行驶模式,通过转向盘、加速踏板等位置的传感器,来识别驾驶人的驾驶意图,通过发动机与 CVT 变速器的控制程序,给驾驶人提供最合适的驾驶模式。

2. 电控无级式自动变速器(E-CVT)简介

E-CVT 的核心就是一套行星齿轮组和多个电动机,电动机有的负责发电,而有的负责驱动调节车速。与现在的普通 CVT 相比,E-CVT 要更为简单。

E-CVT 变速器与普通 CVT 变速器类似的是都有行星齿轮结构,但没有液力变矩器、钢带等结构,结构简单的好处就是变速器可以制作得更紧凑。同时由于没有钢带等因素制约,E-CVT 可以直接承受大转矩。E-CVT 的传动效率也非常高。

E-CVT 对于多个电动机、离合器等的协作提出了非常高的要求,因此,控制软件也比普通 CVT 变速器复杂得多,同时 E-CVT 对于控制电动机的可靠性、功率与运行精度要求也非常高。

E-CVT 变速器目前主要搭载在混动车型上,如沃蓝达、普锐斯、凯美瑞等车型都采用了不同设计方案但是原理类似的 E-CVT 变速器,而这些车型往往在动力和经济性方面表现得非常均衡。

第六节 双离合器自动变速器(DCT)

一、概述

双离合器自动变速器(Double Clutch Transmission,DCT)(图 2-29),是一种融合了 AMT 高效传动与 AT 动力换挡技术特点的自动变速器。换挡过程通过两个离合器交替传递转矩,保证了动力不中断,换挡品质优于 AMT。

图 2-29 双离合器变速器

在结构上,其两个离合器分别与两根输入轴相连接,变速器各挡位按奇、偶数分布在两根输入轴上,类似手动变速器的结构使 DCT 具有较高的传动效率。

二、双离合器变速器的工作原理和构造

DCT 相当于将两个手动变速器的功能集成到一个变速器中(图 2-30)。在 DCT 中,两个离合器是独立工作的,一个离合器控制了奇数挡位,而另一个离合器控制了偶数挡位。基于此布局,DCT 可预先啮合下一个顺序挡位,换挡时仅需完成两个离合器转矩的切换,换挡时间大幅缩短。

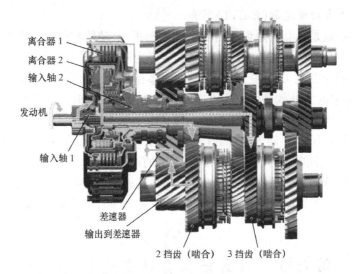

图 2-30　DCT 内部结构图

双离合器模块是 DCT 系统的核心部件,在起步和换挡工况发挥重要作用。双离合器模块可以分为干式和湿式两种。湿式双离合器(图 2-31)是由一大一小 2 组多片式离合器同轴集成在一起,同时离合器部件浸没在润滑油中,以减少摩擦和限制热量的产生,因此,湿式双离合器结构有着调节能力和优异的热熔性,能够传递较大的转矩。

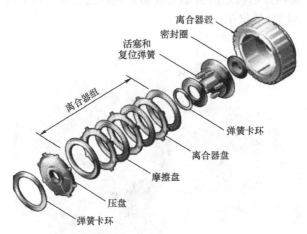

图 2-31　湿式离合器结构图

湿式多片式离合器是利用液压压力来驱动齿轮。当离合器接合时,离合器活塞内的液压使一组螺旋弹簧零件受力,这将驱使一组离合器盘和摩擦盘压在固定的压力盘上,油压的建立是由变速器控制器指令电磁阀来控制的。摩擦片内缘处有内花键齿,以便与离合器毂上的外花键相啮合。离合器毂与齿轮组相连,这样就可以接受传递过来的动力,为分离离合器,离合器活塞中的液压就会降低,在弹簧的作用下,离合器就会分开。

干式双离合器(图 2-32)是由两个与普通手动变速器相似的干式摩擦片式离合器和一个中间盘组成。在工作时不需要搅动油液,因此,动力损失更小,工作效率更高,具有更优异的燃油经济性,但由于干式摩擦片更容易发热,热熔性不如湿式离合器,干式离合器传递转矩的能力有限。

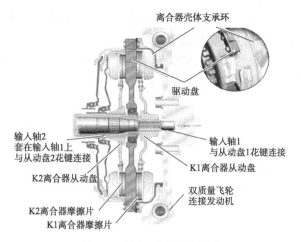

图 2-32　干式双离合器结构图

三、典型双离合器变速器的工作过程

下面以 DSG 变速器为例,简单介绍双离合器变速器(DCT)的工作过程:在 1 挡起步行驶时,外部离合器接合,通过内部输入轴到 1 挡齿轮,再输出到差速器,动力传递路线如图 2-33 所示。由于离合器 2 是分离的,并未有动力在传递,是预先选好挡位,为接下来的升挡做准备的。当变速器进入 2 挡后,退出 1 挡,同时 3 挡预先接合。所以在 DSG 变速器的工作过程中总是有 2 个挡位是接合的,一个正在工作,另一个则为下一步做好准备。

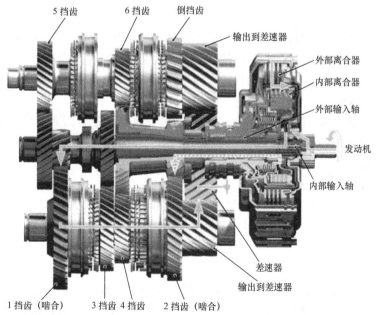

图 2-33　DCT 的工作过程

DSG 变速器在降挡时,同样有 2 个挡位是接合的,如果 6 挡正在工作,则 5 挡作为预选挡位而接合。DSG 变速器的升挡或降挡是由变速器控制器(TCU)进行判断的,踩加速踏板时,变速器控制器(TCU)判定为升挡过程,做好升挡准备;踩制动踏板时,变速器控制器(TCU)判定为降挡过程,做好降挡准备。

一般变速器升挡总是逐级顺序地进行的,而降挡经常会跳跃地降挡,DSG变速器在手动控制模式下也可以进行跳跃降挡,在跳跃降挡时,如果起始挡位和最终挡位属于同一个离合器控制的,则会通过另一离合器控制的挡位转换一下,如果起始挡位和最终挡位不属于同一个离合器控制的,则可以直接跳跃降至所定挡位。

第七节　变速器的自动控制系统

任何自动变速器,无论是AT、AMT、CVT还是DCT,如果缺少完美的自动控制系统,均不能实现自动化。因此,电控系统是各类自动变速器的关键性技术。

一、自动换挡系统组成

尽管迄今为止自动变速器的结构种类很多,其控制也千变万化,但所实现的功能以及达到的车辆的要求是基本相同的,其组成也大致相同(图2-34)。

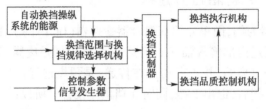

图2-34　自动换挡系统构成图

1. 系统能源

它是各个机构的动力源,对早期的全液压自动控制系统,由液压泵、调压阀等组成;对目前广泛采用的电控—液动式控制系统,除上述外,还需直流电源为电控提供所需能源;对于全电的控制系统,则仅需提供一定电压的直流电源即可。

2. 控制参数信号发生器

自动换挡是根据汽车行驶中选定的控制参数变化来确定是否需要进行换挡的。目前主要是采用二参数控制(车辆速度与发动机节气门开度);但这仅是原始信号,还必须加以调制,才能被控制系统所使用。

3. 换挡控制器

换挡控制器向换挡执行机构发出换挡指令,它接收车辆自身状态及换挡机构相关的信号。并进行比较和处理,按预定的规律选择挡位,及时发出相应的换挡指令至换挡执行机构。

4. 换挡执行机构

换挡执行机构接受控制指令去具体完成挡位变换。一般均是通过液压缸充、卸压力油使离合器、制动器或单向离合器分离或接合实现换挡。对全电式则由直流电动机或步进电动机驱动运动转换结构来实现。

5. 换挡品质控制机构

换挡品质控制机构的作用是控制换挡过程平稳、无冲击,从而使乘员舒适,动力传动系统动载荷降低。在自动变速器中一般是在通向液压缸的油路上增加蓄能器、缓冲阀、定时阀、执行压力调节阀、协调阀和单向离合器等,以改善换挡品质。

二、换挡规律

自动变速器的换挡规律关系到动力传动系统各总成潜力的挖掘与整体最优性能的发挥,直接影响车辆的动力性、燃油经济性、舒适性等整车性能,是自动变速器电控系统的核心。换挡规律是指两排挡间自动换挡时刻随控制参数变化的关系,对输入变量(换挡控制参数)的每一组合,仅存在唯一的输出状态(维持不变/升挡/降挡)。根据换挡规律输入变量的数量可分为单参数换挡规律、两参数换挡规律和动态三参数换挡规律。

1. 单参数换挡规律

单参数换挡规律多取车速 v 为控制参数,如图 2-35 所示,当车速达到 v_2 时,升入 2 挡,反之当车速降至 v_1 时换回到 1 挡,v_1 与 v_2 间是两挡都可能工作区,视车辆原来的行驶状况而定。这种升、降挡之间交错现象,称为换挡延迟或换挡重叠,其作用是防止换挡循环(不断地来回换挡)。

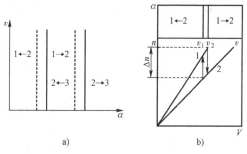

图 2-35 单参数换挡规律

单参数换挡规律结构最简单,无论节气门开度如何变化,换挡点、换挡延迟的大小均不变,无法实现驾驶人干预换挡;另一方面为了保证动力性,升挡点多设在发动机最大转速,造成中小节气门开度也要高转速换挡,带来较大的系统噪声,同时难以兼顾整车的动力性与燃油经济性要求,故较少采用。

2. 两参数换挡规律

两参数换挡规律通常控制参数采用车速 v 与节气门开度 α,图 2-36 是从换挡延迟角度又将其分为等延迟型[图 2-36a)]、发散型[图 2-36b)]、收敛型[图 2-36c)]与组合型[图 2-36d)]4 种。图 2-36 中每个图下半部是反映换挡延迟所引起输入轴转速的变化。发散型的换挡延迟角度大,功率利用差,为弥补该缺点,出现了带强制低挡的发散型[图 2-36b)],使它保持了换挡次数较少、舒适性高的优点,又克服了其缺点,故它在轿车自动变速器中应用较多;收敛型的发动机工作转速低、燃油经济性好、噪声低、行驶平稳舒适,它适合于比功率较低的货车。

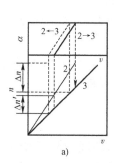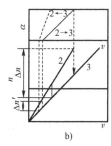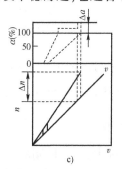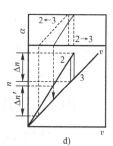

图 2-36 两参数换挡规律

3. 动态三参数换挡规律

考虑到汽车起步、换挡时均处于非稳定状态，因而必须采用反应动态过程的加速度 dv/dt 参与控制，即 dv/dt、v、α 的三参数换挡规律。这种以换挡前后相邻挡位的加速度相等为条件获得的规律（图2-37）比以稳态牵引力相等所制定的两参数控制规律（图2-38）优势更加明显。

（1）动力性。图2-38中是以牵引力相等求得的换挡点，对两参数而言，动力性的最佳换挡点是 A 点，换挡提前到 C 点与延后至 B 点换挡都有牵引力损失（图上阴影区）。从静态观点看 A 点换挡这个结论是对的，再将各种不同的节气门开度下的交点都连成线，即为两参数的最佳动力性换挡规律。但是如果考虑加速度情况就变了，由于惯量及传动比的影响，反映在加速度曲线（图2-37）dv_n/dt 与 $F_{tn}=f(v)$ 大不相同，因而其相邻两挡的加速度曲线的交点的速度也大大提前。同理根据相邻两挡的加速度相等点（例如 $dv_1/dt=dv_2/dt$）为换挡点，因无加速度损失可获得最佳的加速度。因此，车辆从原地起步连续换挡加速至某一车速，其加速时间一定是最短的。

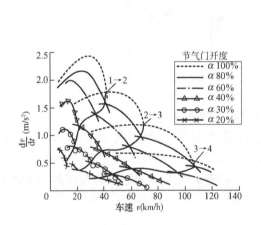

图2-37 三参数最佳动力性换挡特性　　图2-38 两参数最佳动力性换挡特性

（2）燃油经济性。根据驾驶人经验可知，在正常行驶的允许条件下，尽可能用高挡会更节省燃油，在高挡行驶时，对应的发动机转速低，对相同的道路阻力来说，则工作于发动机高负荷区，其热效率要比高转速低转矩的相同功率点要高，燃油经济性相对更好。由于 $dv_{n-1}/dt=dv_n/dt$ 的换挡点比 $F_{t_{(n-1)}}=F_{t_n}$ 的速度低，故提前换入高挡而省油。

（3）乘坐舒适性与零部件寿命。从换挡过程所产生的冲击对人体的作用看，主要表现在对人体头部和颈部的影响，用纵向加速度的变化率 $J=d^2v/dt^2$ 来评价为宜。实践证明，我们在汽车上感到不舒适是因为加速度的变化大。如果换挡前后加速度相等，则舒适性和零部件寿命均有提升。

最佳动力性的动态三参数换挡规律可通过图解法或解析法求解，最佳经济性动态三参数换挡规律亦可求，解析法通过计算机编程实现较为方便，限于篇幅从略。

三、换挡规律的智能化

在人—车—路的大系统中，汽车控制的优劣，主要反映在车辆与环境（路）的协调、车辆与人的协调，故电子自动控制系统可存储多种规律供驾驶人选用，不仅有经济性规律、动力性(又称运动型)规律,而且还有一般(日常)规律、环境温度以及随外界条件变化的规律等。即换挡点可以自由设定为各种规律。基于两参数换挡规律结合模糊逻辑控制和动力传动系统的综合控制技术,可实现换挡规律的智能化控制,其本质仍是以二参数或是动态三参数为基本控制规律,其他因素视为确定换挡规律的辅助条件。

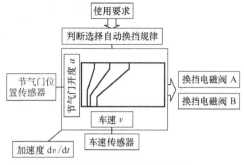

比较控制参数值与换挡规律,当达到设定换挡点时,ECU 便向电磁阀发出指令,该过程如图 2-39 所示。

图 2-39　自动换挡控制框图

系统中有驾驶人类型识别、环境条件识别、行驶状况识别等功能模块。驾驶人类型识别是通过对其踩加速踏板、制动和转向操作的特点来推断,据此自动选择换挡规律;环境条件识别是识别行驶阻力或轮胎与路面的附着状况等,调用或修正规律;行驶状况识别是针对当时行驶状况(如减速、下坡、曲线行驶或城市拥堵等工况)对换挡曲线作适当的改变等。结果使自动变速器能因人、因时、因地进行换挡控制。

四、自动变速器控制技术展望

面对日益严峻的能源与环境形势,如何让汽车更节能、更环保成为汽车技术发展的主旋律。在汽车智能网联化趋势下,充分利用道路、交通等前馈信息,优化挡位选择以实现节能减排成为可能(如图 2-40 所示)。

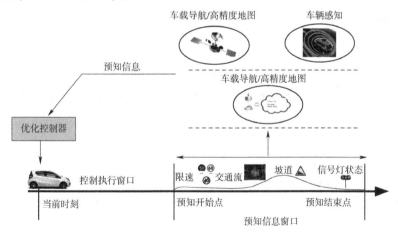

图 2-40　车辆行驶能耗优化控制

基于优化控制的挡位决策方法,将挡位决策构建为最优控制问题并进行在线求解,能够合理匹配挡位与道路、交通、车辆性能间的关系,是挡位决策领域的新方向。系统结构如图 2-41 所示。

该系统增加了换挡点预测控制器,包含输入信号处理、车辆状态预测、换挡模式选择和安全监测 4 部分功能。利用车载导航系统获取的前方路况特征信息,对预见距离内的换挡点进行求解,并进行安全性与合理性判断,最终输出目标挡位。模型预测控制技术(Model Predictive Control,MPC)成为解决上述问题的理论工具,如何满足在线计算的实时性要求将是未来技术探索的重要方向。

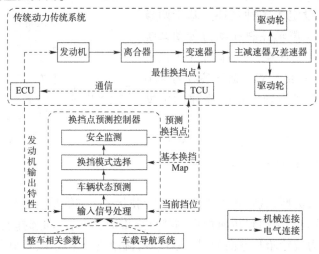

图 2-41 挡位决策预测控制系统

多挡化、宽速比、轻量化、高效率、高功率密度将是汽车自动变速器的主要技术目标,变速器的电动化趋势将进一步深入,汽车智能化水平不断提高,围绕执行器的机、电、液、控技术将持续发展,在控制系统硬件方面多核控制器平台的应用将进一步提升计算性能,软件层面如何有效融合车辆现有信号和智能网联信息精准决策、精确控制,进而提升整车的综合性能将是电控系统的主要发展方向。

 思考题

1. 自动变速器有哪几种类型?各自有什么技术特点?
2. 行星齿轮变速机构中,经典的辛普森式和拉威娜式行星变速机构各自具有怎样的结构特点?
3. 简述液力变矩器的基本工作原理。
4. 试述 AMT 执行机构的控制方式。
5. 简述金属带式 CVT 的组成及工作原理。
6. 双离合器自动变速器在结构上具有怎样的特点?请以结构示例说明。
7. 双离合器模块分为几种类型?试比较其技术特点。
8. 简述换挡规律的技术发展历程,试分析换挡规律智能化的必要性。

第三章 转 向

第一节 概 述

汽车在行驶过程中,需按驾驶人的意志经常改变其行驶方向,即所谓的汽车转向。就轮式汽车而言,实现汽车转向的方法是驾驶人通过一套专设的机构,使车轮(转向轮)相对于汽车纵轴线偏转一定的角度。在汽车直线行驶时,转向轮往往会受到路面侧向干扰力的作用,自动偏转而改变行驶方向。此时,驾驶人也可以利用这套机构使转向轮向相反的方向偏转,从而使汽车恢复原来的行驶方向。这一套用来改变或恢复汽车行驶方向的专设机构,称为汽车转向系统。因此,汽车转向系统的功用就是保证汽车能按照驾驶人的意志而进行转向行驶。

本章分别介绍了几种目前市场应用的新转向系统,分别为四轮转向系统、电动转向系统、线控转向系统以及主动转向系统。

第二节 四轮转向系统(4WS)

一、概述

四轮转向(Four Wheel Steering),即除了传统两前轮转向外,两后轮也是转向轮。

汽车的四轮转向系统在20世纪80年代中期开始发展,其主要目的是提高汽车在高速行驶和在侧向风力作用下时的操纵稳定性,改善低速下的操纵轻便性,以及减小在停车场掉头时的转弯半径,并且四轮转向时能够基本保持重心侧偏角为零,大幅度提高汽车对转向盘输入的动态响应特性。此外,在汽车高速行驶时还易于由一个车道向另一个车道调整。近年来,许多汽车厂商推出了带有四轮转向系统的概念车,如本田、日产、马自达等,并把成熟的四轮转向技术应用到了它的普及型汽车中,提高其汽车的主动安全性。

二、四轮转向的机构以及工作原理

1. 四轮转向后轮的两种转向方式

对于4WS汽车,主要控制后轮的转向角。当后轮与前轮的转向相同时称同相位转向,当后轮与前轮的转向相反时称为逆相位转向,如图3-1所示。

车速较低时(一般低于60km/h)采用逆相位转向,车辆转向重心向车辆中心移动,转弯半径变小,在转弯性能和动态性能方面和短轴距车辆相当。

车速较高时(一般高于60km/h)采用同相位转向,车辆转向中心远离车辆中心,转向半径增大,这与长轴距车辆在直线行驶状态下表现出的稳定性相当。

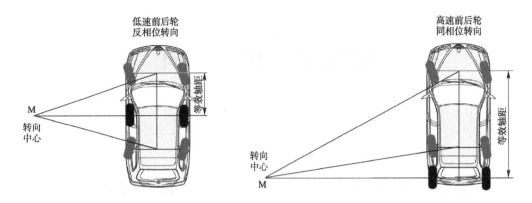

图 3-1 四轮转向的两种转向方式以及等效轴距

2. 后轮转向控制类型

四轮转向系统可按后轮偏转角与前轮偏转角或车速之间的关系分为转角传感型与车速传感型两种。

(1) 转角传感型。后轮的偏转角与前轮的偏转角之间存在着某种函数关系,即后轮可以按与前轮旋转方向相同的方向旋转,即同相位偏转;也可以按与前轮旋转方向相反的方向旋转,即反相位偏转。此外前后轮转角值之间也有一定关系。

(2) 车速传感型。根据设计程序,当车速达到某一预定值时(通常为 35~40km/h),后轮能与前轮同方向偏转,而当低于这一预定值时,则反方向偏转。

3. 4WS 在高速行驶时的稳定性

一辆传统的 2WS 汽车,在转弯开始时仅转动前轮。从前轮开始转弯到后轮也跟着开始转弯中间有一个时间差,在这段小的时间差里,由于后轮没有侧向力,会使车轮后部向外偏移。对于 4WS 汽车,因为和前轮同一方向转动后轮,所以在后轮也同样产生侧向力,于是车身的侧偏角就会减小,甚至可以为零。这样,汽车可以平滑地换道行驶,从而提高了汽车的操纵稳定性。从直线行驶进入转弯时,2WS 车与 4WS 车的运动比较如图 3-2 所示。

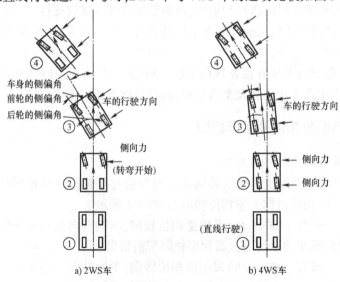

图 3-2 从直线行驶进入转弯时 2WS 车与 4WS 车的运动比较

三、4WS 新执行结构及应用

近年来,随着计算机以及控制技术的发展、电子产品的成本降低,以及可靠性方面所取得的提高,四轮转向技术飞速发展,并且有了新的结构以及应用。典型代表如下。

以 2011 年配备四轮转向技术的英菲尼迪 G37 为例进行介绍,该系统是由前控制器、主控制器、前轮主动转向执行器和后轮主动转向执行器组成(图 3-3),其中后轮主动转向执行器是通过一个电磁阀悬架衬套变形来实现后轮转向,是一个低成本的后轮主动转向系统。

图 3-3　英菲尼迪 G37 转向系统组成

该系统的主动控制器会根据转向角和车速数据,计算 G37 车型当前动力状态与最佳预定性能数据之间的差值,然后可调整前轮和后轮转向角以符合预定性能数据,从而获得最佳的车辆动力状态。

四轮转向技术能提供出色的稳定性。前轴和后轴上的主动转向装置能在车辆超出正常的抓地状态时(可能出现转向过度),有效地稳定车体,是一套能与 VDC 车辆稳定系统配合使用的被动安全装置。四轮转向技术也可有效提高车辆的灵活性。无论是紧急变换车道、高速转向还是突发情况下进行避险操作,四轮主动转向装置都能将后轮转向角度提高一度,以提供额外的稳定性。由此可以有效避免后轮驱动装置出现过度转向,而无须牵引控制措施。

四、4WS 发展趋势

由于目前基于 V 模式的设计开发设计流程已经被很多汽车开发商所采用,硬件在环仿真技术上比较成熟,因此,四轮转向的研究要充分利用好这一开发设计手段。四轮转向的试车测试不同于其他汽车电子控制系统的测试,在高速行驶过程中,控制系统设计的不成熟或者工作不正常会出现不希望的车轮转角而使汽车转向性能变差,甚至失控发生事故。这也是在四轮转向研究过程中所面临的一个重要问题。这就要求结合硬件在仿真设计出一套更加准确的反映车辆运动状态的仿真平台,在设计的初期就把后期实验测试过程中可能出现的高危险的隐私消除掉。

第三节　电动助力转向(EPS)

一、概述

继电子技术在发动机、变速器、制动器和悬架等系统得到广泛应用之后,国外汽车正逐步以电动助力转向(Electric Power Steering,EPS)取代传统液压动力转向(Hydraulic Power

Steering,HPS),电动助力转向已成为世界汽车技术发展的研究热点。

EPS 用电动机直接提供助力,助力大小由电控单元(ECU)控制。它能节约燃料,提高主动安全性,且有利于环保,是一项紧扣现代汽车发展主题的高新技术,所以一经出现就受到高度重视。近年来,随着电子技术的发展,大幅度降低 EPS 的成本已成为可能,加上 EPS 具有的其他一系列优点,使得它越来越受到人们的青睐。

二、EPS 的结构与特点分析

1. 基本结构与工作原理

EPS 是一种直接依靠电动机提供辅助转矩的动力转向系统,其系统框图如图 3-4 所示。不同类型的 EPS 的基本原理是相同的:转矩传感器与转向轴(小齿轮轴)连接一起,当转向轴转动时,转矩传感器开始工作,把输入轴和输出轴在扭杆作用下产生的相对转动位移变成电信号传给 ECU,ECU 根据车速传感器和转矩传感器的信号决定电动机的旋转方向和助力电流的大小,从而完成实时控制助力转向。因此它可以很容易地实现在车速不同时提供电动机不同的助力效果,保证汽车在低速行驶时轻便灵活,高速行驶时稳定可靠。因此 EPS 转向特性的设置具有较高的自由度。

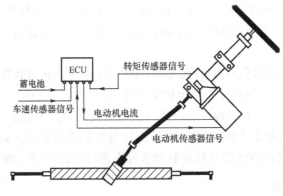

图 3-4 电动助力转向系统框图

2. EPS 的关键部件

EPS 主要由转矩传感器、车速传感器、电动机、减速机构和电子控制单元等组成。

(1)转矩传感器和车速传感器。转矩传感器的功能是测量驾驶人作用在转向盘上的力矩大小与方向,以及转向盘转角的大小和方向。车速传感器的功能是测量汽车行驶速度。这些信号都是 EPS 的控制信号。转矩测量系统比较复杂且成本较高,所以精确、可靠、低成本的转矩传感器是决定 EPS 能否占领市场的关键因素之一。

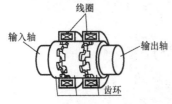

图 3-5 非接触式转矩传感器

目前采用较多的是在转向轴位置加一扭杆,通过测量扭杆的变形得到转矩。另外也有采用非接触式转矩传感器。图 3-5 所示的非接触式转矩传感器中有一对磁极环,其原理是:当输入轴与输出轴之间发生相对扭转位移时,磁极环之间的空气间隙发生变化,从而引起电磁感应系数变化。非接触式转矩传感器的优点是体积小、精度高,缺点是成本较高。

(2)电动机。电动机的功能是根据电子控制单元的指令输出适宜的辅助转矩,是 EPS 的动力源,多采用无刷永磁式直流电动机。电动机对 EPS 的性能有很大影响,是 EPS 的关键部件之一,所以 EPS 对电动机有很高要求,不仅要求低转速大转矩、波动小、转动惯量小、尺寸小、质量轻,而且要求可靠性高、易控制。为此,设计时常针对 EPS 的特点,对电动机的结构做一些特殊的处理,如沿转子的表面开出斜槽或螺旋槽,定子磁铁设计成不等厚等。

(3)减速机构。EPS 的减速机构与电动机相连(图3-6),起降速增矩作用。常采用蜗轮蜗杆机构,也有采用行星齿轮机构。有的 EPS 还配用离合器,装在减速机构一侧,是为了保证 EPS 只在预先设定的车速范围内起作用。当车速达到某一值时,离合器分离,电动机停止工作,转向系统转为手动转向。另外,当电动机发生故障时,离合器将自动分离。

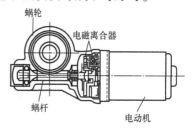

图 3-6 减速机构

(4)电子控制单元。电子控制单元(ECU)的功能是根据转矩传感器信号和车速传感器信号,进行逻辑分析与计算后,发出指令,控制电动机和离合器的动作。此外,ECU 还有安全保护和自我诊断功能,ECU 通过采集电动机的电流、发电机电压、发动机工况等信号判断其系统工作状况是否正常,一旦系统工作异常,助力将自动取消,同时 ECU 将进行故障诊断分析。ECU 通常是一个 8 位单片机系统,也有采用数字信号处理器(Digital Signal Processing,DSP)作为控制单元。控制系统与控制算法也是 EPS 的关键之一,控制系统应有强抗干扰能力,以适应汽车多变的行驶环境。控制算法应快速正确,满足实时控制的要求,并能有效地实现理想的助力规律与特性。

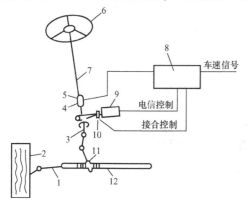

图 3-7 转向柱助力式 EPS 原理图
1-连接杆;2-车轮;3-输出轴;4-扭力杆;5-转矩传感器;6-转向盘;7-输入轴(转向轴);8-控制器;9-电动机;10-离合器;11-转向齿轮;12-转向齿条

3. EPS 的分类

根据电动机布置的位置分为转向柱助力式、齿轮助力式、单独助力式及齿条助力式4种形式。

(1)转向柱助力式 EPS(图3-7)。该电动转向系统的电动机固定在转向轴一侧,由离合器与转向轴相连接,直接驱动转向轴助力转向。

(2)齿轮助力式 EPS(图3-8)。该电动转向系统的电动机和离合器与小齿轮相连,直接驱动齿轮助力转向。

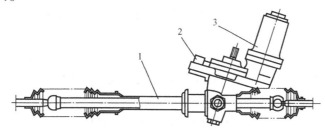

图 3-8 齿轮助力式 EPS 结构图
1-转向器;2-传感器;3-电动机和离合器

(3)单独助力式 EPS(图3-9)。该电动转向系统的电动机和离合器固定在齿轮齿条转向器的小齿轮相对另一侧,单独驱动齿条助力实现转向动作。

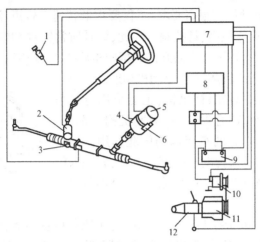

图3-9 单独助力式EPS布置图

1-点火起动开关；2-转矩传感器；3-转向角传感器；4-离合器和减速器；5-电动机；6-电动机继电器；7-信号控制器；8-动力控制器；9-蓄电池；10-交流同步发电机；11-发电机；12-车速传感器

(4)齿条助力式EPS(图3-10)。该电动转向系统的电动机与齿条为一体，电动机带动循环球螺母运动，使齿条—螺杆产生轴向位移，直接起助力转向作用。

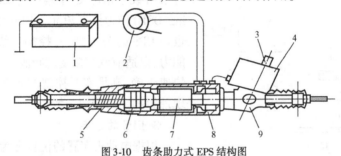

图3-10 齿条助力式EPS结构图

1-蓄电池；2-发电机；3-螺杆；4-控制计算机；5-螺旋滚道；6-循环球螺母；7-直流发动机；8-齿轮箱；9-导向壳

三、EPS的性能分析

1. 转向轻便性

EPS的基本目标是提高汽车停车和低速行驶时的转向轻便性，高速行驶时的操纵稳定性。图3-11是Alto车的原地转向曲线，EPS为转向柱助力式，前轴负荷为4kN，电动机最大电流为20A。由图3-11可知，装有EPS后，原地转向的力矩下降40%。

2. 操纵稳定性

汽车转向系统一直存在着"轻"与"灵"的矛盾。为此，人们常将转向器设计成变传动比，在转向盘小转角时以"灵"为主，在转向盘大转角时以"轻"为主。但是，"灵"的范围只在转向盘中间位置附近，仅对高速行驶有意义，并且传动比不能随车速变化，所以这种方法不能从根本上解决这一矛盾，另外，转向力与路感也是相互制约的，转向力小意味着转向轻便，能减小驾驶人的体力消耗；但转向力过

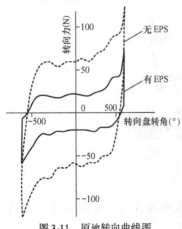

图3-11 原地转向曲线图

小,就缺乏路感。传统液压动力转向由于不能对助力进行实时调节与控制。所以协调转向力与路感的关系困难,特别是汽车高速行驶时,仍然会提供较大助力,使驾驶人缺乏路感,甚至感觉汽车发"飘",从而影响操纵稳定性。由于 EPS 由电动机提供助力,助力大小由电控单元(ECU)实时调节与控制,可以较好地解决上述矛盾。

由于电动机具有弹簧阻尼的效果,EPS 能减小不平路面对转向盘的冲击力和车轮不平衡质量引起的振动,图 3-12a)、b)分别是 EPS 和 HPS 抑制路面冲击能力的对比曲线。另外 EPS 能提高停车时的助力跟随特性,这是因为电动机的起动时力矩最大,然后逐渐降低。这一特性非常符合汽车从静止到运动这一过程的转向力变化。

3. 燃油经济性

EPS 只在转向时电动机才提供助力,而 HPS 即使在不转向时,油泵也一直运转,所以 EPS 能减少燃料消耗。图 3-13 为 1.6L 前轮驱动轿车在分别装备 EPS 和 HPS 时的燃料消耗测试结果,试验由同一驾驶人操作完成,行驶路况以郊区道路为主,以市区、山区等道路为辅。由图可知,在平均行驶速度 40km/h,EPS 比 HPS 节约燃料 5.5%。

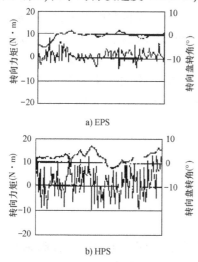

图 3-12 EPS 和 HPS 抑制路面冲击对比曲线　　图 3-13 EPS 和 HPS 的燃料消耗测试结果

4. 助力特性

EPS 的助力规律属于车速感应型,主要有全速型和低速型两种。全速型是指 EPS 在任何车速下都提供助力。低速型是指 EPS 只在低速时才提供助力,当车速超过某一预定值时,EPS 停止工作。低速型在 EPS 的初期阶段用得较多,其优点是算法简单,对控制系统的硬件要求相对较低。缺点是不能改善汽车的高速操纵稳定性,而且当车速在切换点附近,转向盘力矩会发生突变。全速型的优点是能改善汽车的高速操纵稳定性,缺点是算法相对复杂,对控制系统的硬件要求相对较高。Punto 和 Mira 车采用了全速型助力规律,Alto 和 Minica 车采用了低速型助力规律,车速切换点分别是 45km/h 和 30km/h。

四、EPS 研究现状以及发展趋势

1. EPS 研究现状

1988 年 2 月日本铃木公司首次在其 Cervo 车上装备 EPS,随后又装备在其 Alto 车上。1990 年,本田汽车公司为其运动型轿车 NSX 上装备了自主开发的齿条助力式 EPS。此后,电动助力转向系统在日本得到了迅速发展,如大发汽车公司的 Mira 轿车、三菱汽车公司的 Minica 轿车和本田汽车公司的 Accord 轿车等先后都安装了 EPS 系统。欧美等国家和地区的汽车公司对 EPS 的开发较日本晚 10 年左右,天合公司将航空技术应用于 EPS 的开发,于 1996 年推出了自己的 EPS 系统,并装配在福特的 Fiesta 和马自达 323F 上进行了试验。德尔福的 Sagninaw 公司在 1999 年研制成功了自己的 EPS 系统,德国的 ZF 公司开发了不同类型的 EPS 应用于不同类型的轿车。

2. EPS 发展趋势

EPS 代表未来动力转向技术的发展方向,将作为标准件装备到汽车上,并将在动力转向领域占据主导地位。特别是低排放汽车(LEV)、混合动力电动汽车(HEV)、燃料电池电动汽车(FCEV)、电动汽车(EV)四大"EV"汽车将构成未来汽车发展的主体,这给 EPS 带来了更加广阔的应用前景。

尽管 EPS 已达到了其最初的设计目的,但仍然存在一些问题需要解决。其中,进一步改善电动机的性能是关键问题。这是因为电动机的性能是影响控制系统性能的主要因素,电动机本身的性能及其与电动助力转向系统的匹配都将影响到转向操纵力、转向路感等。概括地说,电动助力转向技术的发展方向主要为:改进控制系统性能和降低控制系统的制造成本。只有进一步改进控制系统性能,才能满足更高档轿车的使用要求。另外,EPS 的控制信号将不再仅仅依靠车速与转矩,而是根据转向角、转向速度、横向加速度、前轴重力等多种信号进行与汽车特性相吻合的综合控制,以获得更好的转向路感。未来的 EPS 将朝着电子四轮转向的方向发展,并与电子悬架统一协调控制。

第四节 汽车线控转向(SBW)

一、概述

汽车线控转向(Steering-by-wire,SBW)系统的转向盘与转向车轮间没有机械连接,通过控制力感模拟电动机和转向电动机来实现转向盘力反馈和车辆转向,是一种具有力反馈的"遥操作"系统,如图 3-14 所示。SBW 系统采用线控技术(X-by-wire,XBW),通过导线将信号传递给电子控制单元(Electronic Control Unit,ECU),再由 ECU 发送指令控制转向执行完成驾驶人的操纵指令,实现驾驶人的驾驶意图。SBW 系统完全摆脱了传统转向系统机械连接的限制,理论上可以自由设计车辆转向系统的角传递特性和力传递特性,为汽车转向特性的设计带来了广阔的空间,具有巨大的应用市场和良好的发展前景。

图 3-14 汽车线控转向系统

二、SBW系统的结构和基本原理

1. SBW系统的结构

SBW系统主要由转向盘模块、前轮转向模块、主控制器（ECU）以及自动防故障系统组成，其结构如图3-15所示。

(1) 转向盘模块。转向盘模块包括转向盘组件、转向盘转角传感器、力矩传感器、转向盘回正力矩电动机。其主要功能是将驾驶人的转向意图（通过测量转向盘转角）转换成数字信号并传递给主控制器，同时主控制器向转向盘回正力矩电动机发送控制信号，产生转向盘回正力矩，以提供给驾驶人相应的路感信息。

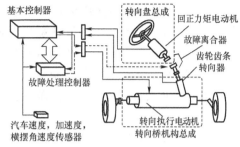

图3-15 SBW系统的结构

(2) 前轮转向模块。前轮转向模块包括前轮转角传感器、转向执行电动机、电动机控制器和前轮转向组件等。其功能是将测得的前轮转角信号反馈给主控制器，并接收主控制器的命令，控制转向盘完成所要求的前轮转角，实现驾驶人的转向意图。

(3) 主控制器。主控制器对采集的信号进行分析处理，判别汽车的运动状态，向转向盘回正力矩电动机和转向电动机发送命令，控制两个电动机协调工作。主控制器还可以对驾驶人的操作指令进行识别，判定在当前状态下驾驶人的转向操作是否合理。当汽车处于非稳定状态或驾驶人发出错误指令时，前轮线控转向系统将自动进行稳定控制或将驾驶人错误的转向操作屏蔽，以合理的方式自动驾驶车辆，使汽车尽快恢复到稳定状态。

(4) 自动防故障系统。自动防故障系统是线控转向系统的重要模块，它包括一系列的监控和实施算法，针对不同的故障形式和故障等级作出相应的处理，以求最大限度地保持汽车的正常行驶。线控转向技术采用严密的故障检测和处理逻辑，以最大限度地提高汽车安全性能。

2. SBW系统的工作原理

SBW是决定汽车主动安全性的关键总成，传统汽车转向系统是机械系统，汽车的转向运动是由驾驶人操纵转向盘，通过转向器和一系列的杆件传递到转向车轮而实现的。SBW系统取消了转向盘与转向轮之间的机械连接，完全由电能实现转向，摆脱了传统转向系统的各种限制，不但可以自由设计汽车转向的力传递特性，而且可以设计汽车转向的角传递特性，给汽车转向特性的设计带来无限的空间，是汽车转向系统的重大革新。

SBW系统的工作原理如图3-16所示。用传感器检测驾驶人的转向数据，然后通过数据总线将信号传递给车上的ECU，并从转向控制系统获得反馈命令；转向控制系统也从转向操纵机构获得驾驶人的转向指令，并从转向系统获得车轮情况，从而指挥整个转向系统的运动。转向系统控制车轮转到需要的角度，并将车轮的转角和转动转矩反馈到系统的其余部分，例如转向操纵机构，以使驾驶人获得路感，这种路感的大小可以根据不同的情况由转向控制系统控制。

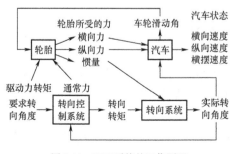

图3-16 SBW系统的工作原理

三、SBW 系统的性能特点

由于 SBW 系统中的转向盘和转向轮之间没有机械连接,是断开的,通过总线传输必要的信息,故该系统也称作柔性转向系统。其具有如下性能特点:

(1)柔性转向能消除转向干涉问题,为实现多功能全方位的自动控制,以及汽车动态控制系统和汽车平顺性控制系统的系统集成提供了显著的先决条件。

(2)对前轮驱动轿车,在安装发动机时需要考虑刚性转向轴占用空间,转向轴必须依据汽车是左侧驾驶还是右侧驾驶安装在发动机附近,设计人员必须协调处理各种需要安排部件。而柔性转向去掉了原来转向系统各个功能模块之间的刚性机械连接,大大方便了系统的总布置。

(3)提高汽车安全性能。去除了转向柱等机械连接,完全避免了撞车事故中转向柱对驾驶人的伤害;智能化的 ECU 根据汽车的行驶状态判断驾驶人的操作是否合理,并作出相应的调整;当汽车处于极限工况时,能够自动对汽车进行稳定控制。

(4)改善驾驶特性,增强操纵性。基于车速、牵引力控制以及其他相关参数基础上的转向比率(转向盘转角和车轮转角的比值)不断变化。低速行驶时,转向比率低,可以减少转弯或停车时转向盘转动的角度;高速行驶时,转向比率变大,可以获得更好的直线行驶条件。

(5)改善驾驶人的路感。由于转向盘和转向车轮之间无机械连接,驾驶人"路感"通过模拟生成。可以从信号中提出最能够反映汽车实际行驶状态和路面状况的信息,作为转向盘回正力矩的控制变量,使转向盘仅向驾驶人提供有用信息,从而为驾驶人提供更为真实的"路感"。转向回正力矩能够通过软件依据驾驶人的要求进行调整,因此在不改变设计的情况下,可以个性化地适合特定的驾驶人和驾驶环境,与转向有关的驾驶行为都可以通过软件来实现。

(6)增强汽车舒适性。由于消除了机械结构连接,地面的不平和转向轮的不平衡不会传递到转向轴上,从而减缓了驾驶人的疲劳;驾驶人的腿部活动空间和汽车底盘的空间明显增大。

四、SBW 系统的新技术以及发展展望

1. SBW 系统新技术

国外对 SBW 系统的研究开始于 20 世纪 50 年代,但是受当时电子和计算机技术的限制,只是进行了初步的研究。

美国的 DELPHI 公司于 20 世纪 90 年代中期成功开发出 SBW 系统原型样机,并与意大利菲亚特公司进行了实车 SBW 系统匹配试验研究。

德国 ZF 公司在成功开发 EPS 系统的基础上也对 SBW 系统进行了研究,目前已经有 SBW 系统产品上市,如图 3-17 所示。

在欧洲开展的"Brite-EuRam"计划中,包括了对 SBW 系统的研究。其中 Daimler-Chrysler 公司开发的"R129"概念车,取消了转向盘、加速踏板和制动踏板等组件,通过 SBW 技术实现了用操纵杆驾驶汽车,如图 3-18 所示。

意大利 Bestone 公司开发的"FILO"概念车采用 42V 供电系统,通过 XBW 技术将汽车各个驾驶组件集成到一个控制系统,称为"智能机电起动单元",驾驶人通过控制该系统就可以

完成所有的驾驶操作,如图 3-19 所示。

图 3-17　ZF 公司开发的 SBW 系统

图 3-18　R129 概念车

宝马公司生产的"Z22"概念车,同时匹配了 SBW 和线控制动(Braking-by-wire,BBW)系统,为了符合驾驶人的驾驶习惯,仍然保留了转向盘和制动踏板等组件。

日本丰田公司开发的"Lexus HPX"概念车也配备了 SBW 系统,使驾驶人可以轻松地控制汽车转向运动,如图 3-20 所示。

图 3-19　FILO 概念车

图 3-20　Lexus HPX 概念车

美国通用公司于 2003 年开发的"Hy-wire"概念车和 2005 年开发的"Sequel"概念车都配备了 SBW 系统。图 3-21 所示的"Hy-wire"概念车是一款电动车,它没有转向盘、加速踏板和制动踏板,控制系统使用了类似于飞机的操纵手柄。图 3-22 是 Sequel 概念车,该车采用了氢能作为替代能源,底盘系统完全采用了 XBW 技术。

图 3-21　Hy-wire 概念车

图 3-22　Sequel 概念车

2. SBW 系统的发展展望

SBW 系统的设计以减轻驾驶人的体力和脑力劳动、提高整车主动安全性为根本出发点,使汽车性能适合于更多非职业驾驶人的要求,对广大消费者有着巨大的吸引力。下面从几方面来说明其前景。

从生产成本来看,电子芯片和电子元器件成本降低,而处理能力和可靠性却大大提高,这将使得线控转向系统的成本在不久将来达到消费者的接受水平。

再从其实现的条件看,预计 42V 电源将会得到快速发展,各种传感器精度将会有所提高、成本会有所降低,以及模拟路感的电动机振动控制技术将会更加成熟,这些为其在汽车上的应用创造了条件。

另外从现代汽车的发展趋势来看,未来汽车的主体是低排放汽车(LEV)、混合动力电动汽车(HEV)、燃料电池电动汽车(FCEV)、电动汽车(EV)四大 EV 汽车,辅助驾驶系统和无人驾驶是现在新兴的热门研究领域,实现车辆智能转向的最佳方案就是采用 SBW 系统,因而 SBW 系统的研制开发也为自动驾驶车辆的开发提供了良好的科研平台,其自身也具有良好的应用前景。SBW 系统由汽车产业向工程车辆转移,是工程车辆发展的必然趋势,虽然国内外生产厂商刚开始注意这个问题,但我们相信线控转向系统以其特有的优势,必然会在工程车辆中得到广泛的应用。

综上所述,汽车线控转向技术以求获得最佳的汽车转向性能,提高汽车的操纵性、稳定性和安全性,使汽车具有一定的智能化。汽车线控转向技术的发展代表未来汽车转向技术的发展方向,并将在汽车转向领域中占据主导地位。我国的线控转向技术研究还是空白,无法与国外相比。从我国现有条件出发,对该系统进行深入、细致的研究,对于拓展电气传动技术的应用、加快国产汽车的电子化发展以及提供未来智能汽车驾驶技术的支持,都将有深远的意义。

第五节 主动转向技术

在车辆的操纵稳定性控制中,比较常见的是利用纵向控制产生横摆力矩来提高车辆的稳定性,称为直接横摆力矩控制。直接横摆力矩控制常常是以牺牲车辆的部分制动性能为代价,而采用主动转向控制来实现车辆稳定性控制,却可以在不影响制动的情况下达到同样的效果,并且其所需要的轮胎力只有制动时的约 1/4。在诸如对开路面制动等工况下,主动转向还可以有效地抵消由于制动力的不平衡所产生的扰动力矩,保证车辆稳定行驶。由于具有上述优势,主动转向技术成为当前底盘动力学控制发展的热点之一。

所谓主动转向系统,就是指转向系统能够独立于驾驶人的转向干预,实现主动改变前轮转向角,以达到提高车辆的操纵性、稳定性和轨迹保持性能的目的。其核心在于对前轮施加一个不依赖驾驶人转向盘输入的附加转向角。

常见主动转向系统有主动前轮转向(AFS)系统和四轮转向系统(也称为主动后轮转向)。主动前轮转向是随着线控转向技术的发展而发展起来的一项技术,并且随着宝马的主动转向系统装配在实车而进入实用阶段。由于主动前轮转向与传统车辆的结构能够很好兼容,同时对车辆操纵稳定性的提高效果明显,显示出了良好的发展前景,成为转向系统未来发展的主要方向之一。

根据附加转向角叠加方式的不同,主动转向系统又可分为机械式和电子式。机械式的典型结构是以宝马和 ZF 公司联合开发的 AFS 系统为代表的机械式主动转向系统,它是通过行星齿轮机械结构增加一个输入自由度从而实现附加转向。电子式的代表就是线控转向技术,它可以综合驾驶人转向角输入和当时的车辆状态来决定转向电机的输出电流,最终驱动前轮转动。线控转向和机械式主动转向系统最大的区别体现在当系统发生故障时,机械式主动转向系统仍能通过转向盘与车轮间的机械连接确保其转向性能,而线控转向必须通过系统主要零件的冗余设计来保证车辆的安全性。此外,由于机械式主动转向系统中保留了完整的机械转向结构,在转向过程中可以获得真实的路感,而线控转向系统却无法获得真实路感。因此,从转向系统安全性和获得路感的角度出发,机械式主动转向是当前转向系统发展的一个重要方向。线控转向技术由于受到法规的约束,可靠性和安全性是阻碍其投入实际应用的最关键因素。

一、机械式主动前轮转向系统

可变转向传动比是宝马主动转向系统的核心功能之一,它主要通过叠加转向的方法来实现。

为了满足转向系统低速轻便、高速稳定的要求,在设计时可事先根据理想的转向动态响应特性求出传动比、转向盘转角和车速的关系,并做成表格存储在 ECU 中。在实际行驶过程中,ECU 根据当前车速和转向盘转角获得当前所需的传动比,再根据转向盘转角、小齿轮转角和齿条位移、前轮转角的非线性函数关系推导出所需的电机转角,最后驱动电机转过相应的角度。

除了可变传动比设计外,稳定性控制功能是宝马主动转向系统的最大特点。在危险工况下,该系统通过独立于驾驶人的转向干预来稳定车辆,通过主动改变驾驶人给定的转向盘转角,使得车辆响应尽可能与理想的车辆响应特性相一致。首先通过线性 2 自由度参考模型并根据当前驾驶人转向角及车速计算得到期望的横摆角速度,但期望横摆角速度最大值又受到实际条件限制。当获得了期望横摆角速度后,对理想与实际横摆角速度偏差进行控制,得到所需的附加转向角并控制伺服电机进行输出。

类似于横摆角速度控制功能,宝马主动转向系统还提供了横摆力矩补偿功能,以提高在分离附着系数路面上车辆的制动稳定性。在该工况下由于左右轮上制动力不等,会产生绕车辆质心的横摆力矩,使得车辆发生制动跑偏现象。传统的电子稳定程序(ESP)通过调节 4 个车轮上的制动力来使得左右车轮的制动力尽量相等,但以减小制动减速度、增大制动距离为代价。而主动转向系统根据制动压力等信号计算出所需补偿的横摆力矩并通过调整相应的前轮转向角来实现方向调节。在这一过程中,驾驶人无须对转向盘进行修正,减轻了驾驶人的工作负担,保持了制动时的方向稳定性,减小了制动距离,与传统 ABS/ESP 相比,可使制动距离最多减少 15%。

与 ESP 等通过制动干预来稳定车辆的方式相比,转向干预具有以下优点:

(1)转向干预不易为驾驶人察觉,对乘坐舒适性几乎没有影响,而制动干预不仅会产生较大的制动减速度,而且制动时发出的噪声也会影响乘坐舒适性。

(2)转向干预比制动干预更加迅速,因为转向控制是通过伺服电机来完成的,但制动干预必须建立油压,而这需要一定的时间。

(3)转向干预相比制动干预对车速的改变较小,在危险工况下通过转向干预实现稳定的车辆具有更高的通过速度,从而降低了和对向来车由于避让不及发生碰撞的可能性。

但转向干预的缺点也是显而易见的:

(1)受到原理限制,主动转向的稳定性功能只适用于过多转向的工况。该工况下,通过叠加转向来减小前轮转向角能够减小前轴侧向力,从而使得转向过多的趋势有所减缓;相反,在不足转向工况下,受到轮胎非线性的限制,侧向力达到饱和状态,通过增大前轮转向角的方式是很难改变车辆不足转向趋势的。

(2)受到转向机构机械布置的限制,前轮转向角的改变量是有限的,也就是说转向干预稳定车辆的能力弱于制动干预,在某些极限工况下必须依赖 ESP 制动干预才能实现稳定车辆的目的。为了充分发挥主动转向系统和 ESP 电子稳定程序的优点,最大限度地提高车辆在极限工况下的稳定性,将两者功能融合在一起进行集成控制是最为有效的方法。

二、主动转向系统的结构和工作原理

下面介绍应用于宝马汽车的 AFS 系统的结构和工作原理。该系统主要由三部分组成:液压助力齿轮齿条动力转向系统、变传动比执行系统和电控系统。系统原理图如图 3-23 所示。

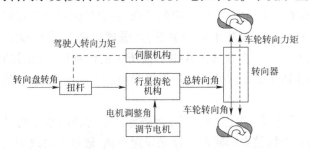

图 3-23　AFS 系统的组成和工作原理

在驾驶过程中,驾驶人输入的力矩和转角共同传递给扭杆,液力伺服机构根据车速和转向角度进行助力控制,同时通过由伺服电机驱动的双行星齿轮机构与控制器输出的附加转角进行叠加,经过叠加后的总转向角才是传递给齿轮齿条转向器的最终转角。其中,控制器输出的转角是根据各个传感器的信号,包括车轮转速、转向角度、偏转率、横向加速度经综合计算得到的。由于宝马主动转向系统不仅能够对转向力矩进行调节,而且还可以对转向角度进行调整,因而可以使转向输入与当前的车速达到最佳匹配。

液压助力齿轮齿条动力转向系统包括转向齿轮和齿条、液压伺服阀、转向油泵、储油器及管路;变传动比执行系统包括无刷同步伺服电机、双行星齿轮机构、电磁锁止单元;电控系统包括装于小齿轮处的角度传感器(测量总的转向角)、装于伺服电机的角度传感器、电气连接及软件模块。该系统除传统的转向机械构件外,还包括用于实现转向助力功能的液力伺服转向系统和一套通过叠加转向实现变传动比功能的双行星齿轮机构。

集成在转向柱上的双行星齿轮机构如图 3-24 所示。这套机构包括左右两副行星齿轮机构,共用一个行星架进行动力传递。左侧行星齿轮机构的主动太阳轮 1 的轴与转向盘相连,转向盘的转角由此输入。其齿圈 2 固定,因此行星齿轮 3 将太阳轮的转动传递给行星轮架 4。右侧的行星齿轮机构与左侧的一样,这样可以保证右侧机构的太阳轮 9 能获得与左侧太阳轮相等的转角。而右侧行星机构的齿圈 7 并不是固定不动的,而是与蜗轮制成一体的。蜗轮与伺服电机 5 轴端的蜗杆 6 相啮合。这样,右侧太阳轮作为输出轴,其输出的转向角度就是由转向盘转向角度与伺服电机驱动的转向角度叠加得到的。低速时,伺服电机驱动的行星架转动方向与转向盘转向相同,叠加后增加了实际的转向角度;高速时,伺服电机驱动的行星架转动方向与转向盘转向相反,叠加后减少了实际的转向角度,转向过程会变得更为间接,提高了汽车的稳定性和安全性。

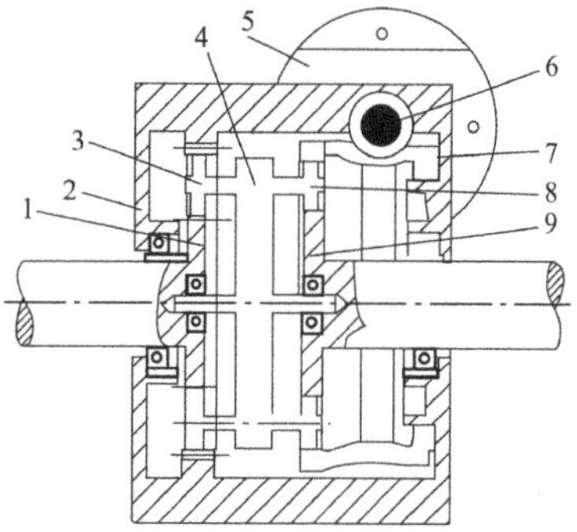

图 3-24 双行星齿轮机构
1-左侧太阳轮;2-壳体(左侧齿圈);3-左侧行星轮;4-行星齿轮架;5-伺服电机;6-蜗杆;7-蜗轮(右侧齿圈);8-右侧行星齿轮;9-右侧太阳轮

该齿轮机构工作时具有如下三种驱动方式:

(1)伺服电机即蜗轮固定不动时,转向盘转角通过主动太阳轮将动力传递给行星架,再由从动太阳轮输出。与此同时,前轴上的地面反力也通过相同的途径为驾驶人提供转向路感。这也是在不装备主动转向系统的车辆上驾驶人对于前轮转向的操纵过程。此时伺服电机的输入电流为零,保证蜗轮不转动。

(2)转向盘不动,即主动太阳轮固定不动,这时行星轮架不动,但伺服电机可以驱动蜗轮(即右侧行星机构的齿圈),通过行星齿轮转动将动力传递给从动太阳轮,使车轮偏转实现主动转向。

(3)在通常情况下,主动太阳轮和伺服电机是共同工作的,车轮转角是驾驶人输入的转向角和伺服电机调节转向角的叠加。

采用这种双行星齿轮机构布置方式的优点如下:

(1)保留了原来从转向盘到转向轮的机械连接,在电机发生故障时仍能保证转向安全性。

(2)与传统转向系统相比,仅在转向管柱上加入双行星齿轮机构,而原有齿轮齿条转向器的摩擦及刚度条件不变,对驾驶人来说有利于保持原有的操纵感觉;由双行星齿轮机构产生的反作用力矩,可通过改变原有的助力控制进行补偿。

(3)双行星齿轮机构运行于低速条件,有利于减少噪声。

(4)双行星齿轮机构与转向管柱、转向小齿轮集成在一起,使结构更加紧凑。

这种由德国宝马公司和 ZF 公司联合开发的前轮主动转向系统(AFS)已装备于部分宝马 3 系列和 5 系列轿车上。韩国的 MANDO、美国的 TRW、日本的 JTEKT 公司也有类似产品。

思考题

1.什么是四轮转向?主要构成是什么?

2.什么是电动助力转向?主要构成是什么?有何优缺点?

3.什么是线控转向?主要构成是什么?

4.什么是主动转向?工作原理是什么?

第四章 悬 架

第一节 概 述

悬架是汽车的车架(或承载式车身)与车桥(或车轮)之间一切传力连接装置的总称。悬架根据弹性元件不同可分为钢板弹簧悬架、螺旋弹簧悬架、扭杆弹簧悬架、气体弹簧悬架和橡胶弹簧悬架等。悬架根据摆臂形式不同可分为横摆臂悬架、纵摆臂悬架和斜摆臂悬架。悬架根据控制形式不同,可分为被动悬架和主动悬架。

1. 被动悬架

传统悬架的阻尼和刚度参数按经验设计或优化设计方法确定,在某个特定的工况下按目标最优设计出的悬架系统,参数无法进行调节,在车辆运行工况等变化时,车辆行驶平顺性和乘坐舒适性不佳,此类传统悬架为被动悬架。

2. 主动悬架

悬架系统的刚度和阻尼能根据汽车的行驶条件(车辆的运动状态和路面状况等)进行动态自适应调节,使悬架系统始终处于最佳减振状态,则称为主动悬架。按照是否包含动力源,主动悬架可分为全主动悬架(有源主动悬架)和半主动悬架(无源主动悬架)。半主动悬架是指悬架弹性元件的刚度和减振器的阻尼系数之一可以根据需要进行调节控制的悬架。全主动悬架是指根据汽车的运动和路面状况,适时地调节悬架的刚度和阻尼,使其处于最佳减振状态的悬架。按控制类型主动悬架可以分为:电磁悬架系统、磁流变悬架系统、液压悬架系统和电动悬架系统。磁流变悬架属于半主动悬架。

3. 复合材料悬架

复合材料一般是由纤维等增强材料与基底(母体)等两种或两种以上性质不同的材料,通过各种工艺手段组合而成。玻璃纤维复合材料(GFRP)板簧、玻璃纤维复合材料(GFRP)弹簧已量产装车,碳纤维复合材料(CFRP)弹簧样件已经制造,随着更优质新型复合材料的研制,大幅降低悬架质量成为可能。

第二节 可调空气悬架

一、功能与工作原理

1. 系统功能

可调空气悬架可以消除因乘员人数或装载量变化而引起的车身高度变化(车身下倾),适当保持悬架的定位和行程,防止行驶稳定性和乘坐舒适性的恶化,在车辆高速行驶时不受空气作用力的影响。

2. 工作原理

车身高度传感器实时检测车辆高度(车架和车桥间的距离)变化,并把这一信息传递给空气悬架控制单元,同时控制单元还接收如车速、制动、压力、车门状态等信息。空气悬架控制单元根据输入信息判断车辆状态,按照预先设定的控制逻辑控制电磁阀动作,实现气囊的充放气,调节空气悬架的高度。ECU采用脉冲方式控制电磁阀的开启,首先根据当前实际高度与预期调节高度的偏差来计算电磁阀的调节脉冲长度,然后精确控制车辆的高度调节速度,避免高度振荡调节。

二、组成

奥迪A8可调空气悬架主要由空气悬架控制单元、电磁阀体、空气供给装置、车身高度传感器、空气悬架、蓄压器等组成,如图4-1所示。

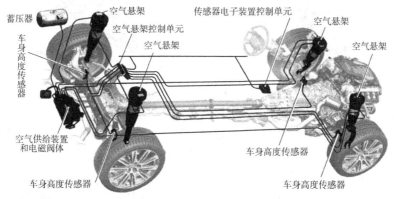

图4-1 奥迪A8可调空气悬架

1. 空气悬架控制单元

空气悬架控制单元与安全气囊控制单元通过FlexRay数据总线相连,通过总线系统接收来自安全气囊控制单元中车辆实时加速度信息。空气悬架控制单元安装在行李舱内后壁的后面,其外形如图4-2所示,不同底盘参数的匹配通过在线编码写入。空气悬架控制单元通过控制电磁阀和空气压缩机调节车身高度以及控制空气悬架。行车中,只有安全气囊控制单元把车速传递给控制单元,才能控制空气悬架工作。控制电流为0~1.8A,0A时阻尼力最大,1.8A时阻尼力最小。为了使行驶舒适性达到最佳,在所有可调节模式中,减振器阀的基本供电电流均为1.8A。

2. 电磁阀体

电磁阀体的外形及安装位置如图4-3所示。

图4-2 空气悬架控制单元

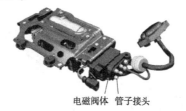

图4-3 电磁阀体的外形及安装位置

3. 空气供给装置

空气供给装置包括干式电动压缩机、空气干燥器、进气装置、电磁阀体和相应的气动管路。该装置全封闭式,安装在车后部的备胎坑内,如图4-4所示。装置通过4个橡胶金属黏结衬套与车身隔离。压缩机固定在单独支架上,该支架通过4个软橡胶金属黏结衬套支承在空气供给装置的第一个支承点上。防石击板防止路面可能出现的危险。压缩机的系统压力为1.8MPa,内有压力限制阀,防止压力过高。通过吸气消声器和空气干燥器从备胎坑处吸入空气。空气干燥器是可还原式,不需要维护。使用压缩机时升高调节速度(前桥和后桥)为2～3mm/s。通过放气降低高度的速度约为10mm/s。压缩机的温度通过测算排放阀电磁线圈电阻的变化来判定。

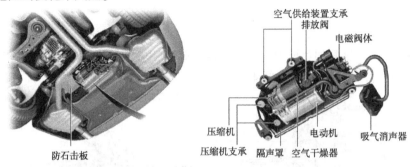

图4-4 空气供给装置的结构和安装位置

4. 蓄压器

车辆静止以及车速极低时,蓄压器可以改善调节过程中的声响状况,调节时压缩机暂停工作,蓄压器单独工作。蓄压器升高调节速度快于压缩机调节速度,前桥升高调节速度约为4mm/s,后桥升高调节速度约为8mm/s。

蓄压器安装在车后部,其外形如图4-5所示。蓄压器为铝制,质量得到降低。为了能快速地给蓄压器充气,蓄压器至电磁阀体之间以及压缩机至电磁阀体之间采用外径6mm的空气管。

5. 车身高度传感器

车身高度传感器外形如图4-6所示。前桥传感器支架与车形状重新匹配,后桥传感器支架取自奥迪Q5。传感器的采样率是800Hz。

6. 传感器电子装置控制单元

传感器电子装置控制单元外形如图4-7所示。该控制单元内包含有测量车辆所有运动的传感器。该控制单元为水平调节控制单元提供车辆在x轴、y轴和z轴方向的加速度值和相应的旋转率。水平调节控制单元根据信息计算车辆运动情况,因此不需要车身加速度传感器。这两个控制单元之间采用FlexRay数据总线,降低费用和复杂程度,控制单元网络集成度高,数据传输快。控制单元网络拓扑图如图4-8所示。

图4-5 蓄压器　　　　　图4-6 车身高度传感器　　　　　图4-7 传感器电子装置控制单元

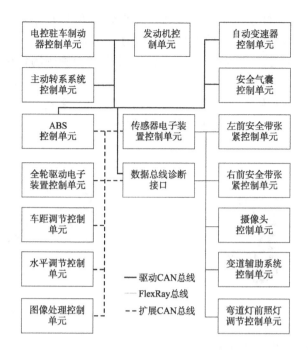

图 4-8　电子装置控制单元 J849 网络拓扑图

7. 空气悬架

空气悬架为无级调节式双筒减振器,如图 4-9 所示。调节阀位于减振器活塞上,用于激活该阀电磁线圈的导线穿过中空的活塞杆。CDC 调节系统带有内置阀。空气存储区位于减振器上方,主要由钢板圆筒、空气弹簧膜片和开卷活塞构成。钢板圆筒用于容纳减振器支座,将减振柱与车身固定在一起。钢板圆筒和外导向部分通过 Kardanik 折叠支架连在一起。为了避免缸筒和膜盒之间进脏物,皮碗封住了开卷活塞和缸筒之间的区域。

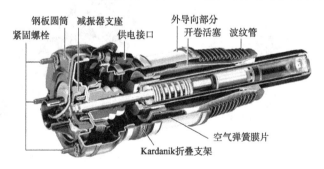

图 4-9　空气悬架的结构

第三节　多连杆式悬架

多连杆式悬架(图 4-10、图 4-11)是由 3~5 根杆件组合起来控制车轮位置变化的悬架,通过各种连杆配置,使车轮绕着与汽车纵轴线成一定角度的轴线摆动,是横臂式和纵臂式的折中方案,适当地选择摆臂轴线与汽车纵轴线所成的夹角,可不同程度地获得横臂式与纵臂式悬架的优点,能满足不同的使用性能要求。多连杆式悬架能实现双摇臂悬架的所有性能,在双摇臂的基础上通过连杆连接轴的约束作用使得轮胎在上下运动时前束角也能相应改变，这就意味着弯道适应性更好，如果用在前驱车的前悬架，可以在一定程度上缓解转向不足，给人带来精确转向的感觉；如果用在后悬架上，能在转向侧倾的作用下改变后轮的前束角，这就意味着后轮可以一定程度地随前轮一同转向，达到舒适性与操控性两不误的目的。与双摇臂一样，多连杆式悬架同样需要占用较多的空间，而且多连杆式悬架无论是制造成本还是研发成本都是最高的，所以常用在中高级车的后桥上。

图4-10　Mercedes-Benz E-Class 后多连杆式悬架　　图4-11　Mercedes-Benz GL450 4MATIC 后多连杆式悬架

一、多连杆式独立悬架基本构造

由于三连杆结构已不能满足人们对于底盘操控性能的更高追求，只有结构更为精确、定位更加准确的四连杆式和五连杆式悬架才能称得上是真正的多连杆式悬架，因此其结构要比双叉臂和麦弗逊结构更复杂。这两种悬架结构通常分别应用于前轮（图4-12）和后轮（图4-13）。

图4-12　Audi A4 四连杆前悬架　　图4-13　Mercedes-Benz R500 2006 多连杆后悬架

独立悬架中多采用螺旋弹簧，因而对于侧向力、垂直力以及纵向力需加设导向装置，即采用杆件来承受和传递这些力。因而一些轿车上为减轻车重和简化结构采用多连杆式悬架，如图4-14 所示。上连杆9用支架11 与车身(或车架)相连，上连杆9 外端与第三连杆7 相连。上连杆9 的两端都装有橡胶隔振套。第三连杆7 的下端通过重型止推轴承与转向节连接。下连杆5 与普通的下摆臂相同，下连杆5 的内端通过橡胶隔振套与前横梁相连接。球铰将下连杆5 的外端与转向节相连。多连杆式前悬架系统的主销轴线从下球铰延伸到上面的轴承，它与上连杆和第三连杆无关。多连杆悬架系统具有良好操纵稳定性，可减小轮胎磨损。这种悬架减振器和螺旋弹簧不像麦弗逊悬架那样沿转向节转动。

第四章 悬 架

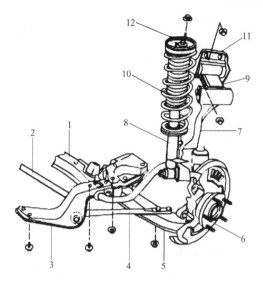

图 4-14　多连杆前悬架系统

1-前悬架横梁;2-前稳定杆;3-拉杆支架;4-黏滞式拉杆;5-下连杆;6-轮毂转向节总成;7-第三连杆;8-减振器;9-上连杆;10-螺旋弹簧;11-上连杆支架;12-减振器隔振块

二、多连杆式独立悬架性能特征

多连杆式悬架属于独立悬架,它是一种较先进、复杂、精确的悬架系统。

以常运用于后轮的五连杆式悬架为例。五根连杆分别指主控制臂、前置定位臂、后置定位臂、上臂和下臂,其中,主控制臂可以起到调整后轮前束的作用,以提高行驶稳定性,有效降低轮胎的偏磨。位于上端的支柱减振器与车身相连,下端的 AA 臂变成了两根连杆,在性能表现上两连杆与麦弗逊悬架有许多相似之处,优点在于质量轻、减振响应速度快,但缺点也非常明显,在刚度、侧面支撑、减振方面都不及真正的多连杆式悬架。如因车速过快造成车辆失控并冲上隔离带,两连杆式后悬架的刚度就会因此而受到考验,同时因为冲上隔离带致使撞击力过大导致后悬架的两根连杆断裂,于是整个后悬架就有脱落的可能性。

多连杆式悬架的工作原理是连杆共同作用的组合效应。与这种优化过的麦弗逊式悬架相比,真正的多连杆式悬架的构造不仅增加了对车轮上方的控制力,对车轮的前后方也有相应的连杆产生作用力。主要作用就像一个锁止机构一样,将车轮牢牢地固定在半轴末端,使车轮行进轨迹移位减小,增强悬架的整体性和可靠性。

使用五连杆式后悬架的车辆进行左转弯时,后车轮的位移方向正好与前转向轮相反,如果位移过大则会使车身失去稳定性,摇摆不定。此时,前后置定位臂的作用就开始显现,它们主要对后轮的前束角进行约束,使其在可控范围内;相反,由于后轮的前束角被约束在可控范围内,如果后轮外倾角过大则会使车辆的横向稳定性降低,所以在多连杆式悬架中增加了对车轮上下进行约束的控制臂,一方面是更好地使车轮定位,另一方面则使悬架的可靠性和刚度进一步提高。

从车辆操控性角度来看,多连杆式悬架的悬吊结构能通过前后置定位臂和上下控制臂有效控制车轮的外倾角及前束角。例如,当车轮驶过坑洼路面时,首先上下控制臂开始在可控范围摆动,及时给予车轮足够的弹跳行程;如果路面继续不平,同时车辆的速度加快,此时前后置定位臂的作用就是把车轮始终固定在一个行程范围内,同时液压减振器也会伴随上下控制臂的摆动吸收振动,而主控制臂的工作就是上下摆动配合上下控制臂使车轮保持自由弹跳,令车厢始终处于相对平稳的状态。正是因为多连杆式悬架具备多根连接杆,并且连杆可对车轮进行多个方面作用力控制,所以在做轮胎定位时可对车轮进行单独调整,并且多连杆式悬架有很大的调校空间及改装可能性。

不过多连杆式悬架在研发上规模较为庞大,由于结构复杂、成本高、零件多、组装费时,并且要达到非独立悬架的耐用度,始终需要保持连杆不变形、不移位,在材料使用和结构优化上都很考究。所以多连杆式悬架是以追求优异的操控性和行驶舒适性为主要设计目标的。

尽管多连杆式悬架拥有众多的优点,但这并不意味着它的运用范围就非常广,相反在一些车身紧凑甚至结构特殊的车型上,多连杆式悬架尤其是五连杆式悬架则不能应用,究其原因主要是因为五根连杆的结构布置会占用不少横向空间,使发动机不便于安置,复杂的悬架结构还会对发动机的维修造成不便,所以五连杆式悬架通常只应用于后轮。

多连杆悬架的优势非常明显,这使得它正逐步被广泛地应用。对于多连杆式悬架来说,完善的结构能使前后轮的主销倾角同时达到最佳位置,当然前提条件是厂方工程师在设计之初就有周全的考虑和精密的数据计算。由于多连杆式悬架的连杆达四根甚至五根,所以必须通过车架(通常所说的大梁)连接固定,而车架和车身又为柔性连接。此时,车架的作用就相当于前悬采用的副车架,可使悬架的整体性得到加强。在众多连杆的作用下,可大幅度降低来自路面的冲击,通过前后定位臂的抑制作用,可改善加速或制动时车内乘员仰头和点头动作;结合后轮结构紧凑的螺旋弹簧的拉伸或压缩,还可使车轮的横向偏移量保持在最小值,提高车辆直线和弯道行驶的稳定性。同时,配合阻尼调校到位的减振器,多连杆式悬架在车辆上具体表现为转弯时侧倾较小,并且对波形路面的吸振也更加到位。

目前越来越多的车型在后悬架上采用多连杆结构,最好的例子就是大众PQ35、PQ46平台摒弃了以前PQ34和PQ45平台上后轮拖曳臂式带扭力梁的悬架结构,转而采用性能更优异的多连杆结构。目前,在国内后轮采用多连杆悬架结构的车型不在少数,从中级车福克斯、马自达3、速腾、明锐到稍高级别的迈腾、雅阁、马自达6、丰田锐志、蒙迪欧,甚至奔驰、宝马全系列等,后轮悬架结构清一色的是多连杆式。随着消费者对车辆底盘尤其是悬架系统的要求越来越高,相信厂商对车型技术的革新也会越发加快。过不了多久,我们便会看到更多的车型采用综合性能更好的多连杆式独立悬架。

综上所述,多连杆式悬架的主要优点是:车轮跳动时轮距和前束的变化很小,汽车是在驱动、制动状态都可以按驾驶人的意图进行平稳地转向,调教功能强大,定位精确;主要缺点是:结构布置占用不少横向空间,结构复杂,成本较高,汽车高速行驶时有轴摆动现象。

第四节　橡胶悬架

一、概述

悬架系统直接影响到车辆的行驶平顺性,而弹簧又是悬架系统的核心。传统的商用车悬架系统多采用可变刚度式钢板弹簧结构,即主、副钢板弹簧形式,在空车或载荷较轻时,只有主钢板弹簧产生作用;当载荷增加到一定程度时,副钢板弹簧才开始作用,但副钢板弹簧的使用,增加了悬架的非簧载质量,使得承载系统振动加大,降低了车辆平顺性。当运行环境复杂多变,路面状况恶劣,为保证车辆能适应这些工作环境和安全可靠地工作,其他形式的非线性悬架便应运而生,如空气弹簧、油气弹簧、橡胶弹簧等。其中,空气弹簧和油气弹簧的应用已相当成功,而橡胶弹簧悬架系统的研究还尚在起步,其商业价值和应用潜力巨大。

橡胶有一定的弹性和阻尼,是很好的隔振材料,20 世纪 20 年代,人们开始利用橡胶的减振特性来降低发动机与车体之间的振动传递。通过将橡胶硫化到金属骨架上,可使各种各样的橡胶减振元件被设计出来。由于橡胶减振元件工艺简单、性能可靠、使用和维护方便,至今仍在汽车上广泛使用。橡胶弹簧具有随着挠度增加而刚度变大的非线性特性,近年来在商用车的悬架系统中逐渐得到应用,如图 4-15 所示。当汽车作业路况恶劣时,其悬架系统往往会经历较大的变形,存在较强的非线性、时变性和动态性。尤其是大吨位的商用汽车,如工地和矿山用车,其工作的道路状况和装载条件都很恶劣。橡胶弹簧具有优良的非线性特性,它在拉伸或压缩载荷作用下所产生的变形与载荷之间的非线性关系特性,能保证车辆在所受载荷发生变化时,其车身振动的固有频率变化很小,从而大大改善车辆行驶的平顺性。橡胶弹簧比钢制弹簧具有更宽的良好隔振频率范围,而且比其他类型弹性元件质量轻、易于制造、成本低。橡胶弹簧的形状不受限制,各个方向的刚度可以根据需要自由选择。

除此以外,橡胶弹簧的内阻尼大,具有自身衰减振动的能力,最适宜承受大的冲击载荷。因此,橡胶弹簧用作工程车辆悬架的主簧有明显的优点。正是由于新型非线性变刚度橡胶悬架具有舒适性好、自重轻、免润滑、通过性好的特点,无论是在车辆满载状态还是在空载状态,通过动态设计可以最大限度地减轻由不平路面引起的振动,减轻驾驶人的疲劳,保护货物的完整性,提高车辆部件的寿命。因此采用橡胶弹簧悬架后,可显著地缓和冲击,减少颠簸,从而改善驾驶人的劳动条件和提高行车速度;同时又简化了悬架的结构,减轻了悬架的自重。目前国外学者对橡胶弹簧的动态特性已有深入的研究,HENDRICKSON 公司研制了更具轻量化的中重型货车橡胶悬架 HMX-V,如图 4-16 所示。

图 4-15　一种典型橡胶悬架的结构　　图 4-16　美国 HENDRICKSON 公司橡胶悬架

二、橡胶悬架的特点

橡胶悬架系统最大的特点是弹性元件以橡胶弹簧取代传统的钢板弹簧,整个悬架具有强大的承载能力、无噪声、免维护,运营成本更低。不过由于橡胶悬架系统中的均衡梁、鞍座均为铸件,且结构复杂、尺寸较大,在汽车铸造件中较为罕见,工艺性不好,生产较为困难。

橡胶悬架的优势总体来讲主要包括以下方面:

(1)结构简单。橡胶悬架结构简单,便于安装,减少装配时间,提高工作效率。

(2)非簧载质量小。由于橡胶元件自重轻,因此橡胶悬架的非簧载质量小,操控性能也就得以提高,车辆自重也就得以降低,可以承载更多的货物。

（3）无须润滑。橡胶悬架具有免维护、免润滑的特点。

（4）优越的舒适性。橡胶悬架具有变刚度的特点,无论在车辆的空载状态,还是在满载状态,都能为车辆提供良好的舒适性,最大限度地减轻由不平路面引起的振动,减轻了驾驶人的疲劳,保护了车辆部件及货物的完整性,提高了车载部件的寿命。

（5）弹性元件的损坏,不会影响整车的行驶。传统板簧结构,一旦板簧损坏,车辆则无法行驶。而装配橡胶悬架的车辆,如果车辆行驶过程中弹性元件损坏,不会影响整车的行驶,可以将货物送到目的地后,再实施更换,有效避免了用户的直接或间接损失。

（6）轮胎的磨损轻。橡胶悬架的伸缩行程短,可以大大减少轮胎的磨损。

三、典型橡胶悬架的橡胶弹簧介绍

某铰接式自卸车悬架系统的橡胶弹簧为橡胶悬架的主弹性元件。该悬架系统采用三点式悬架结构,前悬架为半独立悬架,主弹性元件为沙漏式橡胶弹簧;后悬架为平衡悬架,主弹性元件为夹层橡胶弹簧。

前悬架主弹性元件为沙漏式橡胶弹簧,其安装结构如图 4-17 所示。由图可知,橡胶弹簧直接连接在前桥和前车架之间,以维持正确的行驶高度并隔离来自不平整路面的冲击。

沙漏式橡胶弹簧是一种多功能、高性能的弹性元件。图 4-18 为其结构图,其中上下金属衬套分别为橡胶弹簧与前车架、前桥的连接件。与夹层橡胶弹簧相比,此弹簧在铅垂方向能提供 10～30 倍于夹层橡胶弹簧所能提供的静挠度,而所需的安装高度与夹层橡胶弹簧相近。在水平平面内,沙漏式橡胶弹簧也能提供一定程度的挠度和转角。这些特点使其适合作为工程车辆前悬架的弹性元件。

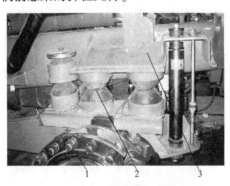

图 4-17　前悬架橡胶弹簧安装结构
1-前桥;2-沙漏式橡胶弹簧;3-前车架

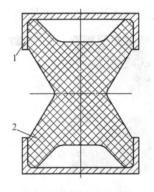

图 4-18　沙漏式橡胶弹簧
1-金属衬套;2-橡胶弹簧

后悬架为平衡梁悬架结构,主弹性元件为夹层橡胶弹簧。图 4-19 所示为后悬架局部结构图。由图可知,平衡梁和后车架相连,夹层橡胶弹簧直接连接在中、后桥和平衡梁之间,以缓冲来自路面的冲击。夹层橡胶弹簧是由橡胶和夹层钢板分层叠合经高温硫化黏合而成。其结构如图 4-20 所示,弹簧主体为轴对称结构,上下金属板为橡胶弹簧与平衡梁、中/后桥的连接板。由于在橡胶层中加设夹层钢板,当弹簧承受垂向压力时,橡胶层的侧向鼓出受到夹层钢板的约束,使其具有很大的垂向承载能力和垂向刚度。当夹层橡胶弹簧承受水平载荷时,其单一橡胶层的相对侧移大大减少,使其具有较大的水平变形能力。此外夹层橡胶弹簧还具有足够的阻尼比和承受反复载荷疲劳的能力。这些特点使其适用于工程车辆后悬架系统,以保证工程车辆在恶劣的道路条件下,悬架系统仍能可靠地工作,保持良好的车辆平顺性。

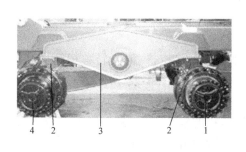

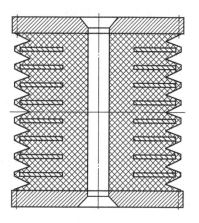

图4-19 后悬架橡胶弹簧安装结构　　　　　　　　图4-20 金属夹层橡胶弹簧
1-中桥;2-金属夹层橡胶弹簧;3-平衡梁;4-后桥

第五节　复合材料悬架

复合材料板簧与传统钢制板簧相比,具有质量轻、弹性应变大、比应变能高、疲劳寿命长及"安全断裂性"好等特点。沃尔沃 XC90 采用纤维复合材料横向板簧,与传统的螺旋弹簧相比,设计紧凑,总质量减少 4.5kg,行驶平稳,大大提高 NVH 性能,增加了行李舱容积。国内吉林大学研制了复合材料板簧样件,并装车试验,效果良好。复合材料板簧样件如图 4-21 所示。

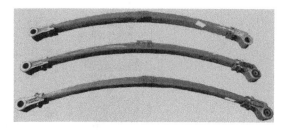

a)沃尔沃 XC90复合材料板簧后悬架　　　　　　b)某轻型客车复合材料板簧

图4-21 复合材料板簧样件

1. 原材料选取

汽车用弹簧具有承载高、冲击大、疲劳循环次数高的工作特点,目前强度高、耐冲击、耐腐蚀的热固性树脂基纤维增强材料成为研究的首选。

在纤维增强塑料中,纤维是主要承力组分。它不仅能使材料显示出较高的抗拉强度和刚度,而且能减少收缩,提高热变形温度及低温冲击强度等。复合材料的性能在很大程度上取决于纤维的性能、含量及使用状态。目前复合材料板簧中的增强材料主要为 E 玻璃纤维、S 玻璃纤维、玄武岩纤维以及碳纤维等。

基于材料使用温度范围、力学性能以及工艺适用性等因素,碳纤维的高模量导致其过硬而不适合使用,制作复合材料板簧时,多选用玻璃纤维作为增强材料。

根据汽车板簧的工作情况及受力要求,树脂基体应具有能长期在静载和动载下的承载能力(耐蠕变和抗疲劳性能)、吸收冲击性能(韧性)及一定的耐热性,且价格合理。目前,制造复合材料板簧的热固性树脂基体主要有聚酯、乙烯基树脂和环氧树脂三类,其中环氧树脂因具有良好的力学性能与层间剪切强度、较低的固化收缩率,且市场供应充足,多选择其作为复合材料板簧的基体材料。

2. 成型工艺

当前复合材料板簧的成型工艺方法有缠绕、模压、拉挤、树脂转移模塑成型(RTM)等工艺。这些板簧成型工艺方法各有特点。缠绕成型如图4-22所示,特点是强度高、疲劳性能好、生产效率较高、工艺过程便于控制,但存在层间结合力不强、易劈裂等问题;拉挤成型如图4-23所示,特点是可以连续拉制各种形状的复合材料板簧;RTM工艺如图4-24所示,既可生产等截面也可生产变截面板簧;模压成型如图4-25所示,适合等宽形状板。板簧的制备要求:产品密实、表面光滑。

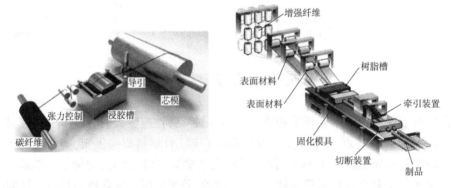

图4-22 缠绕成型工艺示意图　　图4-23 拉挤成型工艺示意图

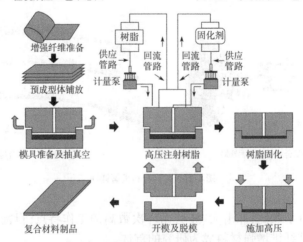

图4-24 RTM工艺示意图

预浸料层压工艺适合制备等厚等宽的复合材料板簧,而当板簧为变宽变厚等截面结构时,宜采用纤维缠绕成型,由于板簧的两端与中间的宽度不同,为使纤维在各个不同截面均匀分布,缠绕成型时需要控制纱片的丝嘴做有规律的翻转,以使落纱平整。缠绕结束后辅之闭模加压工序以控制树脂含量并保持产品外表面光滑。这种方法自动化程度高,成型的复合材料板簧表面光滑、质地密实、性能稳定。

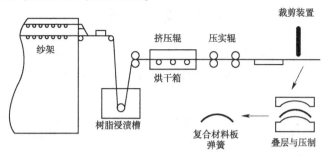

图 4-25　模压成型工艺流程图

复合材料板簧采用层压工艺进行试制,是一个在加热的金属模具中进行预浸渍料的模压过程。将预浸渍料切成专用形状并放进模具中进行加温加压成型,形状可以用多片预混料组成的预片板,通过预设定切割和叠放实现,主要工序为裁切、模压、脱模后处理和总成装配。

复合材料板簧在生产过程中,容易产生两方面问题:原材料存放问题和生产工艺稳定性问题。

(1)原材料存放环境和周期。原材料正常情况下应在 -5℃ 左右的冰柜内存放,使用前两天取出,在 20℃ 的环境下解冻 48h 后使用。如果储存不当,引起部分固化,会导致样件制备过程中高分子树脂的固化速度不一致,内部产生较大的内应力,在使用过程中容易出现裂纹。

(2)工艺稳定性。在产品的制备过程中,当入模过程把握不好时,会产生边缘部分的纤维打折缺陷,然后在后处理(飞边切割与打磨)过程中会产生一些微小裂纹,进而导致板簧使用过程中微小裂纹扩展而引起产品损伤,直到破坏。模压工艺流程将玻璃纤维通过树脂浸渍槽,经过挤压、烘干、压实,制成带状预浸料后,将预浸料裁剪、叠层,送入模具中压制固化成型,如图 4-25 所示。

3. 成型设备

由于板簧缠绕过程中张力需实时变化,且张力值及精度要求较高,普通缠绕成型装置无法满足复合材料板簧纤维缠绕的要求,需要设计针对板簧的生产制造设备。普通缠绕机组的张力系统,无法实现精密控制以及张力数据的实时显示,而纤维张力控制恰巧是关键所在,关系到板簧产品内部的受力情况及铺展状态,影响到复合材料板簧的产品品质。普通缠绕机组张力控制系统多采用滚轮绕轴转动,与行走纤维纱束之间产生摩擦力来实现,张力调节力度有限,无法实时准确控制纤维的张力数值,精度较低,误差较大。

变截面径向数控缠绕机采用基于伺服电动机驱动的多轴运动控制系统,能够实现变截面变厚度扁长异形结构部件纤维缠绕,缠绕过程中全程张力能够根据工艺预设值进行精确调配,能实现全程排线规律精确控制。变截面径向数控缠绕机张力控制如图 4-26 所示。

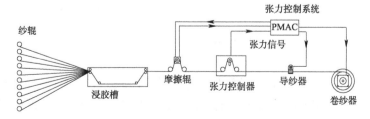

图 4-26　变截面径向数控缠绕机张力控制示意图

第六节 馈能悬架

馈能悬架是指在传统悬架基础上,将能力回收装置的馈能减振器替代耗能元件的传统减振器,对路面不平引起的汽车悬架振动能量加以回收、储存和利用,并具备传统悬架功能的新型悬架系统。

馈能减振器主要包括运动转化装置、能量转化装置(馈能装置)、能量储存装置和控制装置。运动转化装置将悬架的直线运动转化为可驱动馈能装置的旋转运动,部分可直接利用悬架的直线运动驱动的馈能减振器则不需要运动转化装置;馈能装置将悬架的振动能量转化为电能或液压能等能够为车辆再利用的能源;能量储存装置储存由馈能装置回收的能量,以及当馈能装置需要能量时释放能量;控制装置通过对馈能装置的控制实现悬架所需的阻尼特性。

馈能悬架根据馈能装置运动装置的不同可分为静液式馈能悬架、液电式馈能悬架等。

一、液电式馈能悬架

在液压式馈能悬架基础上增加了液压马达和电动发电机。流体推动液压马达旋转带动电动发电机发电,电能储存在蓄电池中,通过调整电动发电机施加的负载,改变系统的阻尼特性。美国 Levant Power 公司 GenShock 液电式馈能减振器,原理及结构如图4-27所示。采用一套整流管路和液压马达将活塞往复运动转化为持续的单向转动,从而驱动电动发电机发电。首个样品利用4个减振器可以产生总计800W的持续电力,若在崎岖越野路行驶,则最高可产生5kW的电力,约为普通汽车交流发电机所产生电量的7倍,可将货车在铺装路面上的燃油公里数提高2%~5%,军车提高6%,而混合动力车可将 GenShock 发的电储存起来,最高可节能10%。

货车 GenShock 四点式液电式馈能悬架如图4-28所示。

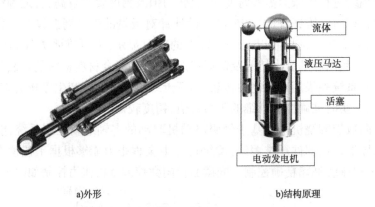

a)外形　　　　b)结构原理

图4-27　液电式馈能主动悬架结构

1. 控制策略

采用前馈控制,接收路面输入,控制作动器运动。凹凸不平路面产生激振力通过货车车轮传递给底盘,安装在车辆底盘或悬架上的传感器如加速度传感器、位置传感器、陀螺仪等测量外部激振力,传感器将测量到的激振力输入给控制器,控制器根据激振力预测驾驶室的俯仰、侧倾、起伏等运动,控制器发出控制指令控制液电作动器运动,消除激振力引起驾驶室的俯仰、侧倾、起伏等运动。

2. 液电馈能减振器

货车 GenShock 液电式馈能减振器由集成空气弹簧、集成智能阀和液电作动器组成。液电式馈能减振器由集成智能阀 18 和液电作动器 13 构成,如图 4-29 所示。

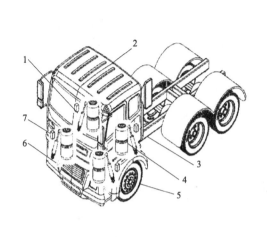

图 4-28　货车 GenShock 四点式液电式馈能悬架
1-液电作动器;2-驾驶室;3-底盘;4-空气弹簧;5-车轮;6-传感器;7-控制器

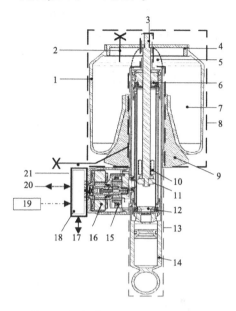

图 4-29　集成空气弹簧的货车 GenShock 液电式馈能减振器
1-气囊;2-气体连接端口;3-活塞杆;4-安装部件;5-压缩缓冲块;6、12-分流阀;7-气体室;8-集成空气弹簧;9、11-活塞;10-伸张缓冲块;13-液电作动器;14-液电作动器壳体;15-液压泵;16-电动机;17-电源;18-电子控制器;19-传感器;20-指令;21-集成智能阀

集成空气弹簧 8 是膜式空气弹簧,膜式空气弹簧的气囊 1 通过安装部件 4 与液电作动器活塞杆 3 连接,膜式空气弹簧的活塞 9 与液电作动器壳体 14 连接,共同组成气体室 7。气体室中气体压力施加给活塞和活塞杆,并传递给液电作动器壳体。当悬架行程变化,液电作动器压缩和伸张,气囊沿活塞表面滚动。活塞为变直径,因此可施加变弹簧力,气体压力传感器可安装在安装部件或活塞处。

集成智能阀包括与液压泵 15 耦合的电动机 16 和电子控制器 17。液压泵与活塞杆处的液体相通,当活塞杆在压缩行程和伸张行程时,液压马达分别转动一周。在悬架高度运动时,通过紧密耦合液压泵和电动机,活塞杆的直线运动速度与液压泵和电动机的转动速度之间的传动比很高。安装分流阀 6 避免某些情况下的高转速运动对液压泵和电动机的损坏。在某一流体流速(如流体导流阈值)时打开分流阀,分流液压泵中的液压流体,确定的导流阈值不超过液压泵和电动机最大安全工作转速。打开分流阀进入分流模式,创建分流流路,流体经过分流阀,限制流体流到液压泵。流体经过分流阀时产生作动器的阻尼力。在液电作动器的压缩行程或伸张行程中的一个行程,分流阀进入分流模式。压缩缓冲块 5 可以防止空气弹簧的过度压缩,减小最大压缩行程位置的冲击力,防止损坏液电作动器内部的元件。

伸张缓冲块 10 防止空气弹簧的过度伸张产生碰撞,减小最大伸张行程位置的冲击力,防止损坏液电作动器内部的元件。电子控制器通过施加到电动机绕组的电流或电压,控制电动机的转速和转矩,电动机转矩控制液电作动器作动力的大小。电子控制器通过车轮 CAN 总线、FLEXRAY 或者其他通信协议等,与车辆主动悬架中央控制器、空气弹簧控制器、转向制动加速控制器等实现数据共享,并接收来自悬架位置传感器、底盘加速度传感器、车轮加速度传感器,空气弹簧压力传感器等的信号。

3. 液电式馈能悬架电路控制

液电式馈能悬架电路控制如图 4-30 所示。可以统一控制四个空气弹簧内的气体压力,也可单独控制每个空气弹簧内的气体压力。每个空气弹簧配有气体压力传感器和专用气体控制阀。

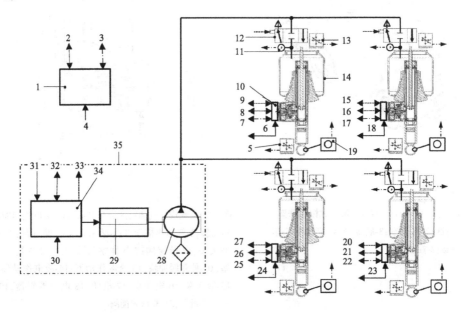

图 4-30　两轴四轮货车 GenShock 液电式馈能悬架电路控制

1-馈能悬架中央处理器;2、8、16、21、26、32-指令;3、7、17、22、25、31-传感器;4、6、18、23、24、30-能源;5-车轮加速度传感器;9、15、20、27、33-控制;10-集成智能阀;11-气体压力传感器;12-专用气体控制阀;13-底盘加速度传感器;14-空气弹簧;19-悬架位置传感器;28-空气压缩机;29-电动机;34-控制器;35-空气供给系统

空气供给系统由控制器、电动机和空气压缩机组成。控制器接收车轮加速度传感器、气体压力传感器、底盘加速度传感器、悬架位置传感器等传输的信号,向电动机发出控制信号。控制器通过车轮 CAN 总线、FLEXRAY 或者其他通信协议等,与集成智能阀、馈能悬架中央处理器等其他控制器实现数据共享。气体控制阀控制空气弹簧内的气体压力信号,向电动机发出控制信号。

4. 空气弹簧和液电作动器控制策略

路面输入激励从车轮传递到悬架,空气弹簧的弹簧力和液电作动器的作动力可以共同衰减路面激励。

当车身侧倾时,控制外侧车轮空气弹簧气压(气室体积),大于(小于)内侧车轮空气弹簧的气压(气室体积),同时外侧车轮处液电作动器产生向下的力,内侧车轮处液电作动器产生向上的力。

车辆有两种工作模式,当处于运动模式时,控制空气弹簧刚度和液电作动器阻尼力变大,当处于舒适模式时,控制空气弹簧刚度和液电作动器阻尼力变小。至少一个空气弹簧和液电作动器馈能,当处于经济模式时,回收能量。

空气弹簧常数随空气弹簧气体体积和压力变化而变化,空气弹簧和液电作动器基于一个控制器由不同控制程序分别控制,降低车身高度变化和车轮激振力变化对驾驶室乘员的影响,提高舒适性。在运动模式空气弹簧和液电作动器产生力的方向与舒适模式空气弹簧和液电作动器产生力的方向相反。液电作动器产生力在一阶频率发生变化,空气弹簧产生力在较低的二阶频率发生变化,液电作动器变化响应基于选择的空气弹簧车身高度。

基于液电作动器对空气弹簧的作用力、空气弹簧力和簧下质量惯性力,中央处理器来计算车轮处激振力。液电作动器作用力与电动机电流有关,由电动机驱动。

识别车身和车轮的一阶、二阶振动分量,控制器分别控制空气弹簧和液电作动器衰减一阶、二阶振动,一阶振动分量来自车身的低频振动,二阶振动分量来自车轮高频振动。控制器第一协议确定电动机控制命令,控制器第二协议确定空气弹簧的真空阀和气压控制指令,处理器执行第一协议和第二协议控制液电作动器和空气弹簧,以控制车轮运动位置和速度。控制器控制空气弹簧的气压或者体积,控制液电作动器线性作用力,以调整车身高度。当车身高度快速增大时,在伸张方向,控制器控制液电作动器作用力和空气弹簧空气体积变大。

二、直线电机式馈能悬架

直线电机式馈能悬架将直线电机应用到馈能悬架系统中替代传统减振器,没有能量转换装置,簧载质量与非簧载质量之间的相对直线运动机械能和电能相互转化。直线电机是一种通过相对往返运动部件切割其内部磁力线将机械运动的动能转化为电能的装置,如图4-31所示。将直线电机的线圈组安装于簧载质量上,而磁场组固定于非簧载质量上,通过簧载质量与非簧载质量的相对运动可以产生电能,而切割磁感线的阻力则可用来衰减车辆振动,即能在传递并衰减路面不平度激励的同时回收部分能量。

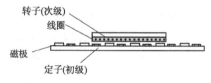

图4-31 直线电机

Bose公司直线式馈能悬架主要由直线式电磁电机、功率放大器等组成。电机的内部包含了磁体和金属线圈,线圈通电后电机伸展和收缩使车身与车轮之间产生位移。功率放大器向线性电磁电机输送电能,也可以从电机回收电能。例如,当悬架遭遇颠簸时,动力会伸展线性电磁电机,并将车身与乘员隔离。当经过颠簸后,线性电磁电机则变为了发电机,从放大器回收电能。Bose公司将直线式馈能悬架安装到雷克萨斯Ls400,如图4-32所示。前悬架采用改良的麦弗逊支柱,后悬架采用双叉臂结构,扭杆弹簧用来支撑车身的质量,每个车轮原有的弹簧和阻尼系统被4个直线电磁电机取代。电机的控制单元可与车身控制单元互相通信,当车轮上下跳动时,直线电机以发电状态运行,将回馈的能量返回到车载电池中;当车轮遇到凸起或凹坑,或需要对车身进行主动控制时,直线电机能作为主动悬架的执行器工作,从而保持车辆的稳定性和舒适性,实现馈能控制和主动控制,整个系统的功耗相当于汽车空调的1/3。

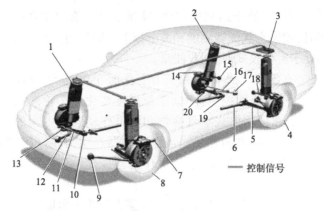

图 4-32　Bose 直线电机式馈能悬架

1、2-直线电磁电机;3-电子控制单元;4-后轮;5、12-下控制臂;6、7-扭杆弹簧;8-前轮;9、10、17、19-下控制臂衬套;11-可调横拉杆;13、20-下控制臂球铰节;14-上控制臂球铰节;15-下控制臂衬套;16-可调趾型连接臂;18-上控制臂

第七节　磁流变悬架

　　磁流变悬架是指执行器为磁流变减振器,减振器利用磁流变液的磁流变特性实现对阻尼力的调节。磁流变液是将微米尺寸的磁极化颗粒分散溶于绝缘载液中形成的特定非胶性悬浮液体,因而其流变特性随外加磁场变化而变化。在外加磁场作用下,液体的黏度发生很大的变化,具有很大的抗剪切力,当外加磁场撤去时,磁流变液又恢复原来的液体状态,其响应时间仅为几毫秒,易于控制并且连续可控,不存在传统阻尼中经常要考虑的时滞问题,因此它在汽车半主动悬架领域成为竞相研究的热点。

一、磁流变液

　　磁流变液是一种存在可变屈服强度的可控流体材料,是由载体介质(矿物油、合成油、水或乙二醇)和分布在载体介质内具有导磁性的微米级铁微粒组成。

　　磁流变减振器的磁流变液黏度系数是由输入电流的大小控制的,黏度系数的变化也可改变减振器阻尼力大小。当外加磁场的磁场线方向与磁流变液体表面垂直时,磁流变流体中的磁极化粒子由原来的随机分布转化为网状或者链状结构,即分布特性发生了变化,阻尼通道的压力差随之改变,最终达到改变阻尼力的目的,如图 4-33 所示。

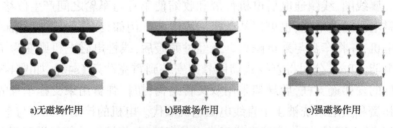

a)无磁场作用　　　b)弱磁场作用　　　c)强磁场作用

图 4-33　磁流变液磁场特性

二、磁流变减振器

　　悬架系统中的磁流变阻尼减振器通常是流动模式结构。

1. 分类

车用磁流变减振器根据活塞杆和缸筒安装结构的不同,主要包括单筒和双筒两种形式,如图4-34所示。

单筒有一个工作缸,其特点是活塞杆只在工作缸的一端工作,工作缸的另一端一般设计有体积补偿装置。这种结构便于阻尼器的设计安装与使用,结构灵活、易于改动,不受活塞运动方向的限制。

双筒是在单筒外面再加一个缸筒,活塞杆和磁流变液设置在内筒,工作方式与单杆单筒阻尼器相同。不同的是体积补偿方式,双筒阻尼器是通过在两缸筒之间的间隙处充入惰性气体,两个缸筒通过底阀连接,由内外缸筒的压力差通过底阀进行调节达到体积补偿。这种结构满足了体积补偿的要求,同时具有单杆单筒的优点,但是在使用时间较长的情况下,磁流变液产生沉降容易形成底阀堵漏,从而使体积补偿功能失效。

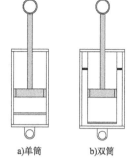

图4-34 磁流变减振器结构形式

2. 组成原理

磁流变减振器主要构件包含套筒、活塞、活塞杆、励磁线圈等,如图4-35a)所示。活塞部分是磁回路重要组成部分,因此要求材料具有较好的导磁性能。而套筒和活塞杆是受力部件,则需要较好的机械强度。电磁线圈中的电线期望电阻尽可能小,减少发热量。

车辆在行驶过程中,地面对车辆的激励导致磁流变减振器的活塞和套筒及磁流变液产生相对运动。电磁线圈不通电流时,磁流变液体没有磁化,铁颗粒随机地分散在液体中,悬浮液的性能和普通的液压油一样。电磁线圈接通电流时,因控制电流使励磁线圈产生可控磁场作用,磁流变液经过活塞上节流孔时,羟基铁软磁性颗粒沿磁场方向顺磁性排列,相互吸引成链条,增加了节流孔处磁流变液通过性阻力,如图4-35b)所示。因此,宏观上增加磁流变液的黏度,可以智能地改变磁流变减振器的阻力。

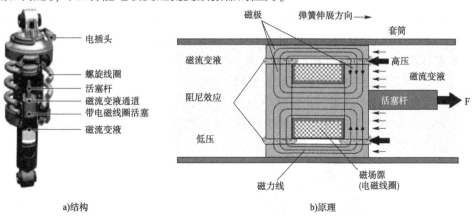

图4-35 磁流变减振器

三、奥迪TT磁流变悬架

应用天棚控制策略的磁流变阻尼悬架系统在汽车上已经被广泛应用,例如:磁流变减振器悬架系统已经成功应用于奥迪R8、奥迪TT和奥迪A5,宝马和奔驰等高档轿车及重型越野车上。奥迪TT磁流变悬架主要由电控调节控制器(ECU)、车身高度传感器、磁流变减振器等组成,如图 4-36 所示。

图 4-36　奥迪 TT 磁流变悬架

奥迪 TT 磁流变悬架减振原理:当车辆在路面行驶时,利用多种传感器检测路面状况和各种行驶工况,将测量信号传递给控制单元(ECU),控制磁流变减振器瞬间作出反应,抑制振动,保持车身稳定。磁流变减振器反应速度高达 1000Hz,比被动减振器快 5 倍,可有效地改善车辆乘坐舒适性,并能适应各种变化的行驶工况,即使在最颠簸的路面上,磁流变减振器也能保证车辆平稳行驶。

第八节　电磁悬架

电磁悬架系统的永磁电机作动器根据电机输出不同形式,可分为直线式和旋转式,前者将电能直接转化成线性动能,而后者则输出转矩,再通过传动装置将旋转动能转换为线性动能。

福特汽车公司、通用汽车公司研发了旋转式电磁式主动悬架。2011 年埃因霍温理工大学与瑞典 SKF 公司、宝马公司联合研发了直线式电磁式主动悬架作动器样件,如图 4-37 所示。2006 年日本日立制作所开发了车用电磁悬架主动作动器,如图 4-38 所示,它是一种由加速度传感器、圆筒型线性电机、油压减振器和弹簧组成的有源悬架。该电磁悬架采用了上下方向的加速度传感器和悬架行程传感器。其可根据路面的状态输入控制装置在悬架上的线性电机,减轻车辆的上下振动。与原来的油压式有源悬架相比,此电磁悬架完成作用力检测之后能够更快地减轻振动,而且利用线性电机进行控制而不需要使用液压泵。

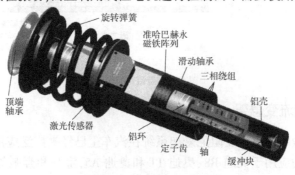

图 4-37　电磁式主动悬架作动器

图 4-38　日立电磁悬架主动作动器

思考题

1. 主动悬架与被动悬架的区别是什么？
2. 可调空气悬架的工作原理是什么？
3. 复合材料板簧成型工艺与特点有哪些？
4. 直线电机式馈能悬架与液电式馈能悬架的区别是什么？
5. 磁流变减振器的主要构件与工作原理是什么？

第五章 制　　动

制动系统是用来强制降低汽车行驶速度的一系列专门装置,它对保证汽车安全行驶、提高汽车的平均行驶车速和运输生产率有重要作用。伴随着汽车技术电子化进程的加快,制动系统的电子化程度不断提高,并开始向线控化发展。而电控技术在制动系统中的应用不但提高了汽车制动性能,而且扩展了制动系统的功能,现代的汽车制动系统可以独立于驾驶人产生制动,调整车辆动力学状态,提高整车的安全性和驾驶舒适性。本章将介绍现代汽车上应用的电控制动技术及其未来的发展趋势。

第一节　汽车电控制动技术的发展

汽车制动系统的发展历程大致可以用图 5-1 来描述。在汽车发展的早期,制动系统是机械式的,而且制动能源仅仅来源于驾驶人的肌体。20 世纪初,汽车制动系统开始采用液压传动装置,在其后的数十年间,制动系统得到了很大程度的发展。例如,液压制动系统由单回路发展为独立的双回路,使得制动系统安全性大大提升;盘式制动器被应用于汽车,相较之前的鼓式制动器具备更优的制动稳定性;基于真空助力器的伺服液压制动系统得到广泛应用,它减轻了驾驶人工作负荷,同时也更加适应汽车车速以及比功率不断提高的趋势。但这一阶段的制动系统仍然是被动式的,制动性能很难进一步提升。直到 20 世纪 70～80 年代,随着电子技术的发展,防抱死制动系统(Anti-lock Braking System,ABS)得到了推广与应用,制动系统开始进入电子化时代,这也是 20 世纪 80 年代以来,世界汽车制动技术乃至汽车技术领域的最大成就之一。

图 5-1　汽车制动系统发展历程

第五章 制 动

ABS 是在传统的制动系统上采用电子控制技术,防止车辆制动时车轮抱死的一种机电一体化系统。它由轮速传感器、液压控制单元(Hydraulic Control Unit,HCU)和电控单元(Electronic Control Unit,ECU)组成。每当车轮出现抱死趋势时,信号由传感器传递至 ECU,ECU 经过判断后给 HCU 发出调节制动压力的指令,使车轮恢复滚动状态。它对于提升汽车在各种行驶条件下的制动效能及制动安全尤为重要。在紧急制动时,ABS 能够充分利用轮胎和路面之间的峰值附着性能,提高汽车抗侧滑性能并缩短制动距离,充分发挥制动效能,同时增加汽车制动过程中的可控性。目前 ABS 在世界范围内已成为法规强制安装的标准装备。

20 世纪 80 年代,随着汽车的功率/质量比不断增大,速度越来越快,驱动轮打滑的问题引起了汽车设计师们的重视,驱动防滑控制系统(Anti-slip Regulator,ASR)或牵引力控制系统(Traction Control System,TCS)进入实用化阶段,与 ABS 类似,TCS 也是通过控制车轮的纵向滑动率,来获得最佳的轮胎纵向力;但与 ABS 不同的是,TCS 是在驱动状态下起作用,驾驶人并没有施加制动,系统需要在调节发动机输出力矩的同时,独立于驾驶人向驱动轮施加制动控制,来实现对驱动轮过度滑转的控制。它可以在改善车辆的起步、加速、爬坡性能的同时,提高车辆稳定性。

ABS 和 TCS 都是在控制轮胎纵向滑动的同时,间接保证轮胎的侧向附着力。在极限转向工况下,侧向力超出轮胎与地面的侧向附着极限,从而造成汽车过多的不足转向和过度转向,使汽车丧失操纵稳定性,ABS 和 TCS 对这一情况无能为力。电子稳定性控制程序(Electronic Stability Program,ESP)可以改善车辆极限转向性能,并大大降低交通事故的发生率。20 世纪 90 年代初,汽车稳定性控制程序进入实用化并迅速发展,它通过实时监测汽车的转向特性,通过控制车轮输入力矩的方式向车辆施加主动横摆力矩,以抑制其过多的不足转向和过度转向,从而改善操纵稳定性。2004 年,占欧洲轻型汽车年销量 1/3 的车辆装备了 ESP。到 2010 年,一些 A 级轿车也已经开始装备 ESP。

从系统的功能上看,TCS 和 ESP 使得制动系统的功能得到本质上的扩展,传统制动系统的主要功用局限在使行驶中的汽车减速甚至停车、使下坡行驶的汽车速度保持稳定或使已停驶的汽车保持不动,而 TCS 和 ESP 则可以独立于驾驶人产生制动,通过在选定车轮施加制动力调整车辆动力学状态,提高整车的安全性和驾驶舒适性。

应该看到,装备了 ABS/TCS/ESP 的制动系统仍然是"液压"与"电子"混合的系统。进入 21 世纪以来,为解决环境、能源、交通、安全等问题,汽车技术开始向"电动化""智能化""网联化""共享化"的方向发展,这也对各种底盘系统提出了新的要求。对于制动系统来说主要体现在以下几个方面:

(1) 制动踏板与车轮制动力的解耦。在新能源汽车上,许多底盘系统构型都发生了巨大的变化。在制动时,电动机可以通过再生制动的方式回收一部分能量,也即意味着车轮上液压制动与电动机再生制动将共同工作。由于传统的制动系统中,踏板输入与液压制动力在机构上是相互耦合的,一定的踏板输入将确定产生相应的液压制动力,进而产生对应的车辆制动减速度。但是再生制动的介入必然会改变踏板输入与制动减速度的关系,改变驾驶人的制动感觉以及车辆的制动性能。因此,新型的制动系统需实现与再生制动复合,车轮制动系统需在不改变脚踩踏板感觉的情况下,提供平顺柔和的制动感受。为解决这一问题,新型的制动系统必须截断制动踏板与制动轮缸压力的连接,即实现踏板输入与车轮液压制动力的"解耦"。

(2)足够大的动力源。现在的制动系统中普遍采用真空伺服,靠发动机提供的真空源来实现制动。随着新能源汽车的发展,发动机作为车辆动力源的比例将越来越小,而电动机所占比例越来越大,在纯电动汽车中,完全没有发动机可以提供真空源,这对制动系统助力能源提出了新需求。此外,智能汽车在一些情况下需要在驾驶人未踩下制动踏板的情况下施加主动制动,当前的ESP虽然有一定的主动制动能力,但是不能长时间制动或者不能施加适当时间的高强度制动,新型的制动系统必须具备强大的制动动力能源。

(3)更加精确、舒适的控制性能。在智能汽车控制系统架构中,各个底盘子系统都是作为执行层组成部分,响应上层控制器对整车动力学状态的控制需求,实现车辆的动力学控制,而制动控制无疑是其中的重要组成部分。ESP已经可以实现在特定车轮上施加制动来调整车辆的动力学状态,而智能汽车乃至无人驾驶汽车则对制动控制提出了更高的要求,例如制动响应需要更加快速准确、需与多种底盘控制系统集成、更高的安全性、更加舒适的驾驶感受等,从而实现汽车的综合行驶性能最优。

电动智能汽车对新型制动系统的需求参见表5-1。

电动智能汽车对新型制动系统的需求　　　　　　　　　　　表5-1

需　　求	改　　进
不再采用真空助力	新的助力源
减轻总质量	提高集成化程度
快速制动、充足制动、行人防护	主动制动(比现有ESP更强的主动制动能力)
人机共同驾驶,拟"人"和类"我"驾驶	个性化定制踏板感觉与制动特性
与再生制动相复合	系统解耦(踏板力与轮缸压力的解耦)
更平顺的"软"停车功能, 更好的NVH性能, 换挡冲击补偿	响应精确、快速、舒适
整车综合行驶性能最优, 与其他底盘控制子系统集成	更开放、更安全的平台
汽车线控化	制动系统线控化

为满足这些需求,汽车制动系统的线控化是制动系统发展的趋势。线控制动(Brake-by-wire,BBW)系统以电子元件替代了部分机械元件,以电能为能量来源,由传感器感知驾驶人操作,由控制器识别驾驶人意图,由电控执行器完成制动操作。这种新型制动系统真正实现了系统解耦,弥补了传统制动系统原理和设计带来的不足,因而具有常规制动系统无法比拟的优越性,如:制动过程平顺柔和,制动噪声低;施加和解除制动迅速,制动力调节精确,制动过程安全、高效,动力损失小;可移植性好;更易于和其他与制动相关的控制系统相集成等,可以满足汽车技术发展的未来需求。

最早受到关注的线控制动系统方案是电控液压制动(Electro Hydraulic Brake,EHB)系统和电控机械制动(Electro Mechanical Brake,EMB)系统。自1994年以来,各大汽车公司及零配件公司发布了大量EHB系统的专利,内容涉及系统布置、结构方案、执行器及踏板感觉模拟器、控制策略、故障诊断及解决方案等,TOYOTA PRIUS混合动力电动汽车上即采用了EHB系统。EMB改变了汽车制动系统的工作介质,以电子制动踏板及电驱动执行器替代了传统的液压制动系统。与 EHB 系统相比,EMB 系统无须使用制动液,有利于生态环境并减少所需的维护;体积小,布置简单灵活,可增大驾驶室空间;拖带挂车时,挂车的制动响应同样迅速;载荷传递平稳,制动衬片磨损更小。但是 EHB 系统由于系统中有高压源,给系统的使用寿命带来挑战,因此始终没有在市场上大规模推广开来;而 EMB 系统由于电机技术的不成熟、对车载电源的大功率需求、故障状态下冗余执行难以满足法规要求等原因,一直没有进入实用化。

2013 年,为了顺应新能源汽车的发展,博世公司推出了新的制动技术产品 iBooster,这是一种电动机械式助力器,它安装于制动踏板和制动主缸之间,在驾驶人踩下踏板时,电机力矩经传动机构传递到制动主缸上,与驾驶人体力共同实现制动;驾驶人不踩下踏板时,它可独立推动主缸实现制动,从而提供强劲的主动制动能力。之后出现了大量的不同构型的类似产品,有一些是非解耦的,如 iBooster;还有一些是部分解耦的,如日立公司的 eACT 等,自身即可实现一定程度的踏板解耦。电子机械助力器从狭义上说并不是完全的线控制动系统,但它与 ESP 配合工作,可以满足智能电动汽车对制动系统的基本要求。

与 EHB 系统基于电动泵与高压蓄能器的供能方式不同,电动机械式助力器是由电动液压缸实现供能,系统中不需要始终保持高压,避免了 EHB 构型存在的问题,因此迅速得到推广。以这种供能方式为基础,出现了将踏板主缸单元、感觉模拟器、动力缸和阀单元集成在一起的集成式动力制动系统,这一系统集成化程度高、体积小、质量轻、增压能力强,被认为是未来主流的制动系统。目前集成式动力制动系统正逐渐进入市场。

第二节 防抱死制动系统(ABS)

一、基本工作原理

汽车在行驶过程中,车轮在地面上的纵向运动有两种形式——滚动和滑动。汽车制动时,从车轮滚动到抱死拖滑是一个渐变的过程。

汽车制动时的受力如图 5-2 所示,对制动车轮进行受力分析,车轮的力学平衡方程如下:

$$I_w \dot{\omega} = F_x r - T_b \tag{5-1}$$

式中: I_w ——车轮转动惯量;

ω ——车轮角速度。

由式(5-1)可知,车轮的运动状态由制动器制动力矩 T_b 和地面制动力 F_x 共同决定。轮胎与路面之间的作用力(包括纵向力和侧向力)受到附着极限的限制,故当制动器制动力矩 T_b 过大时,车轮会出现抱死的趋势。需要注意的是,车轮在地面上的运动并不是只有纯滚动和纯滑动两种状态,可以用车轮滑移率来定义制动时的车轮运动状态:

$$S_b = \frac{u_a - \omega r}{u_a} \times 100\% \tag{5-2}$$

当 $\omega = u_a/r$ 时,滑移率 $S_b = 0$,车轮为纯滚动状态;当 $\omega = 0$ 时,滑移率为 $S_b = 100\%$,车轮完全抱死拖滑。当 S_b 介

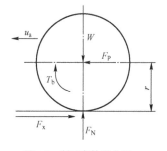

图 5-2 制动车轮受力图

u_a-车速;W-车轮载荷;F_N-地面反作用力;F_p-车轴给轮心的推力;T_b-制动器制动力矩;F_x-地面制动力;r-车轮滚动半径

于 0~100% 之间时,车轮处于边滚边滑的状态。制动时,地面制动力 F_x、侧向力 F_y 与滑移率 S_b 之间的关系如图 5-3 所示。

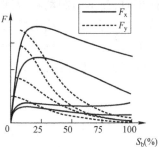

图 5-3 滑移率—制动力曲线

(1) 对于一种特定路面,随着 S_b 的变化,制动力存在一个峰值,此时的附着系数 S_{bopt} 即为峰值附着系数。当 $0 < S_b < S_{bopt}$ 时,可以保证稳定的制动,称其为稳定区;当 $S_b > S_{bopt}$ 时,不能保证稳定的制动,称其为不稳定区。

(2) 由于附着极限的存在,轮胎的纵向力和侧向力是相互影响的。图 5-3 表明,侧向力 F_y 随 S_b 的增加而下降。当 S_b 增加到 100% 时,侧向力接近为零,此时车轮抱死,车辆处于不稳定工况,即失去转向能力和抗侧滑能力。

(3) 从制动性能上,制动时滑移率 S_b 最好处于 S_{bopt} 上;从侧向稳定性上考虑,S_b 越小越好。故理想情况下,如果能够将制动滑移率一直控制在 S_{bopt},则可以获得最大的制动力和较大的侧向力。

防抱制动系统(ABS)在制动过程中能防止车轮出现抱死现象,通过调节各车轮制动压力,将车轮的滑移率控制在纵向附着系数最大的最佳滑移率附近,最佳滑移率范围随路面不同而变化,一般保持在 8%~35% 的范围内,在这一滑移率范围内,同时可以保证较大的侧向附着力。这样,就可以得到维持转向能力和方向稳定性充分大的侧向力及产生最大的纵向力(地面制动力)。因此,装备了 ABS 的车辆具有以下优点:

(1) 可以有效地利用轮胎与路面间的附着条件,提高制动效能,缩短制动距离。这一点在潮湿路面和冰冻路面上尤其突出。

(2) 制动过程中能保持转向能力,防止侧滑发生,有效减少事故发生,保证制动安全性。

(3) 由于避免轮胎了抱死拖滑,可以有效减少胎面磨损,提高轮胎的使用寿命。

二、结构组成

如图 5-4 所示,ABS 主要由轮速传感器、液压控制单元(HCU)及电子控制单元(ECU)组成。

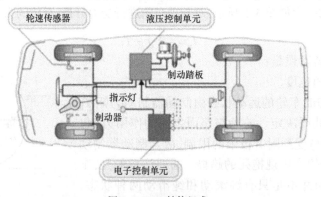

图 5-4 ABS 结构组成

汽车制动时,首先由轮速传感器测出与制动车轮转速成正比的交流电压信号,并将该电压信号送入电子控制单元(ECU)。由 ECU 中的运算单元计算出车轮速度、滑动率及车轮的加减速度,然后再由 ECU 中的控制单元对这些信号加以分析比较后,向液压控制单元(HCU)发出制动压力控制指令。使 HCU 中的电磁阀和电动泵控制制动压力的增减,以调节制动器的制动力矩,使之与地面附着状况相适应,防止制动车轮被抱死。电子控制单元中还有故障诊断单元,其作用是对ABS的其他部件的功能进行监测,当这些部件发生异常时,由指示灯或蜂鸣器向驾驶人报警,使整个系统停止工作,恢复常规制动方式。

对ABS结构详细描述如下。

1. 控制通道

ABS中可以独立进行制动压力调节的管路被称作控制通道,当前的ABS一般都是具有四个控制通道的系统,如图5-5所示,其特点是具有4个轮速传感器和4个控制通道,可以对各车轮进行单独控制。

图5-5a)所示的ABS布置形式适用于采用H形布置双管路制动系统的汽车,而图5-5b)所示的ABS布置形式则适用于采用X形布置双管路制动系统的汽车。

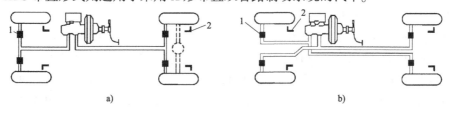

图5-5 四通道ABS
1-控制通道;2-轮速传感器

这种布置形式可以独立地将四个车轮的滑移状态均控制在最佳的范围内,因此可以充分利用每个车轮的附着力,从而获得高制动效能;当汽车行驶的路面条件较为均一时,也可以获得良好的操纵稳定性。但是当左右车轮所处路面附着条件不同时(这种路面称为附着分离路面或对开路面),由于同轴左右车轮的制动力不等,产生附加的偏转力矩,进而造成汽车制动跑偏。因此,即使是四通道的ABS,通常也不会对4个车轮进行完全独立的制动压力调节。

2. 车轮转速传感器(简称轮速传感器)

现代汽车的防滑控制系统中都设置有电磁感应式的轮速传感器,现代ABS的轮速传感器一般都安装在车轮上,如图5-6所示。

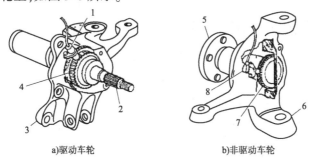

图5-6 轮速传感器在车轮上的安装位置
1、8-轮速传感器;2-半轴;3-悬架支承;4-齿轮;5-轮毂;6-转向节;7-齿圈

轮速传感器的组成和工作原理如图5-7所示。它是由永久磁铁、磁极、线圈和齿圈组成。齿圈4在磁场中旋转时,齿圈齿顶和电极之间的间隙就以一定的速度变化,则使磁路中的磁阻发生变化。其结果是使磁通量周期性地增减,在线圈1的两端产生正比于磁通量增减速度的感应电压,并将该交流电压信号输送给电子控制器,根据交变电压的周期变化即可确定轮速大小。

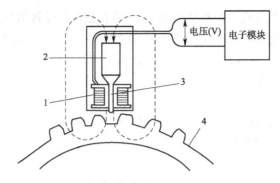

图 5-7 轮速传感器的组成及工作原理
1-线圈;2-磁铁;3-磁极;4-齿圈

3. 液压控制单元(HCU)

HCU 是 ABS 的执行器,其功用是接收来自 ECU 的控制指令,以调节制动轮缸内的压力。HCU 由电磁阀、液压泵、电动机、低压蓄能器以及止回阀等组成,如图 5-8 所示。它直接安装在汽车原有的制动管路中,对于四通道的 ABS,制动主缸和每个制动轮缸之间串联有一个进液阀(二位二通常开阀)和一个出液阀(二位二通常闭阀),通过这两个电磁阀可以控制制动液流入流出制动轮缸,从而实现轮缸制动压力的增、减或保压。

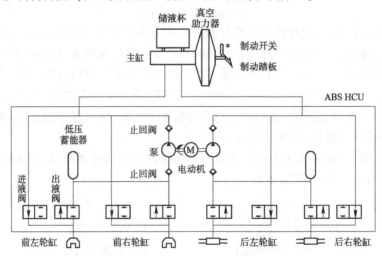

图 5-8 ABS HCU 的液压系统简图

图 5-9 描述了制动时 HCU 的工作状态。

(1)常规制动过程,如图 5-9a)所示。ABS 未进入工作状态,电磁阀不通电,进液阀断电开启,出液阀断电关闭,主缸与轮缸的油路相通,主缸输出的制动液直接进入轮缸,轮缸压力随主缸压力增减。

(2)轮缸减压过程,如图 5-9b)所示。当 ECU 根据轮速传感器信号判断车轮出现抱死趋势时,进液阀通电关闭,出液阀通电开启,主缸与轮缸的通路被截断。而轮缸和低压蓄能器接通,轮缸压力下降。与此同时,驱动电机起动,带动液压泵工作,把流回低压蓄能器的制动液送回主缸。

(3)轮缸保压过程,如图 5-9c)所示。经过若干次减压循环后,轮缸压力下降使车轮转速回升,ECU 判断车轮抱死趋势减小,车轮滑移率进入最佳范围,进液阀保持通电关闭的同时,使出液阀断电关闭。所有油路被截断,保持轮缸压力不变,以使车轮滑移率尽可能长时间地保持在最佳范围内。

(4)轮缸增压过程,如图5-9d)所示。保压过程中,若车轮转速继续回升,车轮滑移率逐渐趋近于零,说明此时轮缸内制动压力不足,ECU发出信号使进出液电磁阀均断电,进液阀开启而出液阀关闭,主缸与轮缸油路再次相通,主缸的高压制动液重新进入轮缸,使轮缸油压回升。车轮又趋于接近抱死状态,ABS继续重复增压—减压—保压的控制循环。

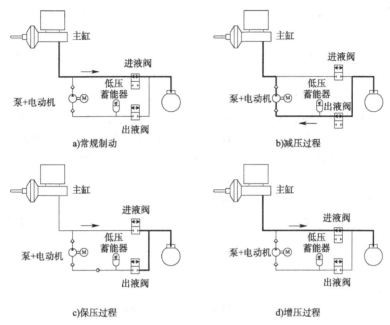

图5-9 ABS HCU基本工作原理

ABS即通过上述控制过程的不断切换,以脉冲方式调节制动压力始终保持在车轮不发生抱死的压力水平,一般来说,ABS的控制周期为4~10Hz。图5-10是典型的ABS控制循环。需要说明的是,图中所示的增压阶段采用了增、保压快速切换的阶梯增压模式。

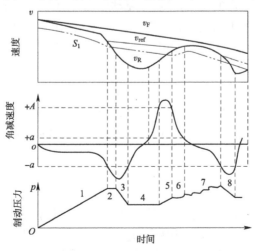

图5-10 ABS典型控制循环
1-正常制动;2、4-保压;3、8-减压;5、6、7-增压

三、电子制动力分配系统(EBD)

汽车制动时,地面制动力的增大受到路面附着极限的限制,为了使前后车轮制动力同时达到最大,必须合理匹配前后轮的制动力。ABS可以通过控制车轮滑移率使得单个车轮制动力保持最优,但是并不能起到合理分配前后轮制动力的作用,因此,在20世纪曾经出现过ABS与感载比例阀共同配合使用的制动系统配置。

EBD的英文全称是Electric Brake force Distribution,即"电子制动力分配"系统。现在,一般配备了ABS的车辆都配有EBD,许多车型会标识出其制动系统配备了"EBD + ABS"。从文字上就不难看出,EBD + ABS是ABS的升级版本。在硬件上,EBD和ABS共用同样的传感器、ECU和HCU,EBD必须配合ABS使用。

在本质上,EBD可以说是ABS的辅助功能,它在4个车轮都进入防抱死控制循环之前,通过控制后轮轮速相对于前轮轮速的变化趋势,防止后轮先于前轮抱死,起到合理分配前后轮制动力的作用。它通过平衡每一个车轮的有效地面附着力,改善前后制动力的平衡,使得ABS的工作更加舒适平稳的同时,进一步防止出现甩尾和侧移,并缩短汽车制动距离。

最早的EBD只用于分配前后制动力,而当前的EBD多同时具备左右制动力分配的功能,其原理与前后分配控制类似,即通过转向时内外侧轮速差实现内外侧制动压力的分配。有一些厂商将这一功能单独标识为弯道制动控制(Cornering Brake Control,CBC)系统。

第三节 牵引力控制系统(TCS)

牵引力控制系统(TCS),TCS英文全称是Traction Control System,是一种根据驱动车轮的滑转状态来控制车辆牵引性能的汽车主动控制系统。通过充分利用地面所提供的附着力,TCS能够有效地改善车辆牵引性能和行驶安全,可以使车辆在湿滑或泥泞路面起步、加速、加速转弯时避免驱动轮打滑,并将滑动率控制在一定的范围内。它的功能是既可以提高牵引力,又可以保持汽车的行驶稳定。当驱动轮出现打滑时,系统将对打滑驱动轮的制动压力进行控制,同时控制发动机的输出转矩,使驱动轮的牵引力控制在最佳区域并提高了汽车的方向稳定性,避免轮胎的不均匀磨损。因此,对于行驶在困难地面条件下,要求高机动性和越野性的军用车辆来说,装备牵引力控制系统具有重要意义。

一、TCS基本原理

与制动工况相类似,车辆驱动行驶时,它所获得的牵引力取决于发动机输出转矩及动力传动系统的结构,同时受到地面附着条件的限制。不同的地面条件,驱动车轮产生的牵引力相差很大。参考滑移率公式,定义滑转率:

$$S_t = \frac{\omega R - v_x}{v_x} \times 100\% \tag{5-3}$$

当车轮滑转率S_t从0开始增大时,车轮与地面间纵向附着系数μ_x也随之增大。但当S_t达到一定值时,纵向附着系数μ_x达到最大值μ_{max},此后随着S_t的增大,μ_x逐渐减小,直至驱动轮发生纯滑转时为止,纵向附着系数μ_x要比峰值附着系数μ_{max}小得多。从车辆动力性方面考虑,车轮的滑转率S_t最好处在峰值附着系数附近,考虑到车轮侧向附着系数μ_y随车轮滑转

率 S_t 的变化规律,所以从稳定性方面考虑,车轮最佳滑转率应控制在某一范围内。图 5-11 阴影部分为 ABS 和 TCS 滑转率的控制范围。

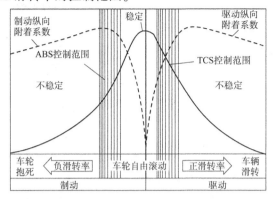

图 5-11 汽车驱动和制动时的 μ-s 曲线

汽车在行驶过程中,只要驱动车轮上的牵引力超过地面所能提供的最大附着力,车轮就会发生滑转。尤其当汽车在低附着系数地面上起步或加速行驶时,由于地面所能提供的附着力低,车轮很容易发生过度滑转,从而导致轮胎—地面间的纵向和侧向附着力降低,使汽车起步、加速性能和行驶安全性迅速下降,车辆很容易失去通过能力。

从理论上讲,汽车驱动轮滑转率的控制可以通过传动系统中各环节的控制来实现,目前应用最为广泛的是发动机转矩控制与驱动轮制动控制的联合控制方式。

改变发动机转矩实现 TCS 控制的方式有调节节气门开度、供油量及点火延迟三种方式。其中,调节节气门开度具有控制范围广、能够连续控制的优点,但响应较慢;调节供油量及点火延迟响应特性较好、成本低,但控制量小、不易实现连续控制。单独选用发动机转矩控制的特点是同时减小所有驱动车轮上的驱动力矩,此时若采用低选一同控制方式(即按照低附着侧车轮运动状态对同轴车轮实施完全相同的控制),虽可以明显提高车辆行驶方向稳定性,但不能充分利用各驱动车轮的附着条件以提高牵引力。

单独选用驱动车轮制动控制对于有独立控制通道的系统可以实现各车轮的独立控制,响应快,在附着系数分离路面上效果显著,但由于制动器长期使用导致热衰退会影响控制效果及行驶安全。另外可能产生附加的横摆力矩,因此在车速较高时也不宜使用。

发动机转矩控制和驱动轮制动控制的优缺点互为补充,因此采用发动机/制动系统联合控制可以得到比较理想的控制效果。

二、TCS 基本组成

图 5-12 所示为沃尔沃 XC70 越野汽车装备的牵引力控制系统组成。该系统包括:中央电控单元——分析、处理传感器信号,对制动控制模块、发动机控制模块、轴间差速器控制模块、轮间差速器控制模块以及驾驶人信息模块输出控制指令;制动控制模块——按中央电控单元要求,调节驱动轮制动压力;发动机控制模块——按中央电控单元要求,控制发动机输出力矩;轴间差速器控制模块——根据中央电控单元的控制指令,调节前、后驱动桥驱动力矩分配比;轮间差速器控制模块——前后桥各装一套,根据中央电控单元的控制指令控制左、右驱动轮的转速差;驾驶人信息模块——向驾驶人提供系统信息,或驾驶人通过它输入操作指令;传感器——检测汽车状态信息。

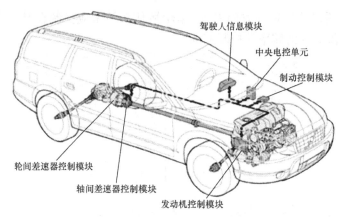

图 5-12 沃尔沃 XC70 越野汽车牵引力控制系统组成

沃尔沃 XC70 是高档的四驱车型,实际上,目前大多数两驱轿车上采用的 TCS 都是只通过发动机转矩控制和驱动轮主动制动控制来实现的,轮间差速控制也是通过两个驱动轮之间的差动制动来实现的,HCU 是 TCS 中的重要执行器。TCS 的 HCU 是在 ABS 的基础上进化起来的,它增加了 4 个二位二通电磁阀以满足独立于驾驶人施加制动的需求,如图 5-13 所示。每个独立回路(主缸的一个独立腔连接两个车轮)加装了一个隔离阀和一个补油阀,其中,隔离阀是常开式阀,而补油阀是常闭式阀。

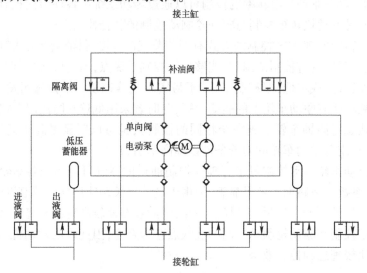

图 5-13 TCSHCU 液压系统简图

图 5-14 描述了 TCS 主动制动时 HCU 的工作状态。

(1) TCS 不起作用。在 TCS 不起作用时,全部电磁阀不通电。汽车在制动过程中,制动液经隔离阀流入轮缸,如果车轮出现抱死现象,则 ABS 起作用,通过控制进液阀和出液阀来调节制动压力。

(2) TCS 主动压力控制——增压。当驱动车轮出现滑转时,TCS ECU 使隔离阀通电关闭,补油阀通电开启,电动泵工作,电磁阀 I 通电,制动液在泵作用下经补油阀流入制动轮缸,车轮制动压力增大。

(3) TCS 主动压力控制——保压。当需要保持驱动车轮轮缸的制动压力时,TCS ECU 使隔离阀断电开启,补油阀通电开启,同时进液阀通电关闭,出液阀断电关闭,切断蓄能器与制动轮缸的通道,则驱动车轮制动轮缸的制动压力保持不变。

(4) TCS 主动压力控制——减压。当需要减小驱动车轮的制动压力时,TCS ECU 使隔离阀断电开启,补油阀断电关闭,同时进液阀通电关闭,出液阀通电开启,将驱动车轮制动轮缸与低压蓄能器连通,驱动车轮制动轮缸的压力降低。

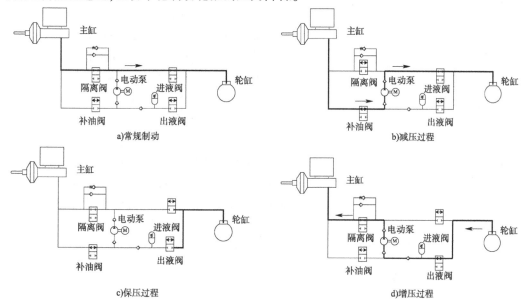

图 5-14 TCS HCU 基本工作原理

第四节 稳定性控制程序(ESP)

通过控制车轮滑动率,ABS 和 TCS 使汽车获得了最佳的纵向动力学性能和较好的操纵稳定性,但对极限转向工况下,由于侧向外力已经超出轮胎与地面的侧向附着极限会造成汽车失稳则无能为力。而 ESP 则通过向特定车轮施加制动,产生附加横摆力矩以纠正车辆的动力学状态,从而保证车辆稳定性。

一、工作原理

汽车的转向特性分为过多转向、不足转向和中性转向。中性转向是最理想的转向特性,但对于一辆汽车而言,在各种使用工况下都保持中性转向是不可能的。由于过多转向汽车有失去稳定性的危险,因此汽车在设计时都应具有适度的不足转向,但过大的不足转向则意味着汽车转向半径过大,无法跟踪目标行驶轨迹。当汽车在低附着转向时,如果地面的附着系数不能提供足够的侧向力,车轮就会发生侧滑,前轴发生侧滑意味着过度的不足转向,车辆由于转向半径过大漂移出当前车道,而后轴侧滑则意味着过多转向,严重时车辆将发生急转甚至倾翻。当驾驶人发现汽车处于过量的不足转向或过多转向时,通常通过对转向盘施加操作来对汽车进行控制,但此时由于汽车质心侧偏角通常比较大,驾驶人通过转向盘对车辆进行控制并不明显。在这种情况下,普通的驾驶人将非常恐慌,不能采取正确的操作方法,汽车因此发生急转或漂移而造成事故。

事实上,汽车侧滑运动是引发交通事故的主要原因之一,若能通过对汽车转向特性进行识别,从而对不足转向和过多转向进行控制,在判断汽车是不足转向还是过多转向之后,采取相应的控制得到补偿横摆力矩,从而控制不足转向和过多转向,则有可能抑制汽车的侧滑运动。抑制汽车侧滑运动、改善汽车侧向稳定性的方法有:主动转向技术、车轮载荷控制技术和制动力、驱动力主动控制技术等。由于差速制动方式可以充分利用汽车原有的执行器,实现方式简单,附加成本小,因此以差速制动方式实现稳定性控制的 ESP 在市场上占据了主流地位。

ESP 抑制车辆侧滑的基本原理如图 5-15 所示,它首先通过比较驾驶人操作意图和汽车实际运行状态,来判断是否进行制动调节。当系统判断汽车处于过多转向时,通过对前外车轮施加制动,产生与汽车转向运动方向相反的横摆力矩,从而抑制汽车的过多转向运动;当汽车处于不足转向时,则通过对后内侧车轮施加制动产生与汽车转向运动方向相同的横摆力矩,抑制汽车的不足转向运动。

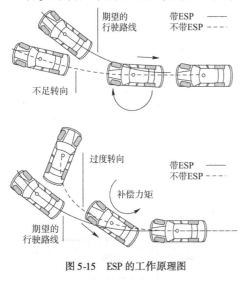

图 5-15 ESP 的工作原理图

二、ESP 结构组成

如图 5-16 所示,车辆 ESP 主要包括以下组成部分:

(1)传感系统——包括轮速传感器、侧向加速度传感器、横摆角速度传感器、制动压力传感器(一般只在主缸处安装一只)等,此外,还可通过 CANBUS 总线获得必要的发动机工作状态信号(如喷油量、点火提前角、节气门位置)、变速器工作状态信号(如挡位、输出轴转速等)。

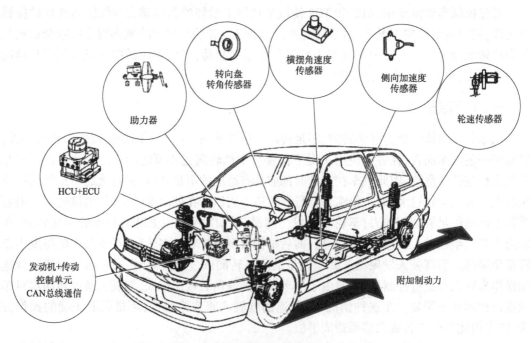

图 5-16 ESP 控制系统组成示意图

(2)执行系统——包括基于多 ECU 车载网络的发动机控制执行器、变速器挡位控制执行器以及用于制动力控制的液压控制单元(HCU);HCU 是汽车稳定性控制系统的主要执行机构,其基本结构同 TCS HCU 类似,共有 12 个二位二通电磁阀,1 个电动机、2 个泵及 2 个低压蓄能器,参见图 5-16。

(3)电子控制单元——由软件和硬件两部分组成,当前的 ESP 中也都集成有 ABS 和 TCS 功能模块。

第五节 线控制动系统(BBW)

一、电子液压制动系统(EHB)

电子液压制动系统(Electro-hydraulic Brake System,EHB)是在传统的液压制动器基础上发展而来的。与传统的汽车制动系统有所不同,EHB 以电子元件替代部分机械元件,是一个先进的机电一体化系统。EHB 与传统液压制动系统的对比如图 5-17 所示。

传统制动系统制动主缸与制动轮缸通过制动管路相连,制动压力直接由人力通过制动踏板输入,而真空助力器作为辅助动力源也要受到发动机真空度的限制。这种结构特点限制了制动压力建立、各轮制动力的分配以及与其他系统的集成控制等,在进一步提高制动效果方面潜力有限。EHB 由于改变了压力建立方式,踏板力不再影响制动力,弥补了传统制动系统设计和原理所导致的不足。

1. EHB 的组成

由图 5-17 可见,EHB 是将电子系统与液压系统相结合的制动系统,主要由电子制动踏板、电子控制单元(ECU)、液压执行元件(阀类元件)及传感器等组成。

(1)EHB 电子制动踏板单元。包括踏板感觉模拟器、踏板力传感器或/和踏板行程传感器以及制动踏板。踏板感觉模拟器是 EHB 的重要组成部分,为驾驶人提供与传统制动系统相似的踏板感觉(踏板反力和踏板行程),使其能够按照自己的习惯和经验进行制动操作。踏板传感器用于监测驾驶人的操纵意图,一般采用踏板行程传感器,采用踏板力传感器的较少,也有两者同时应用,以提供冗余传感器且可用于故障诊断。图 5-18 所示为大陆特威斯公司生产的电子制动踏板单元。

(2)液压控制单元(HCU)。制动压力调节装

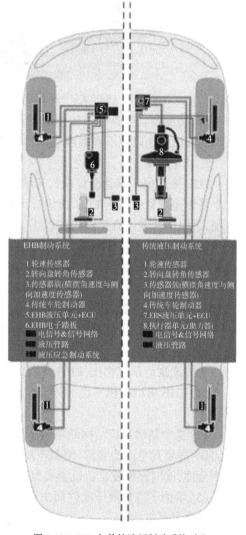

图 5-17 EHB 与传统液压制动系统对比

置用于实现车轮增减压操作,图 5-19 所示为大陆特威斯公司带 ECU 的 EHB 的液压控制单元(HCU)。HCU 中一般包括如下部分:

①独立于制动踏板的液压控制系统——带有由电动机、泵和高压蓄能器组成的供能系统,经制动管路和方向控制阀与制动轮缸相连,控制制动液流入/流出制动轮缸,从而实现制动压力控制。

②人力驱动的应急制动系统——当伺服系统出现严重故障时,制动液由人力驱动的主缸进入制动轮缸,保证最基本的制动力使车辆减速停车。

③平衡阀——同轴的两个制动轮缸之间设置有平衡阀,除需对车轮进行独立制动控制的工况之外,平衡阀均处于断电开启状态,以保证同轴两侧车轮制动力的平衡。

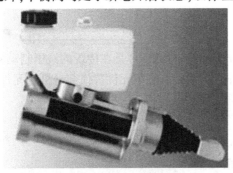
图 5-18 大陆特威斯电子制动踏板单元

图 5-19 大陆特威斯 EHB 液压控制单元

(3)传感器。包括轮速传感器、压力传感器和温度传感器,用于监测车轮运动状态、轮缸压力的反馈控制以及不同温度范围的修正控制等。

2. 工作原理

EHB 采用电子制动踏板取代传统制动系统中的制动踏板,用来接受驾驶人的制动意图,产生并传递制动信号给 ECU 和执行机构,并根据一定的算法进行模拟,然后将信息反馈给驾驶人,保证驾驶人有足够的踏板感。制动过程中,车轮制动力由 ECU 和执行器控制,踏板转角传感器不断地将踏板转角信号转换为电信号,并将其输入到 ECU。ECU 将控制信号及电流分别输入到阀驱动器和电液制动阀,阀驱动器根据两个输入信号中的较大值产生控制电流输入到电液制动阀。电液制动阀根据输入电流调整输出到制动器的压力大小。在制动过程中,ECU 还可以根据轮速传感器等其他各种信号进行分析计算,实现 ABS、ASR 等功能。为了保证在系统发生故障时也能安全停车,系统中设计有后备液压系统,以保证控制系统在失灵时仍有制动能力,确保安全。

与传统制动系统相比,EHB 具有以下优点:

(1)EHB 可以提供平稳的停车功能,使停车过程变得平顺柔和,大大提高了车辆制动舒适性。

(2)整个制动系统结构简单紧凑,省去了传统制动系统中的部分管路系统及液压阀等部件,且不需要真空助力装置,使整车质量降低,腾出汽车前部的大量空间,因此提高了汽车碰撞安全性,同时还使发动机性能得到改善,提高了汽车燃油经济性。

(3)取消了部分液压部件而采用模块结构,汽车装配变得更加灵活,维护更加方便,适应汽车未来发展方向。

(4)传统汽车制动系统制动管路长,阀类元件多,制动系统反应慢,安全性较差;而电液制动系统采用踏板模拟器,踏板特性得以改善,有效地缩短了制动响应时间,增加了制动灵敏度,提高了制动安全性。

(5) EHB 不仅能缩短制动距离,而且能保持车辆良好的行驶方向稳定性,还能弱化由制动器摩擦片磨损等原因造成的制动效果下降,提高了制动效能。

(6) EHB 所需的制动踏板力较小,踏板没有脉冲回振,从而提高了驾驶人的驾乘舒适性。

(7) EHB 还具有清干功能,当车辆在湿滑路面上行驶,微弱的制动脉冲可以清干制动片上的水膜,确保制动的充分性。

同时,EHB 也存在相对不足:相对来讲,EHB 制造成本较高;EHB 工作的可靠性相比传统制动系统,还有待进一步提高;EHB 要比传统的机械制动更容易受到电磁干扰。

二、电子机械制动系统(EMB)

EHB 具有传统制动系统无法比拟的优越性,但 EHB 仍然采用电液控制方式,严格意义上说并不是纯粹的线控制动系统,与电子机械制动系统(EMB)相比,EHB 在当前技术更加成熟,因而在短期内有更佳的发展前景。但 EMB 更有可能成为制动系统发展的未来。EMB 与传统液压制动系统的对比如图 5-20 所示。可以看出 EMB 完全取消了液压或气压管路等部件,采用电子制动踏板取代了传统的制动踏板,取消了真空助力装置。

1. 概述

EMB 使制动系统更加简洁,从而减轻了整车质量,实施和解除制动的响应速度更快;无须增加其他附件就可集成 ABS、TCS、ESP、ACC 等控制系统;直接控制电动机,能进行制动压力的精细调节;EMB 采用电能作为驱动能源,不使用制动液,绿色环保。

EMB 作为全新的制动形式,拥有众多优点,代表了现代制动系统的发展方向。EMB 最早应用于飞机上,后来才慢慢转化运用到汽车上来。最近几年一些国际大型汽车零配件厂商和汽车厂进行了一些针对 EMB 制动系统的研究工作,并已经取得了一定的研究成果,图 5-21 ~ 图 5-24 是一些已研制出的 EMB 样机。但由于电子机械制动系统取消了制动踏板与制动执行器之间的机械及液压连接,不符合现有法规的要求而不能实现装车应用。

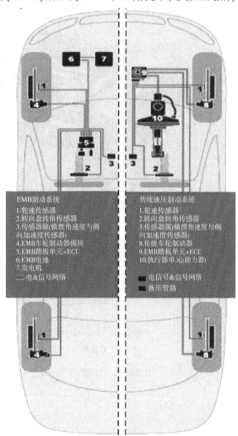

图 5-20　EMB 与传统液压制动系统对比

2. EMB 的组成及工作原理

如图 5-25 所示,采用 EMB 的制动系统组成包括:安装在 4 个车轮的独立的 EMB 车轮制动器模块,制动踏板模拟器,VDC 等中心控制单元,电源系统,轮速、横摆角速度等各种传感器。中心控制单元根据踏板模拟器传来的信号,识别驾驶人的意图,再根据车速、轮速等多种传感器来获得整个车辆的运行状态,综合处理各种信息后,发送相应的目标制动压力信号给 4 个 EMB 控制器,控制器得到信号后将控制 4 台 EMB 执行器分别对 4 个车轮独立进行制动。通过传感器再将每个制动器对制动盘的实际夹紧力等信息反馈给中心控制单元,形成闭环控制,从而保证最佳制动效果。

图 5-21　Continental EMB 样机

图 5-22　Delphi EMB 样机

图 5-23　Haldex EMB 样机

图 5-24　吉林大学研制的 EMB 样机

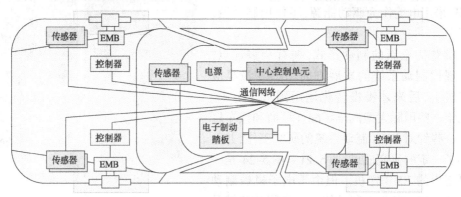

图 5-25　EMB 结构简图

如图 5-26 所示,EMB 车轮制动器模块主要由 EMB 控制器和 EMB 执行器组成,EMB 控制器的输入是电子制动踏板或其他控制单元传来的目标制动压力,经过相应的控制算法后,输出电压信号给 EMB 执行器,从而得到所需的制动压力大小。EMB 执行器作为制动系统的执行机构,也是其核心部件,如图 5-27 所示,它一般有三个基本组成部分:电动机、传动装置和制动钳。其工作原理是电动机的输出经减速装置减速增矩,再由运动转换装置将旋转运动转换为直线运动,驱动制动钳对制动盘进行夹紧、放松,实施对车轮的制动。电动机的运动由 EMB 控制器控制,它的性能直接影响制动的效果。

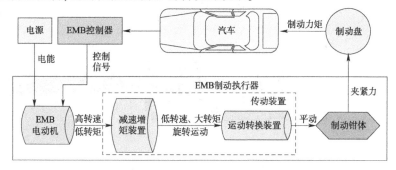

图 5-26　EMB 车轮制动器模块结构简图

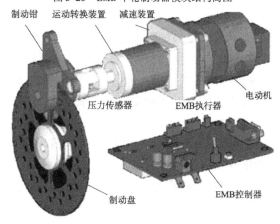

图 5-27　EMB 执行器结构简图

三、电子机械助力器(E-Booster)

BOSCH 公司的 iBooster 是一种非解耦式的电子机械助力器。如图 5-28 所示,它由助力电动机及控制器、伺服传动机构、踏板行程传感器、两个控制器、深冲压件壳体组成。其中,伺服传动机构采用两级齿轮减速和一级丝杠螺母传动,实现伺服力矩的减速增矩,并将电动机旋转运动转换成助力阀体的平动,如图 5-29 所示。与传统真空助力器相似,伺服力和驾驶人输入的踏板力在橡胶反馈盘实现耦合,助力阀体、踏板推杆、橡胶反馈盘和主缸推杆之间的关系如图 5-30 所示。

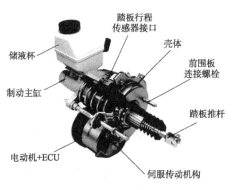

图 5-28　BOSCH iBooster 二代

图 5-29　iBooster 伺服传动机构

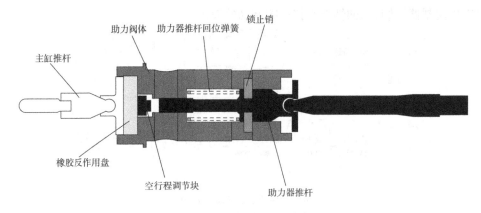

图 5-30　iBooster 助力耦合装置

在驾驶人施加制动时,电动机力矩经伺服传动机构增力得到伺服力,伺服力与驾驶人输入的踏板力共同作用在橡胶反馈盘上,推动制动主缸活塞实现制动,这也使得 iBooster 可以实现与传统制动系统几乎完全一致的踏板感。而且由于电动机的助力值可调,iBooster 也可以实现不同的助力特性,从而为不同驾驶风格的驾驶人提供更加舒适或者更加运动的踏板感受,如图 5-31 所示。

iBooster 也可以实现主动增压,由于工作原理的差异,与 ESP 相比,iBooster 可以实现更为强大的供液能力,从而保证强劲的主动增压能力,如图 5-32 所示。

iBooster 是非解耦式的制动装置,它需与 Bosch 的 ESP hev 系统协同工作,实现 0.3g 以下制动强度时的踏板解耦。

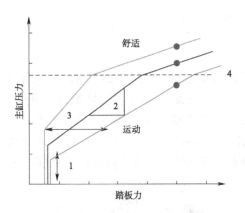

图 5-31　基于 iBooster 可以实现可调的助力特性
1-跳增值;2-助力比;3-迟滞;4-助力终了点压力

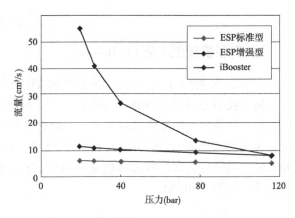

图 5-32　iBooster 可以提供强劲的主动增压能力

四、集成式动力制动系统（IPB）

集成式动力制动系统将踏板单元、供能装置和压力调节装置集成在一个总成内,被称为"一个盒子"（One Box）的系统。图 5-33 为 Continental 公司的 MK C1 系统,图 5-34 为 MK C1 系统的架构图。

(1) 踏板单元,与 EHB 的踏板单元类似,也包括踏板、主缸、踏板感觉模拟器、踏板行程传感器,用于为驾驶人提供良好的踏板感觉,并采集驾驶人的操纵意图。

(2)供能装置,与电动机械助力器类似,由电动机、传动机构和活塞缸组成,由电动机通过传动机构通过推动活塞缸内的活塞实现增压。

(3)压力调节装置,主要由电磁阀组成,用于调节每个车轮的制动压力,此外,也有用于实现备份制动功能的隔离电磁阀。

图 5-33 Continental 公司的 MK C1

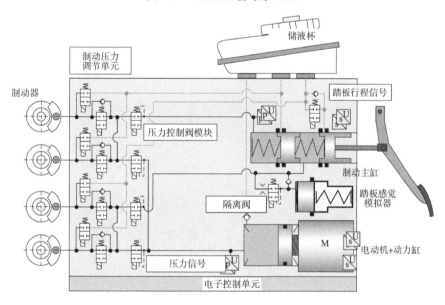

图 5-34 MK C1 系统架构

驾驶人踩下制动踏板时,踏板模拟器隔离电磁阀开启,驾驶人通过踏板输入推动主缸活塞,使得制动液流入踏板感觉模拟器,为驾驶人提供踏板感觉;ECU 根据踏板行程信号生成目标制动压力,由电动机推动动力缸实现增压,驾驶人体力不参与制动。主动制动工况下,系统直接响应 ACC 等上层控制器的目标制动压力,实现主动制动控制,在 ABS 或 ESP 等功能触发时,电磁阀单元工作,实现各车轮压力的独立调节。在电控系统发生损坏时,踏板模拟器电磁阀关闭,驾驶人可以通过主缸促使制动液进入制动轮缸,由人力实现制动,即该系统也具备备份制动功能。

集成式动力制动系统结构紧凑、质量小、所需空间小、增强能力更强,被认为会在未来成为制动系统的主流。目前代表性的产品除 MK C1 外,还有 BOSCH 的 IPB 以及 TRW 的 IBC

等,在国内,芜湖伯特利公司等也已推出了自己的集成式动力制动系统样机。

思考题

1. 智能电动汽车对汽车制动系统有哪些需求?
2. 请说明 ABS 的组成及工作原理。
3. 请说明 TCS 的组成及工作原理。
4. ABS 与 ESP 制动压力调节装置有什么差别?
5. 什么是线控制动系统?EHB 和 IPB 系统在工作原理上有什么不同?

第六章 汽车 NVH

第一节 汽车 NVH 概述

NVH 是指 Noise(噪声)、Vibration(振动)和 Harshness(声振粗糙感),由于它们在车辆等机械中是同时出现且密不可分的,因此常把它们放在一起进行研究。汽车 NVH 特性是指在车室振动、噪声的作用下,乘员舒适性主观感受的变化特性。它是人体触觉、听觉以及视觉等方面感受的综合表现。简单地说,乘员在汽车中的一切触觉和听觉感受都属于研究的范畴,还包括汽车零部件由于振动引起的强度和寿命等问题。

整车 NVH 特性对行车品质有着重要的影响,在国外受到广泛重视,在 NVH 方面的研发经费已达到总额的 30%~40%,有的公司还专门建立了车内音质评价系统。

一、车内振动

振动描述的是系统状态的参量(如位移)在其基准值上下交替变化的过程。机械振动是物体(或物体的一部分)在平衡位置(物体静止时的位置)附近做的往复运动。振动常以加速度、速度、位移等参量来描述,其研究频率范围在 0.5~500Hz。汽车上的振动主要包括由路面不平度引起的车身垂直方向振动、发动机不平衡往复惯性力产生的车身振动、转向轮的摆振和传动系统的扭转振动等。一般来说,对人体舒适性影响较大的振动主要表现为座椅、地板对人体输入的低频振动,其频率范围在 1~80Hz。此外,转向盘、仪表板等部件的抖动也会对人体舒适性产生较大的影响。同时,不良振动会给汽车的零部件带来损坏,影响零部件的寿命。

由于汽车的结构和使用工况十分复杂,如果不进行适当的简化,这些振动都是随机振动,通常用振动量(如:位移、速度、加速度)的均方根值来衡量,并且按照频率加权计算。

二、车内外的噪声

汽车噪声即汽车行驶在道路上时,发动机、喇叭、轮胎等发出的大量人们不喜欢的声音。汽车噪声严重影响人的身体健康。近年来,城市机动车辆增长很快,伴随而来的交通噪声污染现象也日益突出。噪声是汽车 NVH 问题中最主要的部分,常用声压和声压级评价。车内噪声主要包括车身壁板振动产生的噪声、空气冲击摩擦车身形成的噪声以及外界噪声源(如发动机、制动器等)传入的噪声。

发动机舱和乘员舱之间的防火墙可以隔绝大部分发动机噪声,车体密封性的好坏对减少车内噪声至关重要。高品质的内饰材料在提供安全、美观的乘坐环境的同时,还应具有吸声作用,而车室空间设计不合理将可能产生声学共振,放大车内噪声。

在车内噪声的测量方面,我国提出了《声学 汽车车内噪声测量方法》(GB/T 18697—2002)。此标准适用于所有的 M 类和 N 类汽车,提出了车内噪声测试的三种方法:匀速行驶噪声(车速60~120km/h)、加速行驶噪声和车辆定置噪声(发动机怠速工况和加速工况对车内各个区域位置影响的测量方法)。

在车内噪声的限值方面,国家标准《客车车内噪声限值及测量方法》(GB/T 25982—2010)规定:对于城市客车,车内噪声测试方法选取2挡15km/h和3挡35km/h节气门全开加速工况作为测试工况,并选取这两种工况下所产生车内噪声的平均值来反映该车的车内噪声水平;对于非城市客车,选取其常用工况[90km/h或80%最高车速(取较小值)匀速工况]进行车内噪声测试。客车的布置形式不同,对车内噪声的要求是不一样的;对于车内不同区域,噪声的限值也不一样,见表6-1。可见对驾驶区的噪声限值比乘客区要求更为严格。

客车车内噪声限值　　　　　表6-1

车辆种类		车内噪声声压级限制 dB(A)	
城市客车	前置发动机	驾驶区	86
		乘客区	86
	后(中)置发动机	驾驶区	78
		乘客区	84
非城市客车	前置发动机	驾驶区	76
		乘客区	76
	后(中)置发动机	驾驶区	72
		乘客区	74

三、声振粗糙感

声振粗糙感指的是振动和噪声的品质,它并不是一个与振动、噪声相并列的物理概念,它描述的是振动和噪声共同产生的使人感到极度疲劳的感觉,是人体对振动和噪声的主观感觉,不能直接用客观测量方法来度量。

人耳对不同频率的声音有不同的敏感度,为模拟人耳的这种特性,需要把电信号修正为与人耳听觉近似的值。计权网络测得的声压级便是经过听感修正的声压级,称为计权声压级。A-weight即A计权,是将数值按人耳的敏感程度权衡轻重的修改。

人们判断噪声是否可以接受的依据是其主观感受到的噪声特性或声音品质。由于人为主观因素的介入,会出现A计权声级指标达标但却感觉无法忍受(如粉笔刮擦玻璃黑板发出的尖锐噪声),或者声级强度超标却感觉上更加悦耳(例如一些音乐)。为此,许多专家学者提出一些客观的、可测量的物理参数来描述人们主观感受的声品质,比较常用的包括响度、尖锐度、粗糙度、抖动度等。有学者研究发现传统A计权声压级不再适用于电动车噪声的评价,而需要结合心理声学进行主观评价,结合人类的听觉系统和噪声品质频域特性,提出敏感频带能力比作为评价电动车噪声品质的客观参数。

因为汽车的乘坐舒适性最终要表现为人体的感觉,所以声振粗糙感在NVH特性研究中占有十分重要的地位,世界各大汽车公司也都坚持采用专家实际乘坐汽车的方式来最终评价汽车NVH特性。

四、车内声品质

声品质是以人的主观感觉作为最终评价依据的,而人的感觉不仅取决于声音本身的物理因素,也受到人体的感知机制、心理状态和情绪等因素的影响,这就涉及心理声学的研究。

心理声学研究的是声音如何进入人耳,人耳和大脑对声音如何反应和处理,以及如何给出人对声音感觉的定量描述,其目标在于确定声音激励和听觉感受之间的准确关系。它涉及人体听觉的生理和心理两个方面,是声品质研究的重点。

声音的物理特性可以用声压、声强和声功率等物理量来加以描述。与此类似,在心理声学领域也期望用各种客观参量来表征人对于声音的听觉感受。在大量试验的基础上,研究人员对不同产品的声音属性提出了多种多样的评价指标,其中响度等一些参量已经得到普遍认可并确立了相应的数学计算模型。这些心理声学客观参量的提出,使实现听觉主观感受的定量描述成为可能,也为声品质的客观评价奠定了基础。下面简单介绍响度、尖锐度、抖动度和粗糙度等心理声学客观参量。

响度反映了人耳对声音响亮程度的主观感受。规定声压级为 40dB 的 1000Hz 纯音所引起的响亮程度感觉为 1sone(宋)的响度。任何声音的响度都是通过与它比较而确定的。听起来是 1 宋响度声音的几倍响,其响度就是几宋。需要指出的是,响度级和响度是分别独立定义的,两者并无直接联系。

尖锐度是描述高频成分在声音频谱中所占比例的参数,它反映了声音信号的刺耳程度。由于人耳对高频声音比较敏感,因此尖锐度对声音的舒适程度影响很大,噪声尖锐度值越高,给人的感觉就越刺耳。尖锐度的单位是 acum,规定中心频率为 1kHz、带宽为 160Hz 的 60dB 窄带噪声的尖锐度为 1acum。影响尖锐度最重要的因素是噪声信号的频谱成分和窄带噪声的中心频率。

噪声信号的瞬时变化能导致两种不同的感觉:低频变化时产生抖动感,高频变化时产生粗糙感。以调制比为 1 的幅值调制 1kHz 单频纯音为例,当调制频率从低到高变化时会使人产生不同的感觉:在低频调制时,给人的感觉是声音在缓慢地上下起伏抖动,这种感觉在调制频率为 4Hz 时达到最大,高于这个频率后随调制频率增加而递减,在心理声学里以抖动度来描述声音的这种主观感觉;当调制频率大于 20Hz 时,抖动感消失代之以粗糙感,此感觉在调制频率为 70Hz 时达到最大,高于这个频率后随调制频率增加而递减,在心理声学里以粗糙度来加以描述。一般认为,当载波频率大于 2000Hz 时,粗糙感产生于调制频率 20~300Hz 范围内,而抖动感则在调制频率低于 20Hz 的范围里产生。

粗糙度和抖动度都是描述人对声音信号瞬时变化的感觉,具有相似的性质,它们都与声音的调制频率、调制比、中心频率和声压级等因素有关。其中调制频率和调制比对粗糙度和抖动度的影响最为显著,粗糙度和抖动度都随调制比的增大而增大。

第二节　汽车上的 NVH 现象

从 NVH 的观点来看,汽车是一个由激励源、传递器和响应器组成的系统。激励源主要包括发动机、动力总成、车轮和轮胎、不平路面和风等。它们产生的振动、噪声通过悬架系统、车身结构系统等传递器的作用传入车身和车室空腔,形成振动和声学响应。汽车中

NVH问题的响应最终表现为座椅、地板和转向盘的触觉振动,驾驶人和乘客的耳旁噪声,仪表板、后视镜的视觉振动等现象。下面介绍汽车各个部分的振动噪声现象。

一、发动机的振动噪声

发动机产生的噪声在整个汽车噪声中所占的比例很大,所以研究发动机产生噪声的机理并采取噪声控制措施对减少汽车噪声具有很重要的作用。发动机的噪声指发动机的机体及其主要附件向周围空间传出的声音。影响发动机噪声的因素有发动机的机型、转速、负荷以及运行情况等,如在其他情况都相同时,柴油机的噪声比汽油机的高;高转速高负荷时,发动机产生的噪声较大。按照发动机噪声产生的性质,可以将其分为燃烧噪声、机械噪声和空气动力噪声。

1. 燃烧噪声

由于发动机工作时汽缸内燃烧气体的气压是变化的,这便产生了燃烧噪声。燃烧噪声主要受燃烧方式、燃烧速度的影响。通常柴油机比汽油机燃烧噪声大很多,而同是汽油机,如果发生爆震和表面点火等不正常燃烧现象,燃烧噪声也会显著增加。

降低燃烧噪声的方法有以下几种:采用隔热活塞以提高燃烧室壁温度,缩短滞燃期,可降低空间雾化燃烧系统的直喷式柴油机的燃烧噪声。提高压缩比和应用废气再循环技术也可降低柴油机的燃烧噪声。采用双弹簧喷油阀实现预喷,将原本打算一个循环一次喷完的燃油分两次喷,第一次先喷入其中的小部分,提前在主喷之前就开始进行着火的预反应,这样可减少滞燃期内积聚的可燃混合气数量。共轨喷油系统是一种很有前途的直喷式轿车柴油机电子控制高压燃油喷射系统,它能减少滞燃期内喷入的燃油量,特别有利于降低燃烧噪声。采用增压的方法也可以降低噪声,柴油机增压后进入汽缸的空气充量密度、温度和压力增加,从而改善了混合气的着火条件,使着火延迟期缩短。对于分开式燃烧室,精确的喷油通道、扩大通道面积、控制喷射方向和预燃室进气涡流半径的优化,均能抑制预混合燃烧,促进扩散燃烧,从而降低由低负荷到高负荷较宽范围的燃烧噪声、燃油消耗和炭烟排放。

2. 机械噪声

机械噪声是指运动件之间以及运动件与固定件之间的相对运动而产生的噪声。它主要受作用力的大小、运动件的结构大小等影响。发动机的机械噪声主要包括活塞敲击噪声和气门的机械噪声。活塞敲击噪声主要是由于活塞与汽缸套之间有间隙,当活塞在上、下止点附件受侧向力作用产生横向移动时,就会对汽缸壁产生敲击作用,从而形成活塞敲击噪声。气门机械噪声是配气机构中的零件在相对运动的过程中所产生的振动噪声。配气机构零件很多而且刚度较差,在高速运动过程中存在很多碰撞摩擦,如气门和气门座之间的碰撞,凸轮和挺柱之间的摩擦等,因此会产生振动噪声。

以下是几种降低活塞敲击噪声的措施:采取活塞销孔偏置,即将活塞销孔适当地朝主推力面偏移 1~2mm。采用在活塞裙部开横向隔热槽,活塞销座镶调节钢件,裙部镶钢筒,使用椭圆锥体裙等方式来减小活塞40℃冷态配缸间隙。增加缸套的刚度,不仅可以降低活塞的敲击声,也可以降低因活塞与缸壁摩擦而产生的噪声(为了增加缸套的刚度,可采用增加缸套厚度或带加强肋的方法)。改进活塞和汽缸壁之间的润滑状况,增加活塞敲击缸壁时的阻尼,也可以减小活塞敲击噪声。

降低配气机构噪声的主要方法有选用良好的润滑油降低摩擦噪声,减少气门间隙或者采用液力挺柱消除气门间隙等来减少摇臂与气门之间的碰撞噪声,缩短推杆长度,提高其刚度,减轻其质量,或者采用顶置式凸轮轴取消推杆来减少噪声。

3. 空气动力噪声

空气动力噪声是指气体之间以及和其他物体间相互作用而产生的噪声,发动机中包括进排气噪声和风扇噪声。

发动机在进气时,气体流经空气滤清器、进气管、气门后进入汽缸,这一过程中便产生了噪声。该噪声与进气速度有关,随发动机转速的提高而增大。进气噪声的控制措施主要是:合理地设计和选用空气滤清器,合理设计进气管道和汽缸盖进气通道,减少进气系统内压力脉动的强度和气门通道处的涡流强度,引进消声措施。

排气噪声是指废气以脉冲形式从排气门缝隙排出,并从排气口排入大气时所产生的能量很大的噪声,它通常比发动机整机的噪声还要高。排气噪声的控制措施主要是:从排气系统的设计方面入手,如合理设计排气管的长度与形状,以避免气流产生共振和减少涡流;废气涡轮增压器的应用可降低排气噪声,但最有效的方法还是采用高消声技术,使用低功率损耗和宽消声频率范围的排气消声器。

风扇噪声由旋转噪声和涡流噪声组成。旋转噪声指旋转叶片周期性地打击空气而产生的噪声。涡流噪声是指因风扇旋转而使周围空气产生涡流,这些涡流由于黏滞力作用分裂成小涡流,这些小涡流使空气发生扰动,形成压力波动并形成噪声。风扇转速较低时以涡流噪声为主,转速高时以旋转噪声为主。通常风扇转速越高,直径越大,风扇噪声也越大。风扇噪声的主要控制措施是:适当控制风扇转速,风扇噪声随转速的增长远比其他噪声大,为降低风扇转速,可在结构尺寸允许的范围内,适当加大风扇直径或者增加叶片数目,充分运用流体力学理论设计高效率的风扇,就可能在保证冷却风量和风压的前提下降低风扇转速;采用叶片不均匀分布的风扇,叶片均匀分布往往会产生频率相对集中的声功率,当叶片不均匀布置后,一般可降低风扇中那些突出的线状频谱成分,使噪声频谱较为平滑;用塑料风扇代替钢板风扇,能达到降低噪声和减少风扇消耗功率的效果;在汽车发动机上采用风扇自动离合器,不仅可使发动机经常处在适宜温度下工作和减少功率消耗,同时还能达到降低噪声的效果;风扇和散热器系统的合理布置和设计都有可能达到降低风扇转速的目的。

总之,发动机噪声的影响因素很多,想要很好地减少发动机的振动噪声应该同时采用多种降噪的方法,都是从激励源、传递途径和声学响应这几个方面入手的。

二、汽车传动系统的振动噪声

汽车的发动机就像人的心脏,而传动系统就像人的动脉。发动机发出动力,而传动系统将发动机发出的动力传递到驱动轮从而使汽车运动。传动系统是汽车的核心系统之一,它的 NVH 问题也在汽车领域得到了足够的关注。由于汽车传动系统的子系统和零部件较多且结构、材料、布置形式各不相同,所以汽车传动系统的 NVH 问题难点较多。

传动系统一般由离合器、变速器、万向传动装置、主减速器、差速器和半轴等组成。它的振动按照振动的表现形式可以分为扭转振动、弯曲振动、纵向振动,以及它们之间相互耦合而产生的弯矩耦合振动、扭纵耦合振动、弯扭纵耦合振动。传动系统的噪声现象一般都是由于振动引起的,所以对噪声的研究一般也是从振动的角度进行研究。扭转振动是传动系统产生振动噪声最常见的形式,轴系是一个既有扭转弹性,又有转动惯量的扭转振动系统,轴系在外界周期性激振力矩作用下所产生的周向交变运动及相应变形称为轴系的扭转振动。严重的扭转振动可能引起轴系裂纹和断裂,零部件磨损加剧。弯曲振动也是某些传动系统振动噪声问题产生的根源。

下面介绍三种典型的传动系统 NVH 问题:离合器起步颤振、齿轮敲击噪声、变速器啸叫噪声。

(1)离合器起步颤振是指汽车起步时,缓慢抬起离合器踏板,并缓慢踏下加速踏板,离合器接合不平稳而使车身明显振动的现象,它导致汽车不能平稳起步。造成离合器起步颤振的原因有压盘或从动盘翘曲不平或者磨损起槽,摩擦衬片破裂变形,弹簧压力不均等。对故障进行判断与排除时,应检查分离杠杆外端高度是否在同一平面内,必要时进行调整。分解离合器,检查从动盘摩擦衬片及压盘是否翘曲、起槽,花键毂与第一轴花键是否锈蚀、积污,若有应予排出。

(2)齿轮敲击现象一般出现在轻载或空载齿轮上,是由于发动机的转矩波动和齿侧间隙的存在,在轮齿间出现重复冲击而产生的广谱噪声现象,分为空挡敲击和驱动敲击。当非承载从动齿轮的惯性力矩峰值大于其自身的阻滞力矩时,会出现敲击现象。通过优化变速器的模数、齿数、轴向间隙、齿侧间隙等参数,可以降低变速器的齿轮敲击噪声。采用双质量飞轮也是解决变速器敲击现象的可行方案。

变速器啸叫噪声是一种高频噪声,它与发动机的转速有关。它主要是因为齿轮动态啮合刚度、传递误差、齿侧间隙、发动机转矩波动激励导致的。当上述激励与变速器壳体固有频率重合时,也就是发生共振时,这种啸叫噪声更加强烈。提高变速器齿轮的加工精度是减少变速器啸叫的有效措施,但提高加工精度会造成成本的增加。对变速器噪声的研究应该综合治理,从控制设计参数和提高制造精度等诸多途径减低变速器噪声。

三、行驶系统的振动噪声

1. 悬架噪声

悬架是车架(或承载式车身)与车桥(或车轮)之间的一切传力连接装置的总称。它的功用是把路面作用于车轮上的垂直反力(支撑力)、纵向反力(驱动力和制动力)和侧向反力以及这些反力所造成的力矩传递到车架(或承载式车身)上,以保证汽车的正常行驶。

现代汽车的悬架尽管有各种不同的结构形式,但是一般都由弹性元件、减振器和导向机构三部分组成,此外,还铺设有缓冲块和横向稳定器。以上结构决定了悬架的刚度和阻尼特性。悬架系统对提高汽车的 NVH 性能影响很大,所以设计和匹配好悬架特性非常关键。

减振器是车辆悬架中吸收振动能量的元件,它可以缓解由路面不平引起的冲击和振动,保证车轮与路面有良好的附着力,从而提高车辆的行驶平顺性、操纵稳定性和行驶安全性。减振器噪声是悬架噪声中最重要的部分,所以控制悬架噪声,主要是控制减振器的噪声以及由减振器振动所激发的车身噪声。减振器噪声容易发生在温度较低的冬季,当汽车行驶在较差的路面时,减振器会发出类似金属撞击之后的沉闷声或者类似沸水冒泡发出的声音。减振器的噪声的研究多集中于试验测试和统计学的描述,缺乏物理理论的研究和证明,及从结构参数方面进行控制的研究,而且没有明确的针对减振器控制噪声的方法。

2. 轮胎噪声

轮胎噪声是由行驶车辆的轮胎与道路相互接触、轮胎与空气的相互作用以及轮胎变形而产生的噪声。影响轮胎噪声的主要因素包括轮胎结构、轮胎花纹、轮胎帘线材料等。轮胎噪声主要由三个部分组成：一是轮胎花纹间隙的空气流动和轮胎四周空气扰动构成的空气噪声，二是胎体和花纹部分振动引起的轮胎振动噪声，三是路面不平造成的路面噪声。

根据轮胎噪声的发声机理，可以采取相应措施来降低轮胎噪声。轮胎噪声与轮胎刚度、阻尼、均匀性和动平衡有关，可以采用高阻尼橡胶材料，调整轮胎整体刚度和负荷平衡、提高轮胎的均匀性和动平衡。另外轮胎胎面花纹噪声是轮胎产生噪声的主要原因，所以优化轮胎花纹结构可以降低噪声，这也是降低轮胎噪声的主要方法。胎面花纹设计应减小噪声的总体幅值，同时使噪声能量分布在尽可能宽的频率范围上，避免在窄的频率范围上出现峰值。相应方法有优化花纹块（槽）的设计、优化花纹错位的设计，以及选择轮胎花纹的最优节距等。应当注意的是降低轮胎噪声的同时，有可能降低轮胎其他性能，因此在选择降噪方法时要同时考虑轮胎其他性能。

四、转向系统振动噪声

对于转向系统的振动、噪声、声振粗糙度，驾驶人可以直接感知到它，它影响汽车安全性和操纵稳定性，是汽车整车 NVH 性能的重要组成部分。

转向系统中的 NVH 表现形式主要有三种。一是汽车在特定行驶工况下或者发动机怠速时激起转向盘抖动，以及由于制动管路压力波动、制动器摩擦副受热蠕变和接触不均匀产生的制动力矩波动引起转向系统的振动。转向盘抖动易造成驾驶人的疲劳，导致操作错误，造成交通事故，而且转向盘抖动会引起各零部件的振动，造成零部件过早损坏，降低了汽车的可靠性。二是电动助力转向器助力电动机产生的振动和液压动力转向器的振动导致转向系统的振动。三是汽车以一定的车速行驶时引起转向轮摆振。转向轮摆振对汽车的操纵稳定性、行驶平顺性、动力性、燃油经济性和安全性都有不利影响。

汽车转向系统设计匹配不合理会引起汽车行驶时转向盘抖振以及车身共振，此外还会导致转向轮摆振，在特定的制动工况下还会产生转向系统抖动。降低转向系统振动和噪声的方法是降低外部对转向系统的激振力，尽可能地使转向系统的固有频率避开外部的激励频率。

五、制动系统振动噪声

现代汽车广泛采用盘式制动器和鼓式制动器来实现汽车的减速甚至停车，或者使下坡行驶的汽车速度保持稳定以及使已停驶的汽车保持不动。如果制动器的设计不合理或摩擦材料老化等，制动器制动时就会产生强烈的振动同时伴随噪声。汽车制动引起的振动噪声通常分为低频抖动、中频颤振和高频尖叫。低频抖动往往会恶化汽车制动平稳性，导致制动踏板、转向盘、仪表板及底板的振动，降低零件的寿命，严重时会造成零件的早期破损。中频颤振能引起悬架及传动系统的振动，并在车内产生低频噪声，影响乘员的舒适性。高频尖叫往往非常刺耳，它是城市主要噪声污染源之一。

制动噪声问题影响汽车制动平稳性以及乘坐舒适性，而且会造成环境噪声污染，对人们的健康产生影响，从而降低汽车品质和品牌形象，因此对制动引起的振动噪声现象的研究是非常重要的。

制动噪声的研究通常采用理论分析与试验相结合的方法。理论分析通常从摩擦振动、自激振动等角度对制动噪声发生机理和影响因素进行研究，它的特点是初始条件明确、求解过程缜密、分析深刻透彻,但它须采用很多理想化和单一化假设条件,对分析结果的可靠性和工程应用产生影响。试验研究方法从实际条件出发,能够直接获得制动器振动噪声的实际特征。试验测试与分析也是建立合理理论分析假设条件及建立可靠分析模型的基础,可以检验控制措施的实际效果。对制动噪声的研究一般把整个制动器看作一个整体,通过改变制动器部件的质量、刚度、阻尼或部件动态特性、耦合关系,消除制动器系统的噪声模态,从而降低制动噪声。

六、车身及其他附属装置

车身振动和车内的振动共鸣音与车身结构有密切的关系。汽车在行驶过程中,发动机转速、路面情况会不断变化,噪声会通过车身和车身缝隙的空气传入车内。为了减低车内的噪声,车身壁板采取了消声的措施来提高车身壁的吸声与隔声性能,例如板厚变更、加强板、加强筋、黏附阻尼层等。汽车使用过程中,车身密封性能逐渐下降,阻尼材料逐渐老化污染,汽车消声性能不断下降,所以维护和更换车身结构、清洁污染或更换老化的阻尼材料,可以保持车身的降噪功能。

车内的噪声是车身结构和车内的空气之间复杂的耦合共振产生的,实现最佳的降噪效果不太容易。现代车身设计采用有限元法、边界元法和统计能量法等。

第三节 车内降噪

车内噪声产生的机理十分复杂,但都是由激励源、传递途径和声学响应这几个环节组成的。因此,要想控制噪声,应该从减小声源、隔断噪声的传递途径和声场内消声等几个方面入手。

一、声源识别

如前所述,车内噪声的形成包括三个环节:噪声源、噪声传递途径和响应声场。其中噪声源是车内噪声的源头,也是车内噪声控制的关键,因此声源识别具有重要意义。

声源识别是用试验方法估计和寻找机器产生噪声的声源,以便为噪声治理提供依据。车辆噪声源识别是指在有许多噪声源或包含许多振动发声部件的复杂声源情况下,为了确定各个声源或振动部件的声辐射性能,区分噪声源,并对其加以分等而进行的测量与分析。其内容包括两部分:一是确定噪声产生的部位、主要发声零部件以及各噪声源在总声级中所占的比例;二是要确定噪声源的特性,包括声源类别、频率特性、变化规律和传播通道等。

声源识别方法很多,车辆产生噪声的机理不同,对于不同声源的噪声应采用不同的识别方法。第一类是传统噪声源识别方法,包括主观评价法、铅覆盖法、分部运行法、表面振动速度法和近场测量法等。第二类是以现代信号处理技术为基础的噪声源诊断理论,典型的有时域平均法、相关分析法、倒谱分析法、阶次分析法、小波分析法等。第三类是以声强阵列技术为基础的噪声源识别方法,主要包括声强测试技术、声学全息技术。

1. 传统的噪声源识别方法

噪声主观评价法是从噪声对人心理影响的角度来度量噪声的方法,这就要求识别者对车辆的主要噪声源有一定的了解。主观评价法不能定量地给出噪声源贡献大小,对于多个贡献相差不多的噪声源,主观评价法不能够有效地识别。

铅覆盖法是用铅板将噪声源覆盖住的方法。高密度的铅具有很大的传声损失,在其内部加上吸声材料便可以大幅度地降低噪声源的噪声辐射。在发动机的噪声源识别试验中,用上述铅板将发动机主要噪声辐射表面和零件覆盖住,在同一工况下逐一暴露上述噪声辐射表面和零件。将发动机盖住后总的噪声降低了很多,而暴露某一噪声辐射表面或零件后,这个表面或零件便是主要噪声源。将总噪声和暴露后的噪声相减,便可以识别出被暴露的表面或零件的声压或声强级。

分部运行法是将机器中的运转零件按测量要求逐级连接并运行,再依次停止某些零件的运行,分别测量到这些零件的声级,通过声学计算,得出它们的声级在整个机器运行时总声级的占比,从而确定主要的声源位置。

表面振动速度(加速度)法的原理是:结构表面振动通常是噪声产生的原因,振动的强弱程度可以反映辐射噪声的大小。用加速度传感器拾取各零部件表面振动的加速度值,通过表面法向振动加速度的大小便可以确定辐射噪声的大小,从而确定主要噪声源位置。

近场测量法是将声级计靠近被测声源的表面测量其声压级的方法,这种方法很简便,通过比较声级计所测噪声的大小,便可确定噪声源的主次部位。但这种方法对噪声环境的要求比较高,且在发生混响的声场环境下测量的效果比较差。

2. 利用现代信号处理技术的噪声诊断理论

时域平均法是从噪声干扰的信号中提取周期性信号的过程,也称相干检波。对噪声信号进行整周期的截取与叠加,可以将信号中非周期成分或随机成分消除,以突出噪声信号中的周期成分。时域平均识别方法存在一些缺陷,一些非周期性噪声容易被剔除,因此不能完整有效地识别噪声源。

相关分析法是噪声信号在时域相关性的数学描述。相关分析一般要求分析原信号中的特征信号作为周期信号,对于非周期信号则无能为力。在车辆声源识别过程中,利用相关分析对整车噪声信号与某噪声源信号进行分析,确定两者之间的相关程度,从而确定噪声源对整车噪声的贡献大小。

倒谱分析法是对功率谱取对数后进行 Fourier 逆变换。倒谱分析法在车辆容易发生混响的声腔内有很大的应用。它能够将信号时域卷积的复杂关系转化为时延域的简单相加关系。

阶次分析是一个将频谱及时间历程与旋转部件的每分钟转动次数关联起来的工具,揭示振动与噪声机理。在旋转和往复式机械中,载荷的变动和运动部件的缺陷会引起振动,并相应的辐射噪声。振动的形态与机械运动及静止部件的结构特性有关。

小波分析法,所谓"小"是指它具有衰减性,而"波"则是指它的波动性,其振幅正负相间的振荡形式。它是一种时间窗和频率窗都可改变的时频局域化分析方法,这种特性使小波变换具有对信号的自适应性,克服了 Fourier 变换不能在时域和频域上局域化的缺点。

3. 以声强阵列技术为基础的噪声源识别方法

声强测试技术识别声源时,首先在近场选取包络面并划分网格,再用探头测量网格区域的声强。利用这些声强值就可以完整地描述出该发动机辐射噪声的声场特征,从而识别出发声部位。图 6-1 所示为声强分布图,可见曲轴箱外缘是发出噪声较大的区域。

声学全息技术是在噪声源附近建立一个参考平面,利用传声器阵列测量声压,通过互谱分析建立一个辐射声场的声压图,以识别噪声源及其详细特征。它的识别精度最高,但需要使用消声室和多组传声器,数据处理耗时又多,因此成本高。

图 6-2 是利用 42 个传声器组成阵列,在消声室内测量得到的声学全息图。测试结果表明,在主要关心的频率下,曲轴箱裙部是噪声最大的区域。

图 6-1　声强分布图　　　　　　　　图 6-2　声学全息技术的声源定位

二、隔声的方法降低噪声

隔振是指把机械或仪器安装在合适的弹性装置上以隔离振动的措施,即用构件将噪声源和接收者分开,隔离空气噪声的传播,从而降低噪声污染程度。采用适当隔声设施,能降低噪声级。

发动机是汽车零部件中的一个重要的振动噪声来源部件,发动机工作往往不可避免产生振动力,由于其同时受到燃气力和各种机械的激振力作用,使得全部结构处于振动中,结构振动还会形成辐射噪声。动力总成悬置系统作为整车系统中的一个十分关键的子系统,它性能设计的好坏将直接影响到整车振动噪声,也就会对整车乘坐舒适性造成直接影响。具备优良隔振能力的发动机悬置系统,不但能够有效地降低从发动机传递给车架的振动以及噪声,而且能够很好地保护动力总成,提高零部件的使用寿命,降低汽车维修成本。发动机悬置如图 6-3 所示。

图 6-3　发动机悬置

关于动力总成悬置系统激励及隔振性能的分析主要包括对系统的外部激励源与阶次、系统的固有特性分析(固有频率与振型)、振动耦合与能量分布及各方向的振动传递率进行分析。目前,活塞往复式发动机是在汽车上广泛应用的一种发动机。所以,脉冲点火激励以及不平衡质量所引起的惯性力以及力矩是发动机悬置系统的两种主要激励源。对于发动机采取纵置布置形式的汽车而言,悬置系统的振动主要是集中在垂直方向以及侧倾方向上。所以我们需要对系统在垂直方向以及侧倾方向上力的传递率进行计算和评价。

同时前置发动机的工作噪声对车内噪声影响最大,它主要是通过前围挡板传入车内,采用隔声壁可以降低车内噪声,由于隔声壁本身的振动还会增加透过声能,所以采用单层隔声壁的隔声效果往往不好。在结构工艺允许时,使用双层隔壁会显著提高隔声效果。

实际上,像汽车的前围板、地板,由于其上有许多穿线孔、安装孔等,既能引起风啸声又会大大降低透射损失,所以应努力给予密封。图6-4给出了三种穿线胶套的隔声效果比较实例。

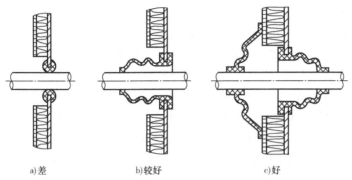

图6-4 三种穿线胶套的隔声效果比较

如果汽车的发动机罩位于车厢内,最好设计成双层结构,内层表面涂阻尼材料,两层之间填充吸声隔热材料,四周密封性要好。

再如汽车的风噪过大时,首先检查密封条性能是否良好。一般来说,开得越久的汽车,由于车门密封条的老化失效,在高速时风噪会越大。更换密封条,并给车门做一个隔声处理,加装消声棉和止振板,就是运用吸声、隔声、阻尼降噪的方法。

三、吸声的方法降低噪声

吸声法降低噪声是利用吸声材料或吸声结构来吸收声能以降低噪声的方法。大多数材料都有一定的吸声能力,一般把6个频率下(125Hz、250Hz、500Hz、1000Hz、2000Hz、4000Hz)平均吸声系数大于0.2的材料称为吸声材料。吸声系数是指材料吸收的声能与入射到材料上的总声能之比。

对传入车内的噪声,常辅以吸声处理,即利用吸声材料作内饰,吸收入射到其上的声能,减弱反射的声能,从而降低车内噪声。例如汽车发动机罩上配置吸声棉就是采用的吸声法。吸声材料和吸声结构的种类,主要有多孔材料、亥姆霍兹共振器、穿孔板吸声结构(包括微穿孔板吸声结构)、薄板共振吸声结构等。

多孔材料内部具有大量细微孔隙。孔隙间彼此贯通,深入材料内部且通过表面与外界相通。当声波入射到材料表面时,一部分声波透入材料内部向前传播,引起孔隙的空气运动,与孔壁发生摩擦,由于黏滞性和热传导效应,将声能转变为热能而耗散掉。多孔吸声材料的吸声系数 α 随频率增加而增加,故常用于中、高频吸声。按其所选材料的物理特性和外观,多孔吸声材料分为纤维材料和泡沫材料,而纤维材料又分为无机纤维材料和有机纤维材料,泡沫材料可以分为泡沫金属、泡沫塑料和泡沫玻璃吸声材料。汽车上常用的这类吸声材料有玻璃棉、毛毯及聚氨酯泡沫塑料等。

亥姆霍兹共振器是一种最基本的声共振系统。它是一种用来分析复音的仪器,是一套用黄铜制成的大小不同的球形共鸣器。每个球有大小两个口,使用时,把小口插在耳中,大口对着声源,接收传来的声波。如果传来的声波中有与该共鸣器固有基音相同的谐音,就发生共鸣,否则就听不到声音。当声波垂直入射到材料表面时,材料内及周围的空气随声波一起来回振动。当入射声波的频率接近系统的固有频率时,系统内空气的振动很强烈,声能大量损耗,吸声系数最大。当入射声波的频率远离系统固有频率时,系统内空气的振动响应很弱,因此吸声系数很小。可见,这种共振吸声结构的吸声系数随频率变化而变化,在共振频率处出现吸声系数的峰值。

穿孔板吸声结构即在薄板上穿孔并离结构层一定距离安装。它的吸声性能与板厚、孔径、孔距、空气层的厚度以及板后填充的多孔材料的性质和位置有关。它主要吸收中、低频的声能。若空腔无吸声材料,则穿孔板结构最大吸声系数为 $0.3 \sim 0.6$。穿孔率增大,则吸声系数峰值下降且带宽变窄。在穿孔板吸声结构空腔内放置多孔吸声材料,可增大吸声系数,并展宽有效吸声频带,尤其当多孔材料贴近穿孔板时吸声效果最好。

将薄板固定在骨架上,板后留有空腔就构成了薄板共振吸声结构。当声波入射到薄板结构时,在声波交变压力的作用下薄板被迫振动,板心弯曲变形,板内部的摩擦损耗将机械能变为热能。在共振频率下,消耗声能最大。板越厚,或者后面的空气层越厚,其共振频率就越低。如果在板后空腔内或骨架边缘填充多孔吸声材料,可将吸声频带展宽。

四、阻尼降噪

在一些容易引起振动的钣金件上,如地板、顶盖和前围挡板等,应涂以防振阻尼材料来减少噪声辐射,即进行衰减处理。

通常将材料内部在经受振动变形的过程中把机械振动能量转变为热能耗散掉的能力称为阻尼。这种耗散能力的大小用损耗因子来表示。

损耗因子又称损耗因数、阻尼因子或内耗、损耗角正切,是每周期耗散能量与在一周期内的最大储能之比。表 6-2 是几种材料的损耗因子。

材料的损耗因子　　　　　　　　　　　　　　　　表 6-2

材　料	损耗因子	材　料	损耗因子
钢铁	$0.0001 \sim 0.0006$	层夹板	$0.01 \sim 0.013$
铝	0.0001	砖	$0.01 \sim 0.02$
铜	0.0002	混凝土	$0.015 \sim 0.05$
有机玻璃	$0.02 \sim 0.04$	大阻尼塑料	$0.1 \sim 10.0$
玻璃	$0.0006 \sim 0.002$	阻尼橡胶	$0.1 \sim 5.0$
塑料	0.005		

图 6-5　离合器减振阻尼片

汽车上应用的阻尼降噪措施是在其上安装阻尼片。阻尼片又称胶泥或者阻尼块,是贴在车身内表面的一种黏弹性材料,紧贴着车身的钢板壁上,主要是为了起到减少噪声、减少振动的作用,即起到阻尼作用。所有小轿车里都安装有阻尼片,如奔驰、宝马等品牌汽车。图 6-5 所示为离合器减振阻尼片。

五、车内噪声的主动控制

噪声的主动控制(Active Noise Control, ANC)也称为有源消声,是根据两个声波相消性干涉或声辐射抑制的原理,通过抵消声源(次级声源)产生与被抵消声源(初级声源)的声波大小相等、相位相反的声波辐射,相互抵消,从而达到降低噪声的目的。其理论基础是声波的杨氏干涉理论。与传统的降噪技术相比,有源消声技术具有控制低频噪声效果好,控制系统体积小、质量轻,噪声控制更具有针对性,对汽车结构及工作特性的影响小等优点。

有源消声的概念是由德国人 Pual Lueg 提出的,1934 年申请专利,1936 年撰文阐明其基本原理,如图 6-6 所示。通过在管道上游采用前置传声器拾取噪声信号,经电信号处理后,馈送给管道下游的次级声源(扬声器),调整次级声源的输出,使其与上游原噪声信号的幅值相等、相位相反,从而达到噪声抵消的目的。但由于没有考虑声反馈等制约因素,直接按照其设想设计出来的系统无法正常工作。但作为最早的前馈有源消声系统,其方法为有源消声技术的发展奠定了理论基础。

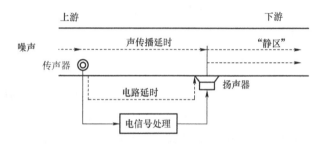

图 6-6　Pual Lueg 的前馈有源消声系统原理图

1953 年,美国 RCA 公司的 Harry Olson 等人研究了在室内、管道内和耳机内等不同情况下进行噪声主动抵消的可行性,还提出了与 Pual Lueg 控制思想完全不同的反馈控制结构。20 世纪 80 年代初,由于高速信号处理器的出现,人们开始尝试采用自适应滤波方法来实现管道有源消声系统。1987 年,英国 Lotus 汽车公司将自适应有源消声技术应用于轿车噪声控制,在发动机转速为 3000~5000r/min 范围内明显地降低了车内低频发动机谐振噪声,可降低车内轰鸣声 10dB 左右。日本日产公司 1991 年在其新型 Blue Bird 轿车上开始试验有源消声系统,可降低车内噪声 5.6dB。

由于噪声源和环境因素都是时变的,因此要想使主动控制系统跟踪它们的变化,实时调节次级声源信号以达到降噪目的并不容易。目前最常见的就是使用自适应滤波技术。

自适应滤波技术,就是滤波器通过自适应算法自动调节自身的传递函数,以使系统的目标函数(即残余噪声信号)达到极小值。自适应滤波技术能够使噪声控制系统连续不断地跟踪噪声源及环境参数的变化,自动调整控制器参数,从而保持系统在最佳工作状态下工作,由此构成的自适应噪声主动控制(Adaptive Active Noise Control, AANC)系统,能够自动调节次级声源发出的信号至最新状态,因此得到广泛的应用。

在进行噪声主动控制的过程中,传声器测得的信号不是单纯初级声源的信号,而是初、次级声源信号的混叠,从而影响了自适应主动控制系统的稳定性。另外,目前空间有源消声的试验研究主要是针对单频或窄带噪声信号。当初级声源是非线性、时变和宽带信号时,其算法不能保证消声系统的稳定性和消声量。

总的来看,有源消声方法对消声过程中能量转化机理等方面的研究仍不够深入,三维空间有源消声的研究仍处于试验阶段。

第四节　汽车 NVH 系统的仿真分析

以上汽车 NVH 性能的研究内容都是围绕着试验工作介绍的。随着多体动力学、有限元等理论的完善和计算机技术的发展,对汽车系统振动和噪声的仿真分析方法逐渐成熟,NVH 性能的仿真分析在整车研发、改进设计等方面开始发挥越来越重要的作用。

在整车研发过程中,整车水平的 NVH 性能指标(如驾驶人耳旁声压级)是通过 CAE 分析进行逐级向下分解的,并最终转化为零部件水平的具体设计指标(如车身接头刚度、衬套刚度等),由设计人员通过零部件的结构设计来保证。由于整车仿真模型的建立是与结构设计一起进行并逐渐细化的,因此可以在生产出样车之前就在计算机上实现虚拟试验,从而尽早发现并解决问题,缩短设计周期。

与试验方法相比较,仿真分析方法速度快、成本低、可重复性好,因此在改进设计阶段也被广泛利用,帮助指导并提出改进方案和措施。

一、汽车振动系统的仿真分析

早期对车辆系统振动进行研究采用的多是集中质量法,用理想的刚体质量、线性弹簧、阻尼元件建立整车模型[图 6-7a)],计算整车系统的模态和响应,进行汽车平顺性的分析。但集中质量模型与真实的车辆差别较大,尤其对于采用承载式车身的轿车而言,车身刚度较小,用刚体模型很难准确地预测车辆的振动。随着计算机技术的发展和系统动力学分析软件的完善,现在已经能够建立更准确的车辆振动系统模型[图 6-12b)]并进行更准确的分析。

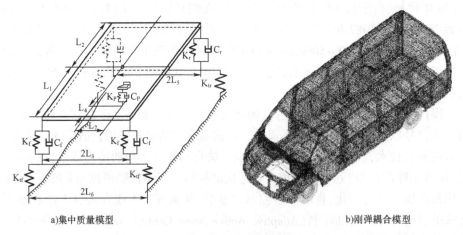

a)集中质量模型　　　　　　　　　　　b)刚弹耦合模型

图 6-7　整车振动系统模型

对于较高频率(40~200Hz)的 NVH 特性研究,由于车身、车架弹性模态的影响,系统既包括大范围的运动又含有小范围的变形,采用单一的理论方法建立模型非常困难,一般采用刚体、弹性体(也称为柔体)相结合的建模方法,即刚弹耦合方法。利用整车刚弹耦合模型进行仿真分析可以方便地获得车身、底盘连接处传递力等不易测量的数据,为车内声学响应预测提供了方便条件。

二、车内低频噪声的仿真分析

在车型的开发过程中,车身的 NVH 模型是逐渐细化的,从概念阶段到设计完善再到最后的审批,单元、节点的数目从 1 万可以发展到十几万甚至几十万。在此期间,汽车内部的噪声预测是通过对车身结构和封闭空腔之间声固耦合作用的模拟得到的。其数学模型必须能够反映出车身结构和车室内空气的动力学特性以及两者在边界上的相互作用,采用有限元方法可以有效地解决这一问题。

1. 建立声固耦合系统模型

将结构力学的有限元方法应用于车内噪声的计算时,需要进行相应的转换。通过对声学和结构力学平衡方程式的类比,可以发现流体压力相当于结构位移,流体的体积模量相当于结构材料密度的倒数,而流体密度则相当于结构弹性模量的倒数。这说明如果声学空腔用结构实体单元建立模型,只要材料的特性根据以上关系定义,并设置 Y、Z 方向上的位移分量等于零,求解结构力学的平衡方程式得到节点 X 方向的位移就是空腔中该节点的压力。

利用 MSC.Nastran 建立轿车声固耦合模型时,车身结构模型和车室空腔声学模型[图 6-8a)、b)]是利用 MSC.Patran 提供的壳单元和三维实体(六面体等)单元分别建立的。为了与车身结构模型相耦合,空腔表面的节点必须与车身结构节点全部重合,并定义两个模型中相重合的节点连接(耦合)在一起,保证它们在分析时一起运动,就得到了声固耦合系统模型,如图 6-8c)所示。

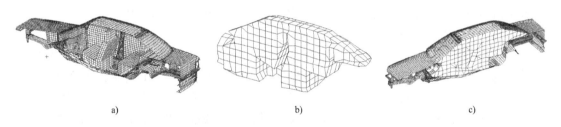

图 6-8 车室声固耦合系统模型

2. 车室声固耦合系统模态分析

车室空腔系统的声学特征表现为与固有频率和振型(声压分布)相联系的声学振动模态。强迫振动下车室内部各点的总压力响应取决于各个声学模态被激励的方式,车室空腔的共振会明显增大噪声响应。对声固耦合系统进行模态分析可以识别出系统的模态频率和振型,为预测并分析声学响应准备必要的条件。

3. 声学系统响应分析

车室内部噪声的预测是汽车 NVH 特性研究的重要内容。与耦合系统的模态分析相比,计算车身壁板振动引起的车室噪声可以获得更详细的设计资料,更有利于帮助评价结构改进的效果。

综上所述,利用 MB/FEM 建立整车 REC 模型和车室空腔 FEM 模型并进行仿真分析,计算出车身振动和车室内部声压,就可以评价不同工况下汽车的 NVH 特性,其基本步骤如图 6-9 所示。

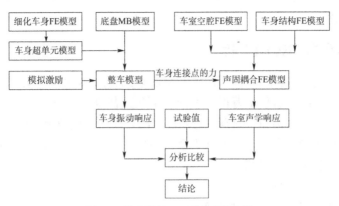

图 6-9　整车低频 NVH 特性分析流程

第五节　汽车 NVH 试验

汽车 NVH 试验研究是随着汽车工业的发展和人们对汽车乘坐舒适性要求的提高而逐渐发展起来的。试验研究是汽车 NVH 性能研究的重要方法。其研究内容包括整车及其零部件振动噪声目标值的标定、车辆振动噪声源的识别、车辆振动噪声传递路径的分析、车辆振动噪声源贡献分析、模态试验、声品质评价等。

一、汽车 NVH 试验研究的应用

汽车试验研究对于新车型开发和现有车型的性能改善都起着重要的作用。对汽车特性的研究既贯穿于新车型的研发过程,也可以体现在现有车型的改进设计中。

1. 在新车型开发过程中的应用

在新车型的研发中,汽车特性研究可以看作是建立在计算机仿真分析基础之上的以汽车特性为设计目标的一种设计方法。在整车研发过程中,性能研究可以分为四个阶段。

第一阶段:调研并确定整车目标。通过对政府法规的要求、消费者的要求和竞争车型的性能水平的调研,制定新开发车型的标准。这个阶段一般通过对政府法规要求的查阅,新车型消费者市场问卷调研,同时对竞争车型进行性能目标值测试等手段,来获得所要设计新车型的性能目标数据,从而根据这些数据来制定新车型的目标值。

第二阶段:整车仿真分析并匹配子系统目标。根据整车性能目标值来确定各个子系统的性能目标值。子系统一般包括发动机、悬架系统、动力总成悬置系统、车身、座椅和转向系统等。例如车辆与路面之间产生的振动通过悬架系统传递到车身壁板,使壁板产生振动从而形成车内部噪声。在这个过程中,车身结构和车室内空腔可以通过数学模型来描述,即可以通过建立整车的模型来进行仿真研究。通过仿真,可以将结构实际的道路特性与子系统参数如悬架刚度等联系起来,这样就可以根据整车的性能目标值来确定各个子系统的目标值。但要注意,各个子系统目标值的确定要符合试验设计和可靠性设计的要求。

第三阶段:通过元件的结构设计实现子系统和整车的性能目标。第一,确定每个元件的详细特征,这些特征可能在以前的建模分析中没有表现出来,如连接孔、工艺、焊点位置等。第二,进行各个子系统元件的可靠性设计和多目标优化设计,改善汽车的特性,以确保结构元件的设计方案为最佳。第三,必须满足设计模型条件(如极限尺寸等),进行极限工况的校

核(如悬架撞击)。

第四阶段:样车的试验与调整。生产出样车后,就可以进行实车试验,试验一般在试验室中或者道路上进行,通过加速度传感器、传声器等对整车的目标值进行检验,从而根据测试产品的性能与设计目标之间的差异,进行必要的调整与修改。

2. 在现有车型性能改善过程中的应用

对现有车型的性能改善分三个步骤。

第一步:对于用户提出车辆存在的不明、异常的噪声振动进行测试,给出一定的主客观评价结果。这些工作要求对测量方法和测量仪器的掌握和正确运用。

第二步:根据步骤一的测试结果,对存在的噪声振动问题有了初步的了解后,进行噪声振动源识别、噪声振动源传递路径分析等试验方案的制订,进行试验分析,分析的试验结果可以与仿真计算的结果进行对比,使得故障诊断和噪声振动源的识别更加准确。

第三步:根据测试分析的结果进行有效的工程治理,实施降噪减振,达到客户的要求。实现降噪减振的基本方法有消除振动噪声产生的根源,切断振动噪声传递的路径。

二、与汽车NVH试验有关的硬件和软件

1. 声级计

声级计是最基本的噪声测量仪器,它是一种电子仪器,但又不同于电压表等客观电子仪表。在把声信号转换成电信号时,可以模拟人耳对声波反应速度的时间特性,对高低频有不同灵敏度的频率特性以及不同响度时改变频率特性的强度特性。因此,声级计是一种主观性的电子仪器。它是由传声器、前置放大器、衰减器、测量放大器、计权网络和显示仪表等组成的,如图6-10所示。它可以单独使用,利用表头指针指示测得的声压;也可以利用外接插孔,将测量信号输出给其他数据采集系统进行记录和分析处理。

a)声级计图　　　b)传声器　　　c)加速度传感器

图6-10　声级计组成

传声器是声电换能装置,有电容式、压电式、电磁式等多种形式。它将声压信号转变为电信号,也称之为话筒,其性能在很大程度上决定了测量系统的性能。为了模拟人耳听觉在不同频率有不同的灵敏性,在声级计内设有一种能够模拟人耳的听觉特性,把电信号修正为与听感近似的网络,这种网络称为计权网络。通过计权网络测得的声压级,已不再是客观物理量的声压级(称为线性声压级),而是经过听感修正的声压级,称为计权声级或噪声级。

2. 加速度传感器

加速度传感器是一种能够测量加速力的电子设备。加速力就是当物体在加速过程中作用在物体上的力。加速度计有两种:一种是角加速度计,是由陀螺仪(角速度传感器)的改进的;另一种就是线加速度计。

汽车NVH研究中经常用到单向振动加速度传感器和三向振动加速度传感器。

三、汽车 NVH 试验简介

1. 整车 NVH 试验

整车 NVH 试验是为了采集驾驶人耳旁噪声数据和整车各振动噪声激励源和响应点振动噪声数据，为下一步对各振动子系统进行频谱分析、阶次跟踪分析，进而为优化设计、改进各振动子系统和为整车噪声主动控制做准备，最后能有效改善整车 NVH 性能。

通过整车试验可以获取驾驶人耳旁噪声数据，座椅等处的振动，获取动力总成悬置主/被动端振动噪声数据，分析发动机悬置隔振率及传递函数等。同时通过频谱分析和阶次跟踪分析各子系统振动噪声特性，为下一步各振动子系统优化做准备。

利用实车进行道路试验测量乘员耳旁声压信号，是 NVH 性能研究的重要试验方法。一方面可以利用计权声压级直接评价车内噪声水平，另一方面通过对声压信号的频谱分析也可以确定其主要噪声源及其对噪声响应的贡献。

测量之前，应使用声级校准器对声级计进行标定，并测量背景噪声是否符合声学测试要求。道路条件、车辆状况、传声器布置等应符合国家相关标准的要求。

2. 基于工作模态法的动力总成刚体模态参数识别试验（图 6-11）

模态是系统本身的固有特性，是由模态频率、模态振型等模态参数构成的。如果获得了系

图 6-11 动力总成模态试验

统的模态特性，一方面可以直接评价系统的好坏，另一方面可以方便地获得系统在不同激励下的响应，因此识别系统的模态是汽车动力学研究的重要内容。对于 NVH 性能研究而言，需要识别动力总成刚体模态、车架的模态，车内空腔声学系统的声学模态等。

为研究动力总成悬置系统的动力特性，对悬置系统的动静态特性设计和优化，首先就要准确确定动力总成的模态参数和惯性参数。现在通用的动力总成试验模态分析识别方法虽然行之有效，但是存在很多不足之处。主要是传统试验方法需要人工激

励，且测试数据大多是在试验条件下得到的，结构内部各部件之间的摩擦、间隙、外界载荷和边界条件这些因素都会直接影响到动力总成的模态，使得试验得到的模态与工作环境激励下的动力总成所反映出来的特性有较大差异，从而直接影响到动力总成悬置系统及其他总成部件的设计准确性。有限元法、三维数模计算法也存在类似问题且工作量较大。基于模拟整车工作模态分析技术来进行动力总成模态识别，可以有效地识别出动力总成的模态参数，为悬置系统优化设计提供更真实的参数，简化试验过程，并对发动机的模态设计进行分析。

通过工作模态方法在整车上对动力总成模态参数进行识别，由于动力总成属于低频大阻尼，且模态比较集中，故该方法能较好地识别出动力总成的刚体模态。为悬置系统的改进与设计提供指导。同时采用工作模态法得到的模态参数比传统自由模态法测得的模态参数更接近于动力总成的实际模态。试验过程得到简化，但是对试验数据的后处理需要较长时间，这也是该方法的一个不足。其为研究车辆动力总成及其他复杂总成的模态识别提供了思路。

3. 车架系统的模态测试（图 6-12）

汽车车架是汽车整体最重要的部分之一，承受着来自装载和道路的各种复杂激励，同时

汽车上许多重要总成件都是以车架作为载体。因此,车架的设计在汽车总体的设计中便显得尤为重要。这时,运用现代的分析方法,把有限元方法、模态分析方法和优化设计进行完美结合,对汽车车架进行动态分析和优化,以减少与非簧载质量耦合发生共振的可能性,提高整车的 NVH 性能,对汽车的设计具有重要的实际意义。

在汽车设计过程中,要使各系统的固有振动频率避开外界激励产生的频率范围,防止各系统与外界激励耦合发生共振,从而保证车架有足够的疲劳寿命并使整车有良好的 NVH 性能,对车架结构进行模态分析是解决是否需要改进车架结构以及怎样改进这些重要问题的依据和参考。

模态分析方法基本过程为:结构数学模型的建立,动态数据的采集及频响函数或脉冲响应函数分析,参数识别,振型动画。

图 6-12 车架模态试验

4. 驱动桥 NVH 试验

驱动桥总成是一个复杂的机构,其振动噪声的产生机理和原因也很复杂,影响驱动桥振动噪声的主要因素是主减速器齿轮副的啮合冲击,而驱动桥主减速齿轮副采用的是准双曲面齿轮,齿轮的加工精度和装配误差都会影响后桥的噪声水平。并且齿轮副啮合过程中各种振动的耦合,振动形式复杂,齿轮副的时变刚度和非线性也会对驱动桥总成动态性能产生影响。所以仅凭理论分析难以符合实际情况,通过台架试验可以测试驱动桥总成的振动噪声水平,并且结合有限元仿真分析提出合理的减振降噪措施。

本试验声压传感器的布置是根据汽车行业标准《汽车驱动桥台架试验方法》(QC/T 533—1999)规定,噪声测量所用声压麦克测点位置应根据主减速器最大外形尺寸而定,当最大尺寸不足 200mm 时,测点应在从动锥齿轮中心线垂直方向的延长线(啮合中心处)上距主减速器壳表面上方 150mm 处。不足 500mm 时,应在距主减速器上方 300mm 处。另设一个距后桥盖 200mm 位置的测点,放置一个声压传感器,用于测定后桥盖的辐射噪声。加速度传感器是根据轴承的位置以及可能的振动较为明显的位置布置若干个加速度传感器,监测后桥总成运转时桥壳表面的振动情况,各传感器的布置方式如图 6-13 所示。

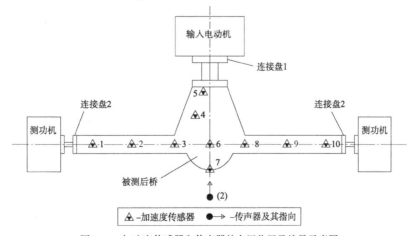

图 6-13 加速度传感器和传声器的布置位置及编号示意图

思考题

1. 什么是 NVH?
2. 汽车的主要激励源有哪些?
3. 汽车 NVH 理论仿真的主要方法有哪些?
4. 汽车 NVH 的主要测试手段有哪些?

第七章　发动机液压悬置

第一节　概　　述

　　发动机悬置即是指连接发动机与车架间的支撑块(体)。

　　汽车的舒适性(即 NVH 性)是汽车,特别是轿车的主要性能指标。引起汽车振动的振源主要有两个:一是汽车行驶时的路面随机激励,二是发动机工作时的振动激励。近些年,发动机悬置系统引起汽车设计人员重视的主要原因有:一是随着道路条件的改善和轿车悬架系统设计的完善,这方面对汽车振动的影响在一定程度上得到缓解;二是现代轿车的设计强调轻量化,采用了新型高强度轻质材料以图降低整车质量,动力总成的质量也追求轻量化,同时发动机在同样结构尺寸下追求大功率,使得发动机的振动加大;三是乘用车的发动机多采用平衡性较差的四缸四冲程发动机;四是轿车多采用整体式的薄壁结构车身,这样的车身弹性增加,振动趋势上升,发动机对车身的振动激励相对增加。以上诸多因素使得如何布置发动机悬置系统,以图获得较佳减振降噪效果的动力总成悬置系统设计,也从最初由经验设计发展成为一门科学。

　　如何有效地隔离发动机的振动向车架(身)的传递,是汽车设计的一个关键问题。从汽车的发展历史中可以清晰地看出发动机振动隔离技术的发展过程,如图 7-1 所示。

图 7-1　发动机悬置发展过程

　　最早的汽车是由蒸汽机驱动,于 1787 年美国伊文思发明,后来 1801—1803 年英国人特里维西克制造了蒸汽汽车,当时汽车没有弹性悬架,车轴直接连于车架,蒸汽发动机直接与车架连接,也没有变速器。

　　自 1846 年德国和法国研制出内燃机后,内燃机用螺栓直接连于车架。到后来,开始使用布垫、皮革作衬垫。

　　1925—1935 年,四缸直列发动机广泛应用,而四缸发动机平衡性较差,存在着严重的二阶惯性力和二阶转矩波动。制造厂意识到要把汽车舒适性同发动机悬置隔振性能优劣联系起来,设计制造了各种各样的橡胶悬置元件。

　　直到现在,橡胶悬置元件仍是汽车发动机悬置的首选元件,因为它结构简单、成本低廉、工艺制造容易,被轻型货车、中型货车和重型货车普遍采用。但是,由于橡胶悬置动刚度和阻尼特性很难满足发动机多工况宽频带隔振降噪的要求,并且橡胶材料耐温、耐油性能较差,用天然橡胶制成的减振橡胶块,通常不能在 70℃ 以上的高温下使用。由于其性能的局限,在轿车中使用受到了影响。

　　1962 年,美国通用汽车公司的 Richard Rasmussen 等率先申请了液压悬置的专利。从 20

世纪70年代末开始,世界各大汽车企业相继展开了液压悬置的研究和应用。1979年德国奥迪公司率先在奥迪五缸发动机上应用了液压悬置。之后仅仅几年时间,美国、日本、法国、韩国等国家都设计开发了液压悬置。国外液压悬置经过多年的发展,结构由简易到复杂,由被动式液压悬置发展到半主动式和主动式液压悬置,现已形成了多种类的液压悬置产品,如图7-2所示。

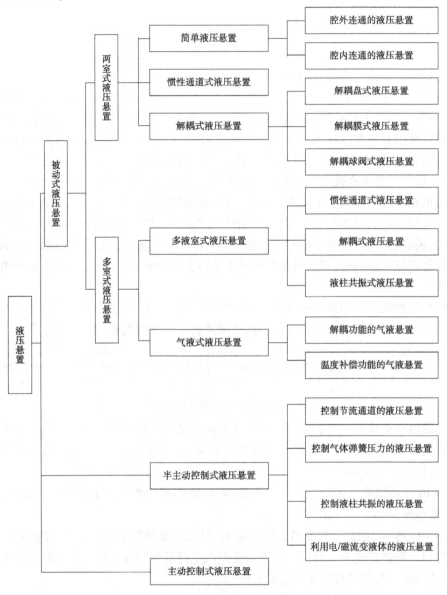

图7-2 液压悬置的分类

液压悬置的动特性优良。它的低频大阻尼、高刚度特性可有效地衰减动力总成的低频大幅度振动;其高频小阻尼、低刚度特性可以有效地隔离动力总成的高频振动,降低车室空腔噪鸣声(Booming Noise)。正因为如此,目前在国外,液压悬置已经广泛应用于汽车、船舶、飞机等。1985年,通用汽车公司规定,所有的A型和K型车,无论是四缸发动机还是六缸发动机,全部采用液压悬置。

国外有关液压悬置的研究始于 20 世纪 70 年代,它一经面世便受到各国汽车生产厂家及用户的欢迎和认可,各大汽车公司纷纷开发出了适合自己车型的具有 100% 知识产权的液压悬置产品。并已形成商品化供应,有专业配套厂系列化生产,根据主机厂提供的发动机参数和液压悬置的刚度、阻尼参数,专业配套厂组织设计开发生产,或从标准化系列产品中选择合适的液压悬置。到 20 世纪 80 年代末期,国外有关这一技术已基本成熟。并已形成设计、开发、生产以及计算机辅助设计/制造(CAD/CAM)一体化技术。

国外开发的液压悬置产品类型多种多样,可根据不同用途、不同车型选装相应的液压悬置。其中两室式惯性通道解耦盘(膜)占大多数,德国、美国、日本、韩国等国的汽车厂家均采用这种类型的液压悬置,日本也开发了节流孔式和液柱共振式液压悬置。

国内对液压悬置的研究始于 20 世纪 90 年代。1991 年,液压悬置随一汽奥迪轿车的引进进入中国汽车界。随着国内各大汽车厂家不断引进新的车型,液压悬置的应用也越来越广泛,像奥迪、桑塔纳 B5、上海通用别克、广州本田雅阁、江西全顺等车型都装有液压悬置,但都没有实现国产化,因而开展液压悬置的理论研究并研发出相关的替代产品有着很重要的使用价值。

第二节 发动机悬置的功能和基本要求

一、主要功能

(1)支承作用。悬置系统最基本的作用是支承动力总成,因此必须考虑动力总成质量及驱动反力矩引起的悬置变形,合理地分配每个悬置所承受的载荷,这样才能保证汽车动力总成处于合理的设计位置,保证整个悬置系统的使用寿命。

(2)限位作用。发动机在受到各种干扰力(如制动、加速或其他动载荷)作用的情况下,悬置应能有效地限制其最大位移,以避免与相邻零部件发生碰撞或运动干涉,确保动力总成正常工作。

(3)隔振作用。悬置系统应尽可能降低动力总成和底盘及车身之间的双向振动传递,满足整车平顺性和舒适性要求。

二、基本要求

(1)悬置本身应能承受正常的工作负载及变形而不损坏。
(2)悬置系统设计时要考虑能经受非常规的冲击及碰撞等。
(3)悬置系统应当能保护发动机及整车的相关零部件避免由于激振引起的损坏。
(4)悬置系统设计时必须要考虑允许的必要位移及变形而不引起干涉。
(5)悬置系统本身尽量避免对悬置连接点及缸体施加额外负载。
(6)悬置失效时应考虑充足的保护措施。

三、理想的动特性要求

(1)悬置具有较大静刚度,以支承发动机净重和输出大的转矩。
(2)悬置在低频下具有大阻尼、高动刚度特性,以衰减汽车起动、制动、换挡以及急加速、减速等过程中因发动机输出转矩波动引起的动力总成低频振动。

（3）在 7～12Hz 范围内具有较大阻尼，以迅速衰减发动机起动阶段低频大振幅的振动以及因路面激励引起的动力总成低频振动。

（4）悬置应在 25Hz 附近具有较低的动刚度，以衰减怠速振动。

（5）悬置在高频范围内（>50Hz），具有小阻尼、低动刚度特性，以降低振动传递率，衰减高频噪声，提高降噪效果。

（6）能够适应发动机舱的环境，造价合理。

从上述要求看到，对发动机悬置的要求很复杂，有些要求之间互相矛盾。传统橡胶悬置是无法满足这一要求的，液压悬置较好地满足了这一要求。

第三节　液压悬置结构和工作原理

图 7-3 所示为某汽车动力总成液压悬置，该悬置系统采用三点支承，前两点采用液压悬置，后点采用橡胶悬置。液压悬置类型为带补偿孔的被动式惯性通道—解耦盘式液压悬置，以下简称"全顺液压悬置"，本节就其结构和工作原理进行较详细的分析。

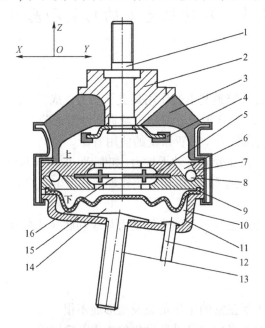

图 7-3　某汽车动力总成液压悬置结构

1-连接螺柱；2-金属骨架；3-橡胶主簧；4-缓冲限位盘；5-解耦盘；6-惯性通道入口；7-惯性通道体上半部分；8-惯性通道；9-惯性通道体下半部分；10-底膜；11-底座；12-安装定位销；13-连接螺栓；14-空气室；15-气孔；16-补偿孔

一、液压悬置的结构

目前，液压悬置的结构形式很多，但这些悬置基本的结构和功能是差不多的。典型的液压悬置具备以下几个特点：

（1）橡胶主簧用来承受动力总成垂向和侧向的静、动载荷，其体积刚度对液压悬置的动特性有重要影响。

(2)至少有两个独立的液室,能使液体在它们之间流动。

(3)两液室之间有能产生阻尼作用的孔或惯性通道,对于有解耦作用的液压悬置,还应有解耦盘或解耦膜。图7-3所示结构还包含补偿孔。

(4)液压悬置内部有液体工作介质,有些多室式液压悬置内部还有气室。

(5)液室与外部应有良好、可靠的密封。研究表明,液压悬置主工作腔内部最高压力能达到300kPa,任何泄漏都将导致液压悬置的性能降低甚至失效。

二、工作原理

当橡胶主簧承受动态载荷上下运动时,产生类似于活塞的泵吸作用。当液压悬置受到低频、大振幅的激励时,如果橡胶主簧被压缩,上腔体积减小,压力升高,迫使液体流经惯性通道被压入下腔;如果橡胶主簧被拉伸,上腔体积增大,压力减小,下腔内液体流经惯性通道被吸入上腔。这样,液体经惯性通道在上、下腔之间往复流动。当液体流经惯性通道时,惯性通道内液柱惯性很大,在惯性通道的出、入口处为克服惯性通道内液柱的惯性,损失了大量的能量,称之为"惯性能量损失"。它使得液压悬置能很好地耗散振动能量,从而达到衰减振动的目的。

由于橡胶主簧有一定的体积刚度,在压力增加时,会膨胀变形,占用一部分液体体积。同时,有一小部分液体经解耦通道、补偿孔流入下腔,这两个旁流对低频大振幅振动时的惯性能量损失有一定的负影响。

在高频小振幅的激励下,惯性通道内液柱的惯性很大,液柱几乎来不及流动。此时,由于解耦盘在小变形时刚度特别小,解耦通道内的液柱与解耦盘高速振动,上下腔的压力克服解耦通道内液柱的惯性力,而使得液柱具有的动能在解耦通道的入口和出口处被损失掉了。从而可以降低液压悬置高频动刚度,消除动态硬化。

三、液压悬置的静、动特性

液压悬置的特性主要表现在 Z 方向上,其他方向与橡胶悬置差不多,因此这里只着重考虑 Z 方向的静动特性曲线。图7-4所示为某车的液压悬置,图7-5所示为其静刚度(其中横坐标代表位移,纵坐标代表载荷),图7-6所示为解耦式液压悬置的动特性曲线。

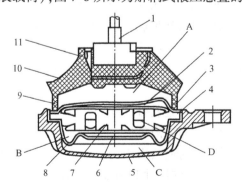

图7-4 带惯性通道的解耦盘—膜式液压悬置结构简图

1-连接螺杆;2-限位挡盘;3-橡胶膜;4-盘状支承圈;5-底座;6-下惯性通道体;7-上惯性通道体;8-橡胶底膜;9-橡胶主簧座;10-橡胶主簧;11-杯形骨架;A-上液室;B-下液室;C-空气室;D-惯性通道

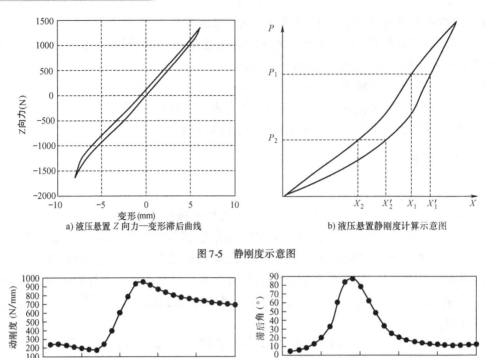

图 7-5 静刚度示意图

图 7-6 解耦式液压悬置的动特性曲线

第四节 液压悬置的发展方向

鉴于液压悬置的优良性能,人们对液压悬置进行了大量的理论分析和试验研究,并取得了很多有理论价值和实用意义的成果。国内外这一领域的研究内容包括:①液压悬置元件的研究;②动力总成—液压悬置系统对整车振动和噪声水平影响的研究。下面主要就第①点的国内外研究情况做一个简单的回顾。

被动式液压悬置元件的研究主要集中在三个方面:

(1)合理地设计橡胶主簧的结构和形状,以改善橡胶主簧内部的应力分布,提高其疲劳寿命,或者获得合理的刚度特性组合(垂向刚度、体积刚度)。

(2)研究具有不同结构的液压悬置的动刚度和阻尼的频率特性,并研究结构参数对其动特性的影响规律。

(3)针对不同车型和具有不同转速特性的发动机,以力传递率或位移传递率在某一频段内最小为目标,优化液压悬置的内部结构参数。

为改善被动式液压悬置的隔振特性,人们进行了一些有关液压悬置内部结构参数优化的工作。优化变量多为惯性通道孔的尺寸和内部阻尼,而以低频范围内位移传递率或力传递率的峰值最小为优化目标。

虽然被动式液压悬置的性能相对于传统的橡胶悬置有了很大的提高,但还存在一些缺点,这正是人们研究开发半主动式、主动式液压悬置的原因。从 1983 年世界上首次应用半主动式液压悬置以来,德国、美国、法国、英国等国家对半主动控制式液压悬置隔振技术开展了深入的研究,并开发出了多种采用不同控制方式的液压悬置。

一、被动式液压悬置

被动式液压悬置产品,按照其结构和性能可分为三代:阻尼孔式或惯性通道式液压悬置属于第一代,惯性通道+解耦盘或惯性通道+解耦膜式液压悬置属于第二代,惯性通道+解耦膜+节流盘式液压悬置属于第三代。从第一代到第三代,结构越来越复杂,但是性能越来越好。表7-1所示为被动式液压悬置发展过程。

被动式液压悬置发展过程　　　　表7-1

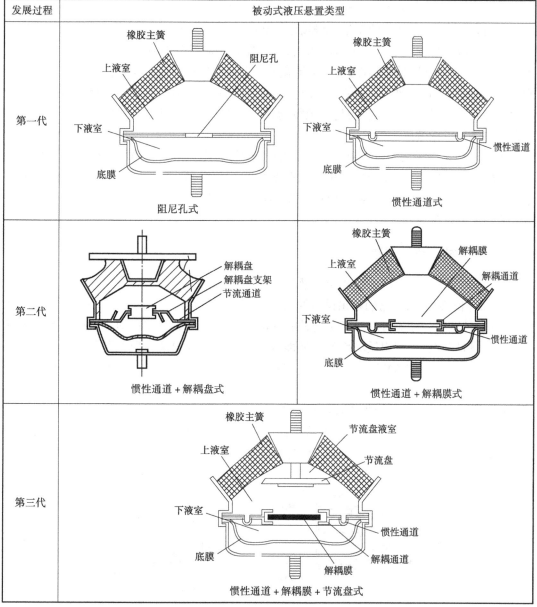

第一代液压悬置的两个液室之间为阻尼孔或惯性通道,其间液柱的惯性很大,当液体通

过孔或惯性通道时，在入口和出口处为克服液柱的惯性将会损失很大能量，同时环形的通道也会损耗一部分能量，从而可以衰减来自振源的振动。但当振源的激励为高频小振幅时，由于黏性液体与通道壁之间以及液体分子间的摩擦作用，液体流经惯性通道的阻力较大，液体几乎不再经惯性通道流动，产生动态硬化现象。出现动态硬化时悬置的动刚度急剧上升，高频隔振性能恶化，导致悬置的降噪能力较差，因此不能适应发动机的高频隔振要求。

第二代液压悬置在一定程度上改善了第一代液压悬置高频动态硬化的缺点。当激励频率<25Hz时，振幅较大，解耦盘或解耦膜靠向一侧的挡板，阻止液体通过，液体只能通过惯性通道在上、下液室间流动，惯性通道内的液体由于沿程损失和节流损失产生的阻尼起到显著的减振作用；当激励频率>25Hz时，振幅减小，惯性通道中的液体产生动态硬化现象，几乎不再流动，此时解耦盘或解耦膜产生微小的轴向振动位移，显著减小上、下液室的液体压力波动，有利于防止动态硬化的发生，可显著衰减汽车振动、降低车内噪声，提高乘坐舒适性。

第三代液压悬置增加了一个节流盘的结构，在高频时不仅解耦膜的振动会引起液体流动，由于节流盘与金属骨架刚性连接，节流盘的振动也会使得节流盘所分割开的两个液室之间的液体流动，从而耗散更多的能量。节流盘和解耦膜的共同作用，使第三代液压悬置相比于第一代液压悬置的高频动态硬化现象得到很大程度的改善，可以使悬置系统在更宽的频率范围内达到隔振效果。

由于被动式液压悬置在高频下具有动态硬化现象，使其减振降噪能力仍无法满足现代中高级轿车对车内舒适性的要求，解耦模式液压悬置虽然较好地解决了动态硬化现象，但由于解耦膜具有很强的非线性特性，导致悬置系统对阶梯信号和复合信号隔振效果较差，不能满足发动机隔振的要求。

二、半主动式液压悬置

半主动式液压悬置又称为"可调式液压悬置"，利用传感器采集车体和(或)发动机的加速度和(或)位移信号，当它们超出设定的阈值后，激发作动器，改变内部结构参数，优化动特性，实现最佳减振降噪的目的。半主动控制式液压悬置大多数是在被动式液压悬置的内部进行结构设计和调整，利用低功率的外界能源来实现对悬置内部参数的调节。典型的半主动控制式液压悬置有控制节流孔开度式、控制液柱共振式、空气弹簧式、电流变式和磁流变式等。

1. 控制节流孔开度式的半主动液压悬置

日本马自达公司最早提出的半主动悬置就是一种控制节流孔开度参数的液压悬置。悬置通过旋转电磁阀来控制节流孔的开度，进而调整优化悬置的动特性。其结构形式如图7-7所示。

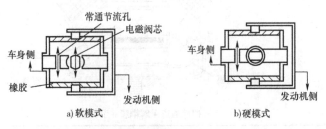

图7-7 采用电磁阀控制节流孔开度的半主动液压悬置

第七章　发动机液压悬置

汽车正常行驶状态下,高频小振幅激励占主要成分,电控单元旋转电磁阀,打开大直径节流孔以减小阻尼,降低悬置系统动刚度,防止出现动态硬化现象;在发动机起动、汽车加速、转弯、制动等准静态工况时,低频大振幅占主要成分,电控单元接受传感器信号,发出指令控制电磁阀旋转,关闭大直径节流孔,此时所有的液体须通过小直径节流孔在上下液室间流动,产生较大的阻尼,提高了悬置系统的动刚度,很好地衰减了动力总成的低频大振幅振动。这种悬置结构简单,控制方便。

2. 控制液柱共振式的半主动液压悬置

在低频大振幅激励时,控制机构根据采集到的发动机转速和悬置上下的相对位移信号,关闭中间的大节流孔,由惯性通道孔产生较大的阻尼,从而快速地衰减振动,在高频小振幅激励时,打开中间大节流孔,利用其液柱共振特性,很好地衰减 120～140Hz 范围内的振动,降低车室空腔噪鸣声。

图 7-8 所示为一种采用控制液柱共振方式来实现半主动控制的液压悬置,该悬置的控制阀门位置是一个电磁阀。它可以根据电控单元的指令在适当的时候开启阀门。由于它能更精确地控制阀门的开度和时机,因此可以获得更优良的性能。

3. 空气弹簧式半主动液压悬置

图 7-9 所示为空气弹簧式半主动液压悬置的结构示意图,其解耦膜与隔板形成一个空气腔,通过控制该空气腔的开闭来实现解耦膜的刚度控制,进而改变上液室的体积刚度,达到改变液压悬置动特性的目的。

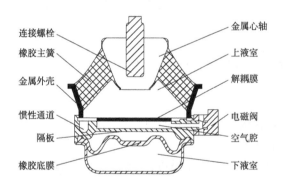

图 7-8　控制液柱共振式的半主动液压悬置

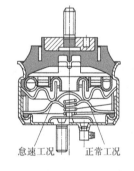

图 7-9　空气弹簧式半主动液压悬置

图中所示空气腔的开闭由电磁阀控制,电磁阀通过电线与发动机电子控制单元连接,电子控制单元以发动机不同工况下的转速作为输入信号,控制电磁阀的开闭。当电磁阀接通电源时,中心轴在电磁力的作用下克服弹簧的弹性力作用向前运动,将液压悬置空气腔与外界大气的通孔密封,此时该空气腔为密闭空气腔,解耦膜刚度增大,悬置性能表现为高动刚度、高阻尼,此工作模式为 ON 模式;电磁阀电源关闭时,电磁阀的电磁力失效,在弹簧弹性力作用下,中心轴被拉回到初始位置,液压悬置空气腔与外界大气连通,解耦膜刚度降低,悬置性能表现为低动刚度、低阻尼,此工作模式为 OFF 模式。

4. 电流变式半主动液压悬置

电流变液(ERF)是易于极化的介质均匀分散在绝缘连续介质中所形成的悬浮液或乳浊液,这种新型智能材料的流变特性和物理状态随外加电场的变化而改变。在一定的外加电场作用下,电流变液的黏度瞬间发生改变,甚至可在流动的液体状态与稠硬的固化状态之间变化。在固化状态下电流变液具有固体的部分特征,具有明显的屈服应力以及弹性模量;电场撤销后,电流变液立即恢复到可流动的液体状态,这一现象称为电流变效应。根据电流变液产生阻尼的方式,目前的电流变式半主动液压悬置可分为三种模式:流动模式、剪切模式和挤压模式。

图 7-10a)所示为电流变式半主动液压悬置,电流变液体在主簧的振动激励下通过狭窄的电极板往复流动于上、下液室之间。当电极板通电并控制极板间电场强度时,液体的流动就表现出一定的阻尼特性。电极板的电场强度可由控制器根据工况的需要进行实时控制和调节,使电流变液体的流动阻尼也可在一定的范围内变化,从而控制整个悬置的刚度和阻尼特性。图 7-10b)所示为电流变挤压式半主动悬置,主簧振动时会带动上极板挤压板间电流变液体,引起极板间液体形成流动,而在电场中流动的电流变液体又对上极板形成反作用。电场强度随工况改变而调节时,悬置的刚度和阻尼特性即可控制。

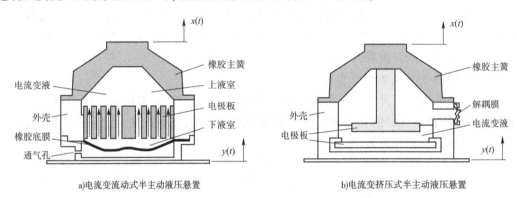

a)电流变流动式半主动液压悬置　　b)电流变挤压式半主动液压悬置

图 7-10　电流变式半主动液压悬置结构示意图

5. 磁流变式半主动液压悬置

磁流变液体也是一种新型的智能材料,其流变特性和物理状态随外加磁场的变化而改变。在外加磁场的作用和控制下,原来可以流动的液体在毫秒级的时间内变稠、变硬直至停止流动,达到固化,此时的液体具有固态的特征,即保持一定的形状、具有明显的屈服应力,或表示固体特征的弹性模量有明显的变化,而这种变化是可逆和连续的,这种现象被称为磁流变效应,是磁流变技术的理论基础。

2009 年美国 Delphi(德尔福)公司研制出一款动力总成悬置系统,其悬置元件采用一种新型的磁流变式液压悬置,结构剖视图如图 7-11 所示。磁流变式液压悬置利用内部磁流变液体的磁流变效应,即液体在磁场控制下,其黏度可发生明显变化,并且这种变化是可逆的、连续无级的和可以控制的。通过便于控制的磁场作为媒介来调控液体的黏度,达到调节系统阻尼的目的,它能根据实际的振动环境改变系统的阻尼值,主动地避免系统的共振,明显地削弱传递力的幅值,拓宽有效隔振的频率范围,实现最优的隔振目标。这款悬置系统不仅获得了良好的隔振减噪性能,而且很好地改善了乘坐舒适性和稳定性,减少了转矩瞬间突变对乘客乘坐舒适性的影响,提高了动力总成的牵引力以及稳定性,目前该磁流变式半主动液压悬置应用在 Porsche(保时捷)新款的 GT3 动力总成悬置系统中。

几乎所有半主动悬置的动力学响应对系统的结构参数都很敏感,需要严格的设计要求和制造工艺来保障,并且半主动悬置一般都用于改善低频时车辆的减振性能,不能满足车辆多工况的减振降噪要求。

第七章 发动机液压悬置

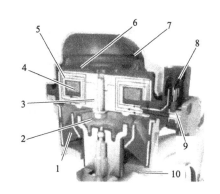

图 7-11 Delphi 新款磁流变式半主动液压悬置

1-橡胶主簧;2-液室;3-磁芯;4-电磁线圈;5-液体通道;6-橡胶底膜;7-装配底板;8-引线;9-传感器;10-车身连接件

三、主动式液压悬置

主动式液压悬置是通过作动器产生动态力,与发动机产生的振动进行叠加,以抵消发动机振动向车身的传递,从而可以获得最佳隔振效果。理论上来讲,可以使发动机的振动完全隔离掉,使车身的振动响应为零。

典型的主动控制式发动机悬置是由传统的液压悬置(或橡胶悬置)和微型作动器组合而成,另外还由传感器、数据采集系统、计算机、控制系统组成了发动机振动闭环控制回路。被动式液压悬置的主要作用是承受发动机的静态力以及在作动器失效时起到被动悬置原有的隔振作用。作动器能根据发动机的工况,在控制器的作用下产生相应的与激励信号同振幅、同频率的振动力。传感器主要作用是适时采集发动机和车身的振动信号,并传给计算机或控制器。

按照作动器的类型不同,主动式液压悬置通常可以分为以下几种。

1. 电磁式主动悬置

将电磁作动器集成到传统的液压悬置中,这就是电磁式主动悬置。电磁作动器是最常用,也是最先出现的作动器之一,其基本原理是当电流通过导体时,其周围的电磁场会相应地产生变化,与此同时,在磁场附近的通电导体也会受到相应的吸引力或排斥力。常见的作动器有螺线管作动器和音圈作动器。

图 7-12a)所示为螺线管作动器,它利用通电线圈产生磁场吸引铁芯产生运动。由于螺线管作动器借助通过线圈的电流建立磁场,它的电动机时间常数比较慢,常用作廉价开关阀。图 7-12b)所示为音圈作动器,它利用永久磁铁产生稳定的磁场,当磁场中线圈有电流通过时,就改变了磁场的平衡并对线圈产生和电流成正比的安培力。与螺线管作动器相比,音圈作动器有更大的带宽和行程,且没有机械迟滞,精度更高。更重要的是,音圈作动器的作动力和电流呈线性关系,有利于控制。

2004 年本田研发中心使用了图 7-13 所示的电磁式主动悬置,安装有高效率、低发热的线性电磁作动器。电磁式主动悬置应用在安装有 V6 发动机的车辆上,主动悬置控制系统如图 7-14 所示。检验在 V6 发动机闭缸变为三缸工作时,发动机振动的隔离情况,试验结果表明,发动机闭缸后,主动控制开通时传递载荷幅值比主动控制关闭时减少 10dB,获得了充分的振动隔离,为采用闭缸技术的 V6 发动机市场化起到了关键性作用。

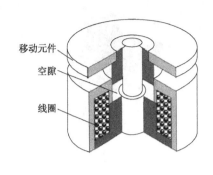
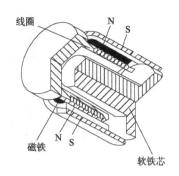

a) 螺线管作动器   b) 音圈作动器

图 7-12 两种类型的电磁作动器

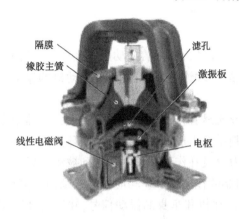
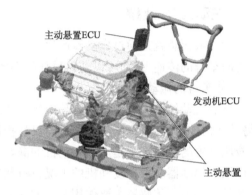

图 7-13 电磁式主动悬置剖视图   图 7-14 主动悬置控制系统

配备 4.0L-V8-TFSI 发动机(带有涡轮增压的燃油分层喷射发动机)的 2012 年款奥迪 S8 轿车,安装有新开发的电磁式主动悬置,如图 7-15 所示。如果发动机工作在四缸模式,那么由于点火脉冲减半,会使得车身振动更加剧烈。这个剧烈振动通过产生反向振动来抵消,反向振动就是由主动式液压悬置来产生的,其频率范围在 20~250Hz。

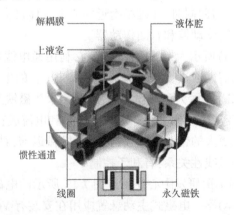

图 7-15 奥迪 S8 电磁式主动悬置

2. 压电式主动悬置

压电式作动器是利用压电材料的逆压电效应,通过施加外部电场,将电能转换成机械能的装置。压电式作动器的突出优点是反应时间短,响应速度快,频响可达几千赫兹或更高,驱动效率高,控制精度高,可达微米级或更低,可以与压电传感器做成一体。

1993 年日本普利司通公司 Takao Ushijima 和 Syoichi Kumakawaya 研制出一款压电作动器主动悬置,可以完全消除急速时四缸发动机二阶不平衡惯性力产生的位移,其结构如图 7-16 所示。它采集与车架连接处的位移(或加速度)信号作为差值信号,产生相应的电压信号作用给压电作动器。压电作动器是一个由多层陶瓷和电极相互交错组成的柱状体,在电压的作用下,产生一个很小的、与差值信号反相的位移信号(×10μm,长度越大,产生的位移就越大),经图示的液体幅值放大机构可以放大至 0.05 ~ 0.1mm,从而完全消除振动。压电作动器响应快,有着广阔的应用前景。

3. 电致伸缩式主动悬置

电致伸缩作动器与压电作动器的原理相似,所不同的是电致伸缩材料的特性是伸长的位移与施加的电压平方成正比,且电致伸缩材料几乎没有迟滞损失。2005 年,吉林大学史文库教授等人在主动控制作动器的智能悬置中采用电致伸缩材料,结构如图 7-17 所示,研究结果表明:对系统施加控制后,传递到车身上的振动大大减弱,在 6s 内振动力降到未施加主动控制时的 3%,20s 后降到未施加主动控制时的 1%。说明采用主动控制能有效地改善悬置的隔振性能。

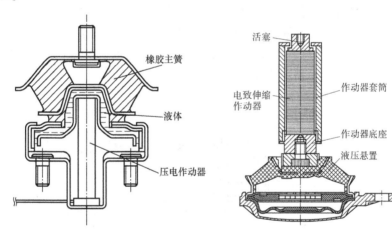

图 7-16 压电式主动悬置　　　　图 7-17 电致伸缩式主动悬置

4. 气动式主动悬置

气动式主动悬置是通过在气室中形成气体压力,实现液压悬置的动刚度和阻尼可调,从而使悬置满足不同激励频率段的隔振降噪要求。为了衰减更宽频率范围内的振动,2003 年法国 Hutchinson 公司 Gastineau 等人提出了衰减振动频率范围为 10 ~ 90Hz 的气动式主动悬置。图 7-18 所示是法国 Hutchinson 公司生产的气动式主动悬置。2008 年韩国东海橡胶 ChoiJae-Yong 等人研制了气动式主动悬置,如图 7-19 所示,通过控制器发出控制信号,控制电磁阀的开关,由于环境气体压力与真空压力存在压力差,当磁阀开启时,气流流入空气室。

气动式主动悬置与电磁式主动悬置和压电式主动悬置相比,虽然衰减振动频率范围有限,但是因为制造成本较低,Hutchinson 等公司已实现量产,安装到标致、丰田等部分车型上。

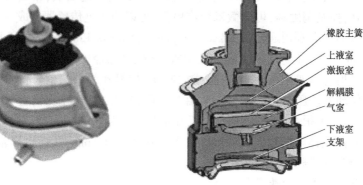

图7-18　Hutchinson公司的气动式主动悬置　　　图7-19　气动式主动悬置

5. 液压伺服式主动悬置

被动液压悬置是靠上下两个液室压力差来推动液体在惯性通道和解耦通道内流动,利用液体的节流损失和沿程损失来耗散振动能量。为了最大限度地优化上下液室的压力,可以将两个液室与外界液压泵相连,利用泵的压力驱动液体在两个腔之间流动,使作用在上液压的支反力与施加在其上的不平衡扰动力相抵消。

图7-20所示是液压伺服式主动悬置,伺服阀根据控制输入的指令,改变两位二通阀阀芯的位置,让压力油进入上储液室或下储液室,进而产生对中间隔板的推力和拉力。尽管该悬置是在原有通用的液压悬置上改造而成的,但是其隔振效果明显。试验研究表明使用该悬置后,汽车动力总成振动情况比被动式悬置降低了5~10dB。

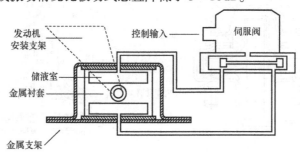

图7-20　液压伺服式主动悬置

6. 形状记忆金属式主动悬置

形状记忆合金(Shape Memory Alloy,SMA)是一种有特殊功能的合金,这种合金的形状被改变之后,一旦加热到一定的跃变温度,它又可以变回到原来的形状。形状记忆合金利用这种形状记忆效应工作,表现为随着温度变化材料的金相产生转化,从而表现为宏观的位移。

2002年加拿大人M.S. Foumani利用形状记忆合金的形状记忆效应设计了一种形状记忆金属式的主动悬置,如图7-21所示,此结构是利用形状记忆金属的特性来改变液压悬置的主簧刚度,提高悬置的隔振特性。

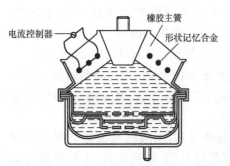

图7-21　形状记忆金属式主动悬置

主动控制式液压悬置要求系统响应快,作动器功率消耗大,价格昂贵,因而正处于研究期间,鲜有应用实例。

思考题

1. 什么是发动机悬置?
2. 橡胶悬置与液压悬置的区别在哪里?
3. 液压悬置结构和其工作原理是什么?
4. 半主动、主动液压悬置有哪些类型?

第八章　发动机双质量飞轮

第一节　概　　述

长期以来,振动和噪声一直是汽车工业界研究的重要问题。随着汽车行驶速度提高,振动和噪声问题日益突出,所以汽车的振动和噪声成为汽车设计中的一项重要课题。汽车的振动和噪声涉及环境保护和汽车行驶平顺性及汽车的可靠性。在声频范围内(20～20000Hz)的结构件振动是噪声源,同时振动还将引起某些部件的早期疲劳失效。此外,一定范围内的振动还将引起乘员的不适。因此,解决振动问题是降低噪声的根本所在。

要全面考虑解决振动和噪声问题,须从整车设计角度,包括发动机、传动系统、车身、内饰、悬架及各系统间匹配等各方面进行综合考虑。

事实上,汽车的动力传动系统是汽车振动和噪声的主要来源之一,其中主要部分便是动力传动系统中的扭振和扭振噪声。其中的一个重要原因就是动力传动系统的固有频率与常用车速下发动机激励的频率相近,从而传递并放大了来自发动机的振动,进而引起车辆其余部件的振动和噪声。同时,汽车设计中的轻量化和高效率、低阻尼的趋势都有增大汽车的振动作用。这种情况下,严格控制和阻止来自发动机的振动,降低传动系统的振动成为工程师们密切关注的问题。在过去的实践中汽车设计师们采取了许多行之有效的措施,其中一个重要而广泛使用的措施就是使用从动盘式扭转减振器。

传统的从动盘式扭转减振器对降低传动系统的扭转振动起了很大作用,其实质是在动力传动系统中引入低刚度环节,从而调整传动系统的扭振固有特性,把主要的低阶共振临界转速移出常用车速之外。

从动盘式扭转减振器的另一特点是利用其内部的阻尼元件增大了传动系统中的阻尼,从而衰减扭振能量,抑制扭振共振振幅,缓减由冲击造成的瞬态脉冲载荷。同时,它还能缓和怠速时由于发动机不稳定工作造成转矩波动带来的变速器内齿间敲击——怠速噪声。另外,在不分离离合器情况下紧急制动和猛接合离合器时,瞬时将产生巨大的冲击载荷。扭转减振器应能在这种不稳定工况下起作用,减小传动系统中的冲击载荷,改善汽车起步的平顺性及乘坐舒适性。

为适应和满足上述要求,人们在设计扭转减振器中采用了许多相应的结构,扭转减振器也由初期的单级线性刚度发展到今天的多级非线性刚度,涌现出许多结构、性能均佳的方案。

然而,由于从动盘式扭转减振器自身的缺陷,它不能很好地解决传动系统的振动和噪声问题。主要表现为由于从动盘式扭转减振器也安装在摩擦片内圈以内,结构尺寸有限,弹性元件分布半径小,变形范围小,因而扭转角度较小(一般在5°～10°)。在这种情况下,若降低扭转弹簧刚度,就难以确保容许传递的最大转矩。由于扭转刚度较大,难以将其共振频率全部降到常用发动机转速范围以下。此外,第二惯性轮惯量较小也是导致空载(怠速)时共振频率过高、怠速噪声较大的原因。

随着发动机低速情况下转矩向增大的趋势发展，利用离合器从动盘式扭转减振器降低噪声显得越来越不适应要求了。尤其是在目前形势下，人们对环境保护和舒适性提出了越来越高的要求。因此，人们开始寻找一种简单、易行但更有效的办法来衰减和隔离发动机传递到传动系统上的振动。双质量飞轮式扭转减振器正是在这种要求下产生的。图8-1所示为双质量飞轮式扭转减振器的基本结构。

双质量飞轮是20世纪80年代末在汽车上出现的一种新配置，英文缩写称为DMF(Double Mass Flywheel)。它对于汽车动力传动系统的隔振和减振有很大的作用。

双质量飞轮是当前汽车上隔振减振效果最好的装置。因此20世纪90年代以来在欧洲得到广泛推

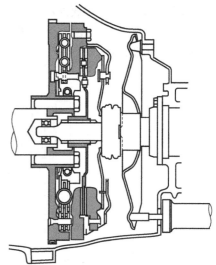

图8-1 双质量飞轮式扭转减振器的基本结构

广，已从高级轿车推广到中级轿车，这与欧洲人喜欢手动挡汽车和柴油车有很大关系。众所周知，柴油机的振动比汽油机大，为了使柴油机减少振动，提高乘坐的舒适性，现在欧洲许多柴油乘用车都采用了双质量飞轮，使得柴油机轿车的舒适性可与汽油机轿车媲美。在国内，一汽大众的宝来手动挡轿车也率先采用了双质量飞轮。现在国内对DMF减振器的研究颇为重视，早在数年前，一些汽车公司、高校和科研单位就开始在DMF领域进行探索和研究。但是，由于DMF减振器对动平衡要求较高，各零件的同轴度、配合精度及尺寸公差较为严格，受制造加工水平和一些关键工序(如：弧形弹簧制造、激光焊接等)的限制，迄今DMF减振器在国内还没有进入批量生产阶段，但为其国产化奠定了基础。现在国内中高档轿车上装备的DMF减振器，几乎都是进口产品。

第二节　双质量飞轮式扭转减振器的基本功能和要求

作为对离合器从动盘式扭转减振器的继承和发展，双质量飞轮式扭转减振器的具体结构虽与其不尽相同，但都应由第一质量、第二质量和扭转减振器三部分组成。第一质量与发动机曲轴输出端凸缘盘相连接，第二质量通过一个轴承(一般为深沟球轴承)安装在第一质量上，第二质量上又安装有离合器壳等。第一、第二质量之间通过减振器相连，工作时它们之间有相对转动。图8-2所示为离合器从动盘式扭转减振器与双质量飞轮式扭转减振器结构比较示意图。

双质量飞轮式扭转减振器不仅具有发动机飞轮和离合器从动盘式扭转减振器的全部功能，而且具有很多其他的特性。双质量飞轮式扭转减振器的优良性能在大量的试验分析中得到了充分的证明，与传统离合器从动盘式扭转减振器相比，效果明显，具体如下：

(1)传递特性。由试验测定结果可知，双质量飞轮式扭转减振器同时达到了减少在发动机实用转速区域内的转速波动与抑制共振两个目的。

(2)减少空载噪声。双质量飞轮式扭转减振器减少空载噪声的效果良好。与传统的离合器从动盘式扭转减振器相比，可以大幅度地减少转速波动，改善空载噪声。

(3) 减少加速时转速波动。经测试可知双质量飞轮式扭转减振器与传统的离合器从动盘式扭转减振器相比,在改善加速时噪声方面,大幅度地减少了转速波动,从而大大地减少了手动变速器的振动。

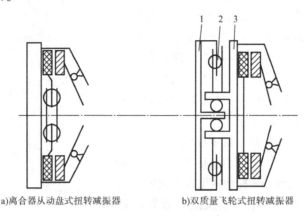

a) 离合器从动盘式扭转减振器　　b) 双质量飞轮式扭转减振器

图 8-2　离合器从动盘式扭转减振器与双质量飞轮式扭转减振器结构比较示意图
1—第一质量; 2—减振器; 3—第二质量

一、双质量飞轮式扭转减振器的优点

(1) 可以降低发动机—变速器振动系统的固有频率 f_c,以避免发动机处于怠速时发生共振。

系统固有频率 f_c 按两个自由度系统可表达为:

$$f_c = \frac{1}{2\pi}\sqrt{\frac{K(J_1+J_2)}{J_1 J_2}} \tag{8-1}$$

式中: K——减振弹簧刚度;

J_1、J_2——两个惯性圆盘的转动惯量。

由式(8-1)可知,当 K 一定, $J_1 = J_2$ 时, f_c 为最小。对于从动盘式扭转减振器,由于 $J_1 \gg J_2$,因此系统固有频率 f_c 不会太低,通常 $f_c = 40 \sim 70 Hz$,这相当于四缸发动机转速 $n_e = 1200 \sim 2100 r/min$,或六缸发动机转速 $n_e = 800 \sim 1400 r/min$,均高于怠速转速。对于双飞轮扭转减振器,其第二飞轮的转动惯量 J_2 与第一飞轮的转动惯量 J_1 之比可接近于 1,通常可取 $J_2/J_1 = 0.7 \sim 1.4$。而且由于减振弹簧的安装半径较大,可采用刚度较小的减振弹簧,于是可将发动机—变速器振动系统的固有频率降低到 $8 \sim 15 Hz$。固有频率 15Hz 相当于四缸发动机转速 $n_e = 450 r/min$,或六缸发动机转速 $n_e = 300 r/min$,均大大低于其怠速转速 n_i。当发动机转速与系统固有频率 f_c 时的临界转速 n_c 之比为 1 时便发生共振,此时振幅放大系数 β 为无穷大。为使 $\beta < 1$,应取发动机怠速转速 n_i 时的频率与系统固有频率之比 f_i/f_c(或 n_i/n_c)$> \sqrt{2}$。若取发动机怠速转速 $n_i = 800 r/min$,则对四缸发动机: $n_i/n_c = 800/450 = 1.78$;对六缸发动机: $n_i/n_c = 800/300 = 2.67$,即均可满足 $n_i/n_c > \sqrt{2}$ 的条件,即可避免发动机在怠速和以上的转速时发生共振。

(2) 可以加大减振弹簧的安装半径,降低减振弹簧刚度 K 并容许增大转角 φ。由于减振器置于飞轮内,空间尺寸比从动盘式扭转减振器有很大的增加。因而在结构布置上有更大的灵活性,由于弹簧分布半径较大,可压缩量增大,使极限转角增加,可选用较软的弹簧,减小减振器扭振刚度,从而降低传动系统的主临界转速,有望实现将动力传动系统的共振频率降到全部发动机实用转速区域内,大大降低振动的传递率,达到减振、降噪的目的。同时由于双质量飞轮的第二质量有较大的转动惯量,加之减振器刚度较小,使发动机处于二阶共振频率以下,从而减轻汽车的急速噪声。

(3)由于双质量飞轮式扭转减振器的减振效果较好,因此在变速器中可以采用黏度较低的SAE80号齿轮油而不致产生齿轮冲击噪声,并可改善冬季的换挡过程。另外,由于在从动盘上没有减振器,减小了从动盘的转动惯量,也有利于换挡过程。

(4)由于采用双质量飞轮后,空间变大,限制和约束减少,所以可以尝试着使用其他形式的弹性和阻尼,如液力阻尼、橡胶弹簧等,以期达到最佳减振效果。

(5)改善传动系统的布置,延长传动系统零部件寿命。由于双质量飞轮式扭转减振器的减振效果好,使得变速器、传动轴等零部件受到的载荷波动变小,有利于提高它们的寿命。同时还可以简化传动系统的布置,减少一些零部件,如离合器从动盘打滑控制系统等。

除具有优良的性能外,与其他一些措施,如液力/液压传动相比,双质量飞轮式扭转减振器还具有结构简单、成本相对低廉、对原有其他部件无须作重大更改等优点。

二、双质量飞轮式扭转减振器的缺点

(1)结构较离合器从动盘式扭转减振器复杂,加工制造困难且成本高。

(2)减振弹簧分布半径增大,在发动机高速转动下,弹簧径向的离心力和切向的变形量增加,使弹簧的磨损加剧。

原因如下:

①由于飞轮上靠近中心的位置用于安装与曲轴凸缘盘连接的螺栓和支撑第二质量的轴承,因此减振器弹簧在径向上向外移动了一定距离,使分布半径变大,因而,在同样的转速下意味着弹簧要承受更大的离心力。

②在同样的转速下,由于半径增大,弹簧在切向上的运动量也会加大,这也会加大弹簧的磨损速度。

③为了适应双质量飞轮式扭转减振器的功能要求,双质量飞轮式扭转减振器要吸收更大的转速波动,这也会导致弹簧运动量加大而加速弹簧的磨损。

双质量飞轮的工作性能已经远远超出从动盘式离合器,并且还有很大的发展空间,所以对该型产品要不断进行研发和改进,以使其性能不断完善。

第三节 双质量飞轮式扭转减振器工作原理

双质量飞轮式扭转减振器的实质在于:一方面由弹簧扭转减振系统,来吸收发动机输出转矩中所包含的变动转矩成分,将平均化的转矩传递给变速器,衰减扭转与振动有关的振动和噪声;另一方面,通过将飞轮分成不同质量的两块,使整个动力传动系统的固有频率大大降低,从而使发动机的工作转速范围避开共振区。

整体型飞轮的扭转特性分析如下。

建立如下的受迫振动微分方程组：

$$\begin{cases} I_0 \ddot{\phi}_1 = T\sin(\omega t) \\ \phi_1 = \Phi\sin(\omega t) \end{cases} \quad (8\text{-}2)$$

式中：I_0——整体型飞轮的转动惯量；

ϕ_1——I_0 的角位移量；

$T\sin(\omega t)$——发动机曲轴的正弦激励转矩；

ω——激励圆频率。

由上面的振动方程组可以很容易得出整体型飞轮扭转振动的角振幅频率响应关系式：

$$\frac{\phi_1}{T} = -\frac{1}{I_0 \omega^2} \quad (8\text{-}3)$$

分析双质量飞轮式扭转减振器的扭振特性，等价地将其结构简化成两自由度扭振系统，图 8-3 是采用干摩擦阻尼的 DMF 力学模型。

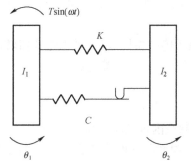

图 8-3 双质量飞轮扭转系统物理模型
I_1-双质量飞轮发动机一侧的转动惯量；I_2-双质量飞轮变速器一侧的转动惯量；θ_1、θ_2-分别为 I_1、I_2 的角位移量；K-双质量飞轮的扭转刚度；C-双质量飞轮的阻尼系数；$T\sin(\omega t)$-发动机曲轴的正弦激励转矩；ω-激励圆频率

根据双质量飞轮式扭转减振器的扭转系统简化模型，可以对其建立如下的系统受迫振动微分方程组：

$$\begin{cases} I_1 \theta''_1 = -K(\theta_1 - \theta_2) - C(\theta'_1 - \theta'_2) + T\sin(\omega t) \\ I_2 \theta''_2 = -K(\theta_2 - \theta_1) - C(\theta'_2 - \theta'_1) \\ \theta_1 = \Phi_1 \sin(\omega t) \\ \theta_2 = \Phi_2 \sin(\omega t) \end{cases} \quad (8\text{-}4)$$

对于此微分方程组，先求出 $\theta'_1, \theta''_1, \theta'_2, \theta''_2$，带回到式中消去 θ_1，就可以推导出下面的双质量飞轮式扭转减振器扭转振动的角振幅频率响应关系式：

$$\frac{\theta_2}{T} = \frac{K + jC\omega}{(K - I_1\omega^2 + jC\omega)(K - I_2\omega^2 + jC\omega) - (K + jC\omega^2)} \quad (8\text{-}5)$$

比较式(8-3)和式(8-5)所代表的整体型飞轮和双质量飞轮式扭转减振器的扭转特性，可以知道，在发动机的低转速工况下，双质量飞轮式扭转减振器对发动机变动转矩的吸收能力比整体型飞轮要大很多，而这部分通常为共振存在的区域。在发动机较高频率的工作范围内，双质量飞轮式扭转减振器的这种能力虽有所减小，但这时发动机的转速已远离共振区域。

由式(8-5)和图 8-4 可发现：与采用整体型飞轮相比，采用双质量飞轮式扭转减振器对降低动力传动系的扭转振动有着十分显著的效果。通过对双质量飞轮式扭转减振器的扭转特性进行最佳的选择和优化，确定其相应的结构性能参数，可以使发生扭转共振现象时的发动机转速下降到实际使用的工作转速范围以下，即发动机怠速转速范围以下，从而确保双质量飞轮式扭转减振器对发动机变动转矩的激励达到较理想的吸收能力。

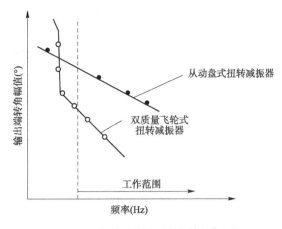

图 8-4　两种减振器输出端的扭转幅值比较

第四节　双质量飞轮式扭转减振器的结构介绍

早期的 DMF 与传统的离合器从动盘式扭转减振器(CTD)在结构上是相似的,都包括弹性元件、阻尼元件,一般都是用螺旋弹簧作为弹性元件,干摩擦作为阻尼器。所不同的是扭转减振器的位置由离合器从动盘转移到了发动机的飞轮中间,使发动机的飞轮由单飞轮演化成具有两个转动惯量的双飞轮。

双质量飞轮的产生,改变了以往 CTD 只能通过改进其刚度和阻尼特性来进行减振的局面,为动力传动系统的扭振控制提供了新的思路:可以通过改变惯量、刚度和阻尼来综合控制动力传动系统的扭振问题。一方面,弹簧刚度的设计不再受结构空间限制,可设计出满足要求的扭转刚度;另一方面,可以利用转动惯量和扭转刚度的变化来调谐动力传动系统的固有频率,减少共振车速的工况数量。

在多年的发展过程中,双质量飞轮式扭转减振器出现了多种不同形式。人们从不同的角度出发,研究解决实际应用中的一些问题,提出了各自的解决法案,最终使双质量飞轮式扭转减振器的性能不断提高。

双质量飞轮式扭转减振器的基本结构包括三部分:第一质量(第一飞轮),第二质量(第二飞轮)和两质量之间的减振器。第一质量与发动机曲轴输出端凸缘盘相连接,第二质量通过一个轴承安装在第一质量上,第二质量上还安装有离合器盖。第二质量可相对于第一质量转动一定的角度,两质量之间通过减振器相连,减振器由弹性元件和阻尼元件组成。

双质量飞轮式扭转减振器的分类如图 8-5 所示。

一、周向长弧形螺旋弹簧双质量飞轮(DMF-CS)

周向长弧形螺旋弹簧双质量飞轮(Dual Mass Flywheel-Circumferential Spring,DMF-CS)是目前世界上最具有代表性的双质量飞轮,由德国 Luk 公司于 1989 年研制。其弹性机构一般为两组或三组周向长弧形螺旋弹簧,如图 8-6 所示。两飞轮之间具有较大相对转角(一般可达 45°,甚至 60°),较好地解决了在有限设计空间内实现减振器低扭转刚度的问题,是 DMF 发展过程中的一次突破。弧形螺旋弹簧的设计和制造是 DMF-CS 减振器设计中的关键和难点。

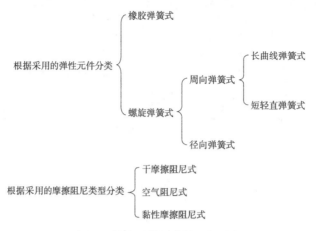

图 8-5 双质量飞轮扭转减振器的分类

由于汽车运行工况十分复杂，通常有起动、怠速、加速、行驶、减速以及熄火，同时有效隔离各种工况下的扭振传递非常困难。为满足上述多种工况的隔振要求，需要 DMF-CS 减振器具有多级扭转刚度。常见的实现多级弹性特性的方案是将不同直径、不同弧长的长弧形螺旋弹簧进行内外嵌套。也有在传力板上安装内置减振器与长弧形螺旋弹簧一起构成多级弹性特性。带内置减振器的 DMF-CS 能明显增加两飞轮之间的相对转角（图 8-7），具有更好的隔振性能。

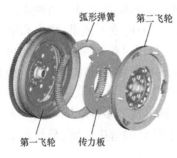

图 8-6 DMF-CS 的结构图

图 8-7 带内置减振器的 DMF-CS

二、离心摆式双质量飞轮

离心摆与 DMF-CS 减振器巧妙地结合在一起，形成离心摆式 DMF-CS 减振器，如图 8-8 所示。这种结构的双质量飞轮有两种实现方案：一种是将离心摆安装在第一飞轮上，另一种是将离心摆安装在第二飞轮上。离心摆安装在第一飞轮上时，它可同时对作用在附件上的激励起到减振作用，第一飞轮密封舱内的润滑材料也可以对它起到润滑作用，但所需离心摆的质量很大，为 3~5kg。离心摆安装在第二飞轮上时，不能对作用在附件上的激励起作用，但却可将离心摆的质量降低到约为 1kg。离心摆式 DMF-CS 减振器使得 DMF-CS 的性能更加完善。

图 8-8 离心摆式 DMF-CS 减振器

三、周向短弹簧双质量飞轮（DMF-CSS）

周向短弹簧双质量飞轮（Dual Mass Flywheel-Circumferential Short Spring，DMF-CSS）扭转减振器较多地沿用传统CTD的概念，如图8-9所示。为保证传递足够大的转矩，通常由多组弹簧共同工作，每组中的直螺旋弹簧借助于滑块和弹簧帽串联而成；为获得良好的非线性特性，通常将弹簧刚度设计得不同，起作用的时间也不一样，以满足减振器在各种工况下的需要。

DMF-CSS减振器的主要特点在于其特殊的弹性机构，可通过弹簧帽和滑块位置、弹簧个数和组合方式等多种手段进行调谐，更灵活地实现多级非线性弹性特性。ZF Sachs公司还生产出较复杂的带行星齿轮机构的DMF-CSS减振器，如图8-10所示。DMF-CSS减振器的缺点是：结构复杂、零件数目多，生产和装配困难，零件的制造精度要求较高。

图8-9 DMF-CSS的结构

图8-10 带行星齿轮的DMF-CSS

四、径向双质量飞轮（DMF-RS）

径向双质量飞轮（Dual Mass Flywheel-Radial Spring，DMF-RS）扭转减振器的结构特点在于减振弹簧为直弹簧，分组安装在由减振器侧板、从动板组成的沿飞轮径向的弹簧室中，其侧板和从动板通过两个传动销分别与飞轮的第一质量、第二质量相连，如图8-11所示。

当减振器不承受转矩时，弹性机构组件处于沿飞轮径向的初始位置；当减振器受到转矩作用时，第一飞轮、第二飞轮之间产生相对转角，而减振弹簧只产生简单的轴向压缩变形。这样布置弹簧使减振器扭转刚度随着传递转矩的增加而逐渐增大，获得理想的非线性弹性特性。与弹簧周向布置的DMF相比，DMF-RS减振器还有如下优点：弹性特性和阻尼特性比较稳定，受离心力的影响比较小，结构比较简单。其缺点是受径向尺寸空间的局限，直弹簧有效圈数较少，最大传递转矩有限，只能与小转矩发动机相匹配，其使用范围受到限制。

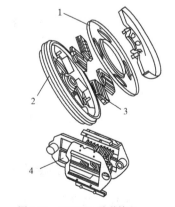
图8-11 DMF-RS及弹簧室
1-第二飞轮；2-第一飞轮；3-弹簧室；4-弹簧室细节

五、橡胶弹簧双质量飞轮（DMF-RuS）

橡胶弹簧双质量飞轮（Dual Mass Flywheel-Rubber Spring, DMF-RuS）用橡胶弹簧替代钢丝螺旋弹簧。由于橡胶的非线性弹性特性和自身的阻尼，使得减振器的弹性特性更为合理，结构更为简化。缺点主要是橡胶易老化，工作寿命有限，且长时间工作后，橡胶发热，阻尼力下降。图 8-12 所示为 DMF-RuS 的结构剖视图。

六、空气阻尼双质量飞轮（DMF-AD）

空气阻尼双质量飞轮（Dual Mass Flywheel-Air Damp, DMF-AD）通常多采用干摩擦阻尼或黏性阻尼，而 DMF-AD 采用空气阻尼来实现减振。DMF-AD 通常由三组行驶级弹簧和三组怠速级弹簧交叉布置，如图 8-13 所示。其中每组怠速级弹簧由两个端头、中间柱状橡胶块及两个弹簧组成，端头与柱状橡胶块形成封闭腔室，传递转矩时封闭腔室受压，空气经端头中间的排气孔排出，起到阻尼的作用。

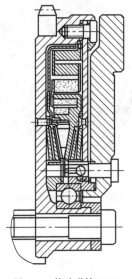

图 8-12　橡胶弹簧 DMF

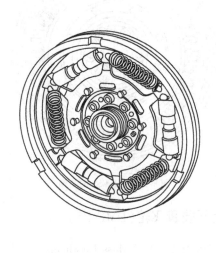

图 8-13　空气阻尼 DMF

七、液力阻尼双质量飞轮（DMF-HD）

液力阻尼双质量飞轮（Dual Mass Flywheel-Hydraulic Torsion Damper, DMF-HD）基本原理为：油路连接飞轮第一、第二质量，液压泵驱动油液传递动力，在不同的工况下，各阀体处于不同的工作状态，控制阻尼的大小，利用减振弹簧室来平缓转矩波动，并由弹簧室大小控制极限转角。DMF-HD 的性能优良，结构紧凑，但加工制造成本较高，控制系统复杂，如图 8-14 所示。

八、带有怠速减振级的双质量飞轮式扭转减振器

为使减振器在各种不同工况下均能很好地工作，在采用短轻弹簧的减振器中，人们常将弹簧分组，各组弹簧刚度不一样，起作用的时间也不一样，从而获得良好的非线性特性。带有怠速减振级的减振器将先起作用的一组弹簧刚度设计成很低，专门用于减缓怠速时的噪

声(图 8-15)。按其与摩擦阻尼元件的连接方式还可分串联式和并联式两种。前者的实际使用效果更好些,但结构复杂,设计和布置更难。

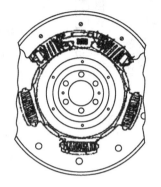

图 8-14　液力阻尼 DMF　　　图 8-15　带有怠速减振级的 DMF

九、采用限制弹簧位置的措施

为从根本上解决弹簧磨损问题,最好的办法是将弹簧与窗口隔开,使两者根本不能发生滑磨,这样既可使减振器弹簧寿命大为延长,可靠性也得到提高。具体控制措施有:在弹簧的中间安装可滑动式弹性支持架;采用变螺距减振弹簧,并安装保持架,有些还加装小型动力吸振器,这样既减轻了振动和噪声,还可获得变刚度特性;设置长的弹簧支座,使其具有弹簧导杆的作用,借以限制弹簧的位置,如图 8-16 所示。

十、基于形状约束的双质量飞轮(周向短弧)

在原结构及基本参数不变的条件下,基于形状约束的双质量飞轮具有更大的反抗转矩,对原半径 R_0 的圆弧段采用适当修正曲线,使形状改变后初级飞轮对弹簧座的约束反力方向偏转,则在不改变原来结构基本参数的条件下,可增大弹簧座对初级飞轮的作用力,从而达到非线性增大反抗转矩的作用,实现了所追求的低转速小转矩的柔性和高转速高反抗转矩大刚度的设计目的,如图 8-17 所示。

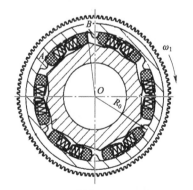

图 8-16　采用限位措施的 DMF　　　图 8-17　基于形状约束的 DMF

十一、磁流变液双质量飞轮

为实现双质量飞轮阻尼的可控可调,结合磁流变液在磁场作用下可瞬间发生变化的特

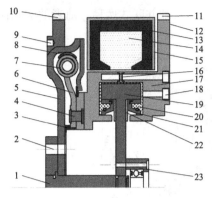

图8-18 磁流变液双质量飞轮
1-内转子连接轴;2-曲轴端连接孔;3-轴承;4-铆钉;5-第一质量;6-传力板;7-弧形弹簧;8-导向滑槽;9-转速传感器测点;10-起动齿轮;11-齿圈;12-离合器摩擦面;13-磁轭;14-励磁线圈;15-隔磁圈;16-隔磁环;17-外转子;18-注液孔;19-内转子;20-磁流变液;21-密封圈;22-隔磁环;23-支撑轴承图

性,在普通双质量飞轮上并联一个含磁流变液的阻尼装置,设计出新型的扭转减振器——磁流变液双质量飞轮,可通过改变线圈电流产生的磁场,实现双质量飞轮阻尼的可控可调。磁流变液双质量飞轮的基本结构及工作原理如图8-18所示。其主要由第一质量、第二质量、弹性部分和阻尼部分组成。其中,第一质量通过螺栓与发动机曲轴相连,第二质量通过离合器与变速器相连;第一质量、二质量之间并联有弹性部分和阻尼部分,弹性部分是指内外嵌套的长弧形弹簧结构,阻尼部分则是指带有磁流变液的阻尼装置,弹性部分的作用是传递第一质量、二质量之间的转矩,并对转矩波动进行一定的缓冲、衰减,而阻尼部分的作用主要是为传动系统提供一定的阻尼以衰减传动系统的共振幅值,如发动机起动和熄火过程中的共振。弹性部分和阻尼部分相辅相成,共同完成对传动系统转矩的传递和扭振的控制。

十二、多级双质量飞轮

如图8-19所示,1和10分别是初级飞轮和连接着次级飞轮的从动盘,双质量飞轮主要减振结构是由两组三个不同刚度的弧形弹簧3、5和8串联组成,而各个弹簧之间是具有一定刚度的弹簧座2、4、7和9,它们的作用不仅是连接两个不同刚度的弹簧,由于弹簧座中间留有足够的空间,在弹簧工作到极限位置时,座套的外围起保护弹簧的作用,弹簧座2和9同时也靠着初级飞轮和从动盘,起传递初始转矩的作用。工作过程简单描述为:发动机起动时带动初级飞轮转动,压缩弹簧座2(或者9),然后通过三组弹簧的传递把动力传递到弹簧座9(或者2),带动从动盘及次级飞轮。

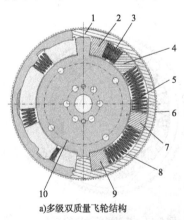
a)多级双质量飞轮结构

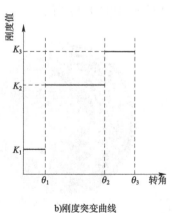
b)刚度突变曲线

图8-19 多级双质量飞轮结构和刚度突变曲线
1-初级飞轮;2、4、7、9-弹簧座套;3、5、8-减振弹簧;6-起动齿圈;10-从动盘

当发动机怠速或者汽车负载较小且运行比较平稳时,三个弹簧串联工作,其等效刚度为第一等效刚度;当发动机处于中载或者中等冲击的时候,弹簧3被压缩完毕,弹簧座2与弹

簧座4压紧,只有弹簧7与弹簧8串联工作,此时的刚度为第二级等效弹簧刚度;当发动机处于重载或者重度冲击的时候,弹簧3和5都被压缩完毕,弹簧座2与弹簧座4压紧,弹簧座4与弹簧座7也压紧,只有弹簧8独立工作,此时的刚度为第三级等效刚度。

十三、采用传力板限位装置的双质量飞轮

次级飞轮组件包括传力板,前壳体与传力板之间设置有限位装置,如图8-20所示。当初级飞轮组件与次级飞轮组件产生较大角位移时,那么限位装置能够阻止传力板继续转动,当前壳体与传力板之间产生过大转角,那么限位装置能够阻止传力板继续转动,限制前壳体与传力板之间产生的过大转角,避免弹簧产生过大转角,从而避免弹簧承受过大的转矩,在一定程度上延长了弹簧的使用寿命,延长弹簧使用的耐久性。

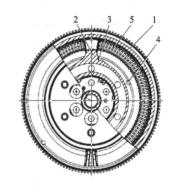

图8-20 采用传力板限位装置的DMF
1-前壳体;2-传力板;3-限位孔;4-限位销;5-弹簧

十四、设有阻尼系统的双质量飞轮

如图8-21所示,在驱动盘的前后分别连接有阻尼片,阻尼片1及阻尼片2的外缘端部分别设有卡扣,两阻尼片分别通过卡扣卡在驱动盘上;阻尼片1与驱动盘之间设有金属弹簧片。通过两片阻尼片卡扣的结构,并且增加金属弹簧片,能够在传动时有效减小振幅,减小振动传递,使用卡扣结构将两片相同的塑料阻尼片以及金属弹簧片扣在驱动盘上,在驱动盘的基础上只增加两种新件即实现阻尼要求。

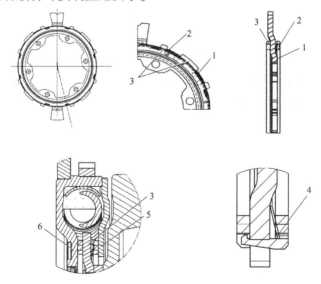

图8-21 设有阻尼系统的DMF
1-阻尼片;2-另一阻尼片;3-驱动盘;4-金属弹簧片;5-初级盖板;6-初级飞轮

十五、连续变刚度高转矩双质量飞轮

基于形状约束的连续变刚度高转矩双质量飞轮,可获得随扭转角增加而转矩特性非线

性增大的连续变刚度的良好特性和接合摩擦特性,降低和吸收扭转振动对变速器的冲击。在满足相同最大转矩的条件下,该双质量飞轮在小扭转角时更具有柔性,同时其减振弹簧承受的载荷更小,扭转角可设计得更大,进一步提高抗冲击的缓冲能力。

该连续变刚度高转矩汽车双质量飞轮在运行时,发动机的运动和动力通过起动齿圈1和初级飞轮2驱动第一弹簧座4,在减振器容置腔10内向前滑动,第一弹簧座4压缩减振弹簧6,使第二弹簧座5推动次级飞轮3转动,次级飞轮3再经离合器将运动和动力输入变速器。图8-22所示为连续变刚度高转矩双质量飞轮的结构示意图。

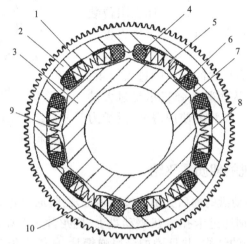

图8-22　连续变刚度高转矩 DMF

1-起动齿圈;2-初级飞轮;3-次级飞轮;4-第一弹簧座;5-第二弹簧座;6-减振弹簧;7-凸块;8、9-弧形过渡曲面;10-减振器容置腔

 思考题

1. 双质量飞轮的结构和工作原理是什么?
2. 双质量飞轮的主要类型有哪些?

第九章 车身

第一节 概述

汽车车身作为汽车的四大总成之一,既是驾驶人的工作场所,同时又是容纳乘客及货物的场所。随着市场竞争的日趋激烈及安全、能源等问题的日益突出,基于先进设计方法、制造技术的发展,现代汽车对车身的性能要求越来越严格。现代汽车车身不仅要满足舒适性、安全性、可靠性、视野性及美观性等的要求,还要符合轻量化、节能化、人性化及环境友好化等的标准。可以说,现代化的车身是综合各个学科、各个行业的高科技产物,现代汽车车身的设计与制造技术,已经完全突破了传统的设计与制造方法,达到了一个更高的层次。

现代汽车车身对于开发手段、制造技术、结构形式、材料选用及设计理念等的选择日趋多元化、复杂化。例如,计算机辅助技术、虚拟现实、并行工程等先进技术手段和设计理念应用到车身开发中来;大多数轿车采用非承载式车身结构,在保证各方面性能的同时还降低了车身质量;采用各种新型材料来制造车身以满足轻量化及安全性等的要求;通过先进电子设备的引入使车身更具人性化和舒适性,将驾驶人从枯燥的工作环境中解放出来。

随着目前汽车市场竞争的日益激烈,最快推出符合大众审美要求及具有先进性能的汽车,逐渐成为各个厂家争夺市场份额的重要手段。有时,为了尽快占领市场份额,各汽车生产商在对汽车底盘作微小改动的同时,通过开发出更加美观、性能更加优越的汽车车身,来推出更具市场竞争力的新车型。

第二节 空调

汽车空调系统是用来调节驾驶室和车厢内空气的温度、湿度和洁净度,并使车厢内空气流通的一种附属装置,它可以为乘车人员提供舒适的乘车环境,降低驾驶人的疲劳强度,提高行车安全。随着人们生活水平的提高,对空调会提出更高的要求,空调将具备全自动调节功能,使温度、湿度、空气新鲜度能同时达到要求,使乘坐人员更加舒适。目前高级轿车里配备的空调有全自动正负离子清新空调和双前座独立空调系统。

一、全自动正负离子清新空调

全自动正负离子清新空调,根据传感器信息智能化地控制着车内温度、扇转速度、空气流动分布和手动设置后的空气温度等。同时也满足分区温控,最大化地满足每一个乘坐人员的需要。具有清洁模式和负离子调节两种模式。可根据车内空气的质量自动进行清洁除菌和调节负离子浓度,使车厢内的空气始终保持清新。

空调打开后将自动选择两种离子模式之一,即清洁模式和负离子调节模式。当选择了清洁模式,此时空调发出正离子和负离子清洁车厢内的空气。每次开启空调,清洁模式约工作15min。当所选择的是离子调节模式时,空调会发出大量的负离子以调节空气中的离子平衡。

二、双前座独立空调系统

双前座独立空调系统是前面两座席具有单独的空调出风口,如图9-1所示,并单独控制,互不干扰,能够拥有个人专属的环境。有些高级轿车还搭配后座出风口,提供给乘客舒适与定制化的选择。

图9-1 双前座独立空调出风口

第三节 座 椅

先进的汽车座椅,必须满足调整便利性和舒适性两大要求。一般座椅都具有电动调节功能,驾驶人通过电动调节操纵,可以将座椅调整到最佳的位置上,以获得最好视野,得到易于操纵转向盘、踏板、变速杆等操纵件的便利,还可以获得最舒适和最习惯的乘坐角度。

中高档轿车的座椅如图9-2所示,主要功能有记忆功能、主动式头枕、八角度调节等。

1. 记忆功能

将电动座椅与车载电脑结合在一起,就可增加座椅的记忆功能,实现智能化管理。前一位驾驶人调好的座椅状态,后一位驾驶人使用时为确保舒适会进行重新调整,这时电脑会将前一位驾驶人调节参数存储保存,当前一位驾驶人重新乘坐时,只需要按动一个按钮,如图9-3所示,便轻松获得以前存储的适合个人需要的设定,可依驾驶人习惯及时自动调整高度及倾斜度,提高驾驶舒适性和行车安全性。

图9-2 座椅调整角度

图9-3 记忆座椅调整按钮

2. 主动式头枕

主动式头枕主要由两个机构组成:上端机构与下端机构。椅背下端的机构能够侦测乘客的背部压力,当车辆遭受后方追撞时,乘客的躯干压迫椅背,同时触发下端机构,而下端机构再借由椅背内部的信号电缆,迅速传递信号至上端机构。此时上端机构便会驱动头枕作出相应的动作:头枕向上位移动适当距离,同时向前方位移动适当距离,以确实承接乘客头部的向后甩动,降低颈椎可能造成的严重伤害,如图9-4所示。

第九章　车　身

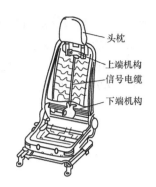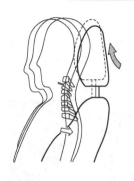

图9-4　主动式头枕防止追撞示意图

主动式头枕的另一个优点,是在动作完成后,会自动恢复到原来位置,以备下次使用,无须进行维修,其设计目的则是提供充分的头颈椎保护。据调查显示,配备了主动式头枕,可降低75%追撞所造成的颈椎伤害。

第四节　智　能　仪　表

一、光感应式自发光仪表板

传统的汽车仪表照明是利用普通小灯泡通过多次反射到仪表板,光线损耗大,且发光又不均匀。而且小灯泡容易损坏,需要经常更换,比较麻烦,也浪费钱。普通仪表照明是需要开灯操作仪表灯才亮的,给驾驶人操作带来不便。而光感应式自发光仪表板会依据日光强弱,自动控制仪表板亮度,光线强的时候不发光,光线暗时便发光,如图9-5所示,使驾驶人能够清晰地观看仪表数据,方便操作,有助于行车安全。

二、数字化仪表

数字化仪表,不同于普通指针式仪表,它将大部分信息以数字的形式表现出来,可以用来显示时间、日期、外部温度、收音机功能、CD功能、警告信息及驾驶人信息,以及燃油剩余里程、已行驶里程、平均油耗、当前油耗和平均车速等信息,图9-6所示为荣威550的数字化仪表。

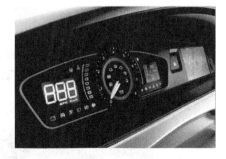

图9-5　雷克萨斯光感应式自发光仪表板　　　图9-6　荣威550数字化仪表

汽车数字化仪表是一种集微电子技术、计算机技术、LCD数字显示技术、现代电子传感技术等多种技术于一体的高新技术产品。数字化仪表板采用全屏彩色背景LCD数字显示和模拟显示,读数直观、准确,外观豪华、背景亮丽;由电信号取代原有的机械连接,使用寿命更长、可靠性更高;容易实现防盗、行车记录仪等多功能集成,仪表板布置更简单;便于和CAN总线连接,可以实现整车信息共享,符合汽车现代化发展的方向。随着数字化仪表板的发展,现在市场上比较主流的数字化仪表板主要有图9-7所示的几种类型。

步进电动机表头
2个、4个或6个表头
段码式LCD显示

中端市场
1~2个机械表头
点阵式LCD显示(单色)

高端设计
1~2个机械表头
用于显示驾驶信息的大屏幕彩色LCD

图9-7 几种数字化仪表板

三、抬头数字显示仪表

汽车抬头数字显示仪表又称汽车平视显示器(Head Up Display,HUD),是风窗玻璃仪表显示,它可以把汽车行驶过程中仪表显示的重要信息(如车速)投射到前风窗玻璃上,使驾驶人不必低头,就能看清重要的信息。这种显示系统原使用在军用战斗机上,飞行员不必低头,就能在风窗上看到所需的重要信息。目前,一些高级汽车将其移植到汽车上来。

抬头数字显示仪表的优点:驾驶人不必低头,就可以看到仪表中的信息,从而避免分散对前方道路的注意力;驾驶人不必在观察远方的道路和近处的仪表之间调节眼睛,可避免眼睛的疲劳;抬头数字显示仪能够使驾驶人的注意力集中在路面情况上,提高汽车驾驶的安全性。抬头数字显示仪表如图9-8所示。

图9-8 抬头数字显示仪表

四、地面投影显示仪表

地面投影显示仪表是把被发动机挡住的路面信息由摄像系统摄录之后投影到发动机罩上,相当于整个发动机是透明的,这样驾驶人可以在行驶过程中,观测到路面的信息,便于驾驶人躲避路面的障碍物,或者在停车的过程中观测到路面的情况。

第五节 中央门锁与防盗系统

中央门锁控制系统又称无钥匙进入系统。它为驾驶人提供了一个打开门锁的方便手段。同时,这个系统还可以控制除中央控制门锁功能外相关的行李舱、灯光和喇叭等。中央门锁控制系统配备的是智能钥匙系统,汽车智能钥匙系统采用了无线射频技术和车辆身份编码识别系统,应用小型化、小功率射频天线的开发方案,融合了遥控系统和无钥匙系统,沿用了传统的整车电路保护,真正地实现双重射频系统,双重防盗保护,提供了最大限度的便利和安全。

当驾驶人拿钥匙走近车辆大约1m以内距离时,车体外部的信号发射器即可识别到智能钥匙内置的ID码,门锁就会自动打开并解除防盗。随即汽车的关闭系统、安全系统以及发动机的控制系统全部被激活。接着座椅、转向盘和外后视镜便会自动调整到方便驾驶人使用的位置。如图9-9所示,当驾驶人进入车内时,车内检测系统会马上识别智能卡,这时只需轻轻按动起动按钮,就可以正常起动车辆,整个过程,车钥匙无须拿出,当离开车辆时,驾驶人必须按下锁车钮,如果闪光灯亮起,则表示车门已安全上锁。汽车上锁的同时,钥匙和汽车就会重新约定好一个新的指令信息,门锁会自动锁上并进入防盗状态。

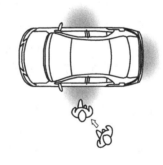

图9-9 智能钥匙

第六节 安全气囊与安全带

一、安全气囊

安全气囊有三个主要部分:传感器系统、气体发生器和气囊组件。汽车安全气囊是在发生碰撞后,非常短的时间内,ECU发出点火指令,气体发生器起爆释放气体,气袋重启后而形成的一个袋体,它能够减少汽车发生碰撞时由于巨大的惯性力所造成的对驾驶人和乘员的伤害,现代绝大多数汽车上都配备了前部安全气囊(正副驾驶位)、侧安全气囊(车内前排和后排），如图9-10所示，它的防护效果被人们普遍认识，得到了迅速的发展。

前部安全气囊中正驾驶位的气囊安装在转向盘的中间位置，副驾驶位的安全气囊安装在正前方的平台内部，在意外发生的瞬间可以有效地保护驾驶人和副驾驶位乘员的头部和胸部，因为正面发生的猛烈碰撞会导致车辆前方大幅度的变形，而车内乘员会随着这股强烈的惯性力向前俯冲，造成跟车内构件的相互撞击，另外车内正驾驶位置的安全气囊可以有效地防止在发生碰撞时转向盘顶到驾驶人的胸部，避免致命的伤害。

图9-10　车内前部、侧安全气囊

侧安全气囊系统是保护汽车遭侧面碰撞以及车辆翻滚时乘员的安全，一般安装于车门上，在车辆遭到侧面碰撞会导致车门严重变形，以至于无法开启车门，车内乘员被困于车内，侧安全气囊可以有效地保护车内驾乘人员免受来自侧面撞击导致的腰部、腹部、胸部外侧以及胳膊的伤害，保证身体上肢的活动能力和逃生能力。

在侧面碰撞时为了更好地保护乘员，辅助安装了车侧窗帘式安全气囊，车侧窗帘式安全气囊装在车门上或座椅扶手上，防止乘员受侧面撞击。保护前后座乘客，在车辆遭受侧边撞击时，为其提供最大安全保障。在中等至严重程度的侧面撞击中，传感器会感知到车辆在急剧加速，并将信号送达控制装置，使侧面窗帘式安全气囊立刻膨胀，从前排一直延伸到后排车顶与C柱的交接处，如图9-11所示，并且使驾驶人侧或乘员侧的座椅安全带预紧器作动。如果撞击发生于乘员侧，即使那一侧的座位上没有人员乘坐，乘员侧面窗帘式安全气囊也会充气膨胀。在会引起正面气囊膨胀的中等至剧烈正面撞击时，一个或所有侧面窗帘式安全气囊将会膨胀。窗帘式安全气囊能够为前后乘客提供大范围的头部保护。除为头部提供额外保护外，它还能够在碰撞发生时防止物体刺入车身内部。

这些前部安全气囊、侧安全气囊一般只能保护身体的上半身，如头部、胸部等，像腿部、腰部、骨盆这些重要的部分往往被忽略。随着整车被动安全重要性的深入人心，在一些高档豪华车中出现了高达三十几个安全气囊，从颈部、膝部，甚至是在车顶的两侧都会配有两条管状气囊，在意外情况发生时能够有效缓解来自车顶上方的下压力，配合侧面安全气帘能够有效地保护乘客的头部和颈部。例如膝部安全气囊，膝部安全气囊位于前排驾驶座椅内，如图9-12所示，在正面碰撞中，前排乘员的腿会被卷入仪表板和转向盘转向柱的下方，而膝部安全气囊则是保护腿的有效方法，一旦打开能够有效保护乘客的腰下肢体部位，从而也能缓解来自正面碰撞的前冲力。

图9-11　车侧窗帘式安全气囊

图9-12　膝部安全气囊

二、安全带

汽车安全带是在汽车上用于保证乘客以及驾驶人,在车身受到猛烈撞击时,防止乘客被安全气囊弹出时伤害的装置。安全带安装方式分为两点式、三点式、四点式。一般由织带、织带长度调节器、带扣锁、卷收器、织带方向转换装置以及安装部件等组成。

如图 9-13 所示,目前高级轿车都装有全车预紧式安全带,当汽车发生碰撞的一瞬间,乘员尚未向前移动时全车预紧式安全带会首先拉紧织带,立即平稳地将乘员安全固定在座椅上,然后锁止织带防止乘员身体前倾,有效保护乘员的安全。同时安全带的束力限制功能可以保持适宜的束缚力度,减轻对乘员胸部的压迫。

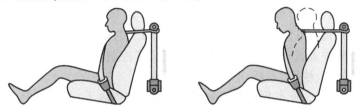

图 9-13 预紧式安全带预紧与放松状态

第七节 红外夜视系统

夜间驾驶能见度降低,被人们视为最危险的驾驶状态之一。夜间驾驶发生严重道路事故的概率是日间的两倍。特别是在道路情况比较复杂、光照较差的路面上行驶尤其危险。普通汽车前照灯近光灯的照射范围只有 30m 远,以避免影响逆向车道驾驶人的视线。所有光线没有直接照射到的地方,驾驶人都很难看清楚,或者根本看不见。因此,目前一些高档轿车安装了红外夜视系统,汽车红外夜视系统属于主动安全装备。

红外夜视系统主要由红外照射灯、CCD 摄像机、视频处理系统及车载显示器组成(图 9-14)。如图 9-15 所示,车前面安装着一个红外照射灯,灯发出不可见的红外线,当发出的红外线遇到障碍后会反射回来,反射回来的红外线被 CCD 摄像机接收到,经视频处理系统处理后在车载显示器上显示外界路况,使驾驶人能够清晰地看见道路情况,这样便可以提高行车安全性。

图 9-14 红外夜视系统　　　　　　　　图 9-15 某奔驰轿车红外夜视系统车载显示器

根据作用原理的不同,红外夜视系统可分为被动红外夜视系统和主动红外夜视系统。被动红外夜视系统是通过接收物体发出的不同能量红外辐射,并将信号进行放大,最后在显示装置上将物体的影像显现出来。被动红外夜视系统技术水平要求较高,显示质量也有所缺憾,更重要的是其作用距离难以满足汽车红外夜视系统的具体要求。主动红外夜视系统是利用其所携带的红外光源主动照射目标,使目标在视场中凸显出来。由于适当加大红外光源的功率,就可以有效增加其作用距离,因此,主动红外夜视系统十分适合视距在数百米至数千米的汽车红外夜视系统中使用。

第八节 后 视 镜

驾驶人在行车前或行车过程中通过后视镜观察车侧和车后情况时,有时需调节镜面以便获得最佳视野。电动后视镜具有很多功能,如电动调整、储存记忆、加热除霜等。

以往驾驶人需用手伸出车窗外调节后视镜,在行车、雨天等情况下调节很不方便,这种调节方式费时费力,很难方便地一次完成视角的调节。电动后视镜是目前高档汽车上普遍使用的调节装置,驾驶人在车内通过按钮,用电气装置控制转动部件,来调节镜面达到所需视角,这样的操作轻松、快捷、方便、正确。

记忆储存式后视镜。此类后视镜的镜面调节设计与驾驶人座椅、转向盘、内视镜构成一个系统,每个驾驶人可根据个人身高与驾驶习惯的不同来调节后视镜的最佳视角,座椅、转向盘最佳舒适位置,然后进行记忆储存。在其他人驾驶车辆后或被他人调整已记忆的视角后,驾驶人可以非常轻松地开启自己的记忆储存,所有内在设施就又恢复到对自己最佳的设定状态。

图 9-16 电动调节及加热后视镜

后视镜的加热除霜功能。当驾驶人在雾天或雨天行驶时,由于雾气导致后视镜镜面积雾、积霜或雨水侵袭会造成驾驶人对侧后方的视线不清,影响行车安全。驾驶人需用手伸出车窗外进行清洁镜面表面,这样极不方便,又是暂时措施,雾气及雨水又会马上使之模糊不清。因此,为了功能上的完备,保证驾驶的安全性及操作的方便性,设计采用加热除霜装置,当产生上述情况时,驾驶人就可方便地开启加热除霜按钮。图 9-16 所示为伊兰特电动调节及加热后视镜。

如果在夜间行车时遇到后方车的前照灯照射,可能会产生强烈的反光,造成驾驶人眩目。研究发现,眩光的影响,会使驾驶人的反应时间增加 1.4s,当汽车以 100km/h 车速行驶时,会使制动车距离增加近一倍,这对驾车来说是非常危险的。而采用防眩目后视镜,可以有效地解决驾驶人的眩光反应,保证驾驶安全。目前汽车所采用的防眩目技术主要有两种,中低档车多采用手动光学防眩目方式,中高档车一般采用电子防眩目后视镜。

手动光学防眩目后视镜表面上看起来和普通镜子没有什么两样,而实际上它是一种上厚下薄的劈尖型玻璃镜,并非平面镜。镜子的反射面与普通镜子一样镀上镜面反射层,其反射率接近 100%,平时使用后视镜就是通过该反射层的反光,看到后面的物体。当晚上行车时,遇到后面有跟车开前照灯的情况,可以将后视镜扳下来,转过一个角度,这个角度与镜子的劈尖角度相同,大约是 15°,这时所看到的是后视镜外表面的反光成像,因为外层是没有镀镜面膜的,有些是镀上一层半透膜,这样,从外表面的反射光大概只有入射光的 30%~50%,大大地减弱了后车前照灯的反射光,起到了防眩目的作用,当然,这时从镜子上看到后面的物体也是很模糊的,所以如果是倒车时,必须要把后视镜置于正常状态,图9-17是这种防眩目后视镜的原理图。

电子防眩目后视镜是在普通反射平面镜上面放置一块液晶屏,利用液晶通电改变透光率,起到减低反射率的效果。后视镜防眩目的原理是当强光照在后视镜上时,镜上的传感器把光信号传送给微处理器,经过信号处理,控制电路会使镜面变色,以吸收强光,削减强光的反射。随着电子技术的发展,现在的电子防眩目后视镜更集成了多种功能,不仅具有防眩目功能,还具有方向指南、温度显示和倒车显示等功能,如图9-18所示。

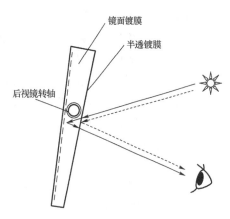

图9-17　手动光学防眩目后视镜原理

摄像机式后视镜是用嵌在车外后视镜相同位置的摄像机和架设在车内的显示屏代替传统的后视镜,摄像机将路面信息拍摄下来并实时传递到车内的显示屏上。摄像机式后视镜的优点:能提供更广阔的视野,提升驾车安全性,理论上讲,广角镜头加上优秀的图像处理技术有助于消除盲区;更符合空气动力学,降低风阻,减少油耗,即提升燃油经济性。但是,摄像机式后视镜的广泛应用也存在一些限制,其生产成本高于传统的后视镜,并且,取代侧向后视镜的摄像头,其视频实时性要求要比倒车摄像头高得多。摄像机式后视镜如图9-19所示。

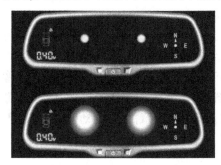

图9-18　电子防眩目后视镜(带指南针和雷达显示)

图9-19　摄像机式后视镜

第九节　倒车辅助系统

随着汽车的增多和停车位的日趋紧张,汽车使道路上有效的使用空间越来越小,由此引发的剐蹭事件也越来越多,尽管每辆车都有后视镜,但不可避免地都存在一个后视盲区,倒车雷达则可以一定程度上帮助驾驶人扫除视野死角和视线模糊的缺陷,提高驾驶的安全性,减少剐蹭事件。

图9-20　倒车雷达传感器安装位置

倒车雷达通常由超声波传感器(俗称探头)、控制器和显示器(或蜂鸣器)等部分组成。探头安装在汽车尾部,如图9-20所示。倒车雷达的提示方式可分为液晶、语言和声音三种,接收方式有无线传输和有线传输等。目前中高级轿车安装的都是可视的倒车雷达。驾驶人在倒车时，将汽车的挡位推到 R 挡，倒车雷达自动启动，在控制器的控制下，由装置于车尾保险杠上的探头发送超声波，遇到障碍物，产生回波信号，传感器接收到回波信号后经控制器进行数据处理，判断出障碍物的位置，由显示器显示距离、状态，如图 9-21 所示，并发出警示信号，从而使驾驶人倒车时做到心中有数，使倒车变得更轻松。当然障碍物的大小、方向、形状等也可以通过超声波测量出来，但受体积大小及实用性的限制，目前其主要功能仅为判断障碍物与车的距离。

图 9-21 倒车雷达显示器显示效果

但倒车雷达只能提供视野上的帮助，倒车还是需要驾驶人进行操作和判断。随着汽车技术的不断前进，智能泊车辅助系统的出现，使倒车辅助系统进入了新的阶段。当汽车经过或靠近停车位置的时候，智能泊车系统通过超声波传感器检测停车位置，并结合摄像头识别停车线，然后在显示屏上用线条标识出停车位置，只需要驾驶人进行确认，汽车就可以自动控制转向盘进行倒车入位。在整个过程中一直由超声波检测四周自动倒车，所以不用担心不小心撞到障碍物，这样就使得人们的驾车越来越轻松。

第十节　灯　光

近年来，氙气前照灯广泛地应用于汽车的前照灯。氙气前照灯也叫 HID 气体放电式头灯，它是用包裹在石英管内的高压氙气替代传统的钨丝，提供更高色温、更聚集的照明。由于氙气灯是采用高压电流激活氙气而形成一束电弧光，可在两电极之间持续放电发光，因此普通汽车灯泡的功率达到 65W，而氙灯仅需 35W，降低近 1 倍。这样氙气灯可明显减轻车辆电力系统的负担。汽车氙气灯的色温在 4000～6000K 之间，远远高于普通车前照灯灯泡。因其色温高、穿透力强，可以提高夜间的行车安全性。另外，氙气灯一旦发生故障不会瞬间熄灭，而是通过逐渐变暗的方式熄灭，为驾车者在黑夜行车中赢得紧急靠边停车的时间。

图 9-22　氙气灯与普通灯效果对比

如图 9-22 所示，氙气前照灯不会产生多余的眩光，不会对迎面来车的驾驶人造成干扰，这些都可以使驾驶人夜间行驶更为安全。

LED 灯也逐渐进入汽车的照明系统。LED(Light Emitting Diode)即发光二极管,是一种半导体固体发光器件,它是利用固体半导体芯片作为发光材料,当两端加上正向电压,半导体中的载流子发生复合引起光子发射而产生光。LED 可以直接发出红、黄、蓝、绿、青、橙、紫、白色的光。

汽车内外照明设备中用的最多的还是白炽灯,开始时 LED 可能只用于豪华型汽车,但慢慢会过渡到大多数汽车上。LED 与白炽灯相比有显著的优点,如寿命长、节能、光线质量高、结构简单、体积小等,设计者可以随意变换灯具模式。LED 的最大优点之一是具有很长的平均无故障工作时间,它的使用寿命一般都要超过汽车本身的寿命。

汽车中 LED 主要应用于两个领域:内部与外部照明。在 20 世纪 90 年代,有些新型的国产汽车仪表上也已采用 LED,主要用于充电指示,后来还应用于显示发动机转速状况,空调、收音机和电子开关,踏板照明灯,车顶照明灯等汽车内部照明设备。随后,用 LED 作高位制动灯,由于 LED 亮灯快,能及早让尾随后面的汽车驾驶人知道前方车辆的行驶状况,减少汽车追尾碰撞事故的发生。现在 LED 又逐步应用在车外的指示灯、前照灯、尾灯、倒车灯、第三制动灯及雾灯等。如图 9-23 所示,介绍了 LED 在汽车照明系统中的应用。

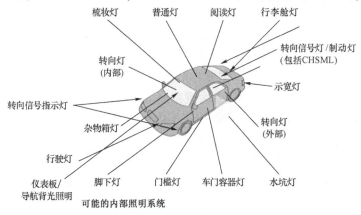

图 9-23 LED 照明系统应用示意图

面对夜间行驶时各种复杂的路况,智能照明系统更能提高行驶安全性,自适应前照灯系统(Adaptive Front Lighting System,AFS)就是其中之一,它是一种能够自动改变两种以上的光型以适应车辆行驶条件变化的前照灯系统,是目前国际上在车灯照明上的新技术之一,它对汽车夜晚行车安全起到了很大的作用。

AFS 主动式转向前照灯,能依据 AFS 的 ECU 收集到的转向盘角度、行车速度等信号,随转向盘转向角度、行车速度及车辆移动状况(颠簸或左右上下移动)等因素来自动调整前照灯角度照明至弯道内侧,在夜间弯道中获得最佳行进路线照明,协助驾驶人实时了解路况与判断危险所在。例如当汽车在紧急制动时,AFS 能够消除因车头向下导致的不当投射;而在加速车尾下沉灯光往上照的时候,AFS 亦能产生平衡效果;同时 AFS 可以确认路面的弯道弧度而调整车灯投射角度,并不是一直向前投射(图 9-24)。这样便可以

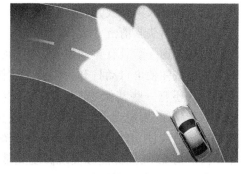

图 9-24 自适应前照灯系统(AFS)

让驾驶人在转弯的时候,能看到更多的东西,直接提升夜间驾驶的安全性。

此外,夜间行驶时如遇会车而不变灯,则会使车后驾驶人会有"眩光"现象,短时间内无法适应,极易酿成事故。使用自动会车变光装置可在夜间行车且发生会车过程中,自动将前照灯的远光变为近光,再将近光变回远光,这样就可以有效地避免这一现象。

第十一节　多功能转向盘

随着汽车科技的不断发展,特别是多功能转向盘的出现和不断普及,其上的各种功能性按钮,使得驾驶人不用离开转向盘就能完成各项操作,这样的设计不仅提升了车辆档次,对提高驾驶安全性也有很大帮助。

 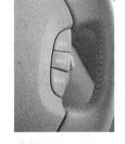

多功能转向盘可依驾驶人习惯及时自动调整高度及深度,减少了一些不必要的麻烦,提高了驾驶人操作方便性和舒适性。同时在转向盘拇指所及的位置及转向盘下侧增加了一些功能按键,一般有调节车内温度、控制车内音响系统、电子限速、接听蓝牙电话等功能,有的车型还把巡航控制开关也设计在了转向盘上,如图9-25所示。

图9-25　多功能转向盘

多功能转向盘的优点是驾驶人不需要有太大的动作,就可以控制车内很多功能,不仅操作方便了不少,更可以使驾驶人集中注意力观察前方路况,大大提高了行车安全。例如在一些高档车上的多功能转向盘,其不仅可以控制车内空调、音响等系统,还可以通过它使驾驶人了解汽车当前的行驶状况、有关技术数据以及距下次维护的里程数等。

如果转向盘功能按钮过多会显得有些复杂,因此大部分多功能转向盘的设计和功能都比较中规中矩,大体可以分为两类:三辐转向盘一侧带有功能按钮的和三辐转向盘两侧均带有功能按钮的。设计时要考虑功能区布局合理,尽量不会随着转向盘角度的改变而转动,选择最精炼、最必要的几个功能。这样简洁、大气的设计给驾驶人带来了方便,操作简单,易上手。

第十二节　电动天窗

轿车天窗具有便于通风、换气缓和、降温节能、降噪除雾、突显档次等功能,如图9-26所示。打开轿车天窗换气,可使车内空气新鲜,尤其是能让驾驶人保持头脑清醒,保证驾车安全。

电动天窗一般具有自动滑开、自动倾斜向上功能。驾驶人按按钮便可自动打开天窗并调整倾斜度。除此之外天窗还有一些其他功能。防夹功能:在运行过程中如遇障碍物,天窗会自动返回,从而避免意外伤害或损伤。自适应性功能:主要特点是在天窗的导轨不是很平滑的情况下,同样能够实现高度灵敏,这一特点对于降低天窗的制造成本很有利。随意记忆位置功能:

图9-26　电动天窗

长按开关键,到某一欲设位置,松开开关键,天窗自动记忆该位置,下次启翘/开启天窗时,它可以自动移动到该位置停止。熄火自动关闭功能:当点火开关转回到 OFF 位置或拔出车钥匙,此时若天窗处于非关闭状态,几秒后将自动关闭,关闭过程中,如遇到障碍物,天窗自动返回,然后再不判断障碍物而强制关闭。

有些车的全景天窗采用一个自感应的技术,会根据外部光线自动调节玻璃颜色的深浅,使驾驶人能够适应光线的变化。这些先进的技术可以使驾驶人操作方便,安全行驶。

思考题

1. 什么是汽车空调系统?汽车空调系统的作用是什么?
2. 目前轿车上配备的技术上比较先进的空调有哪两类?
3. 汽车座椅的记忆头枕的优点是什么?
4. 当车辆遭受后车追撞时,主动头枕是如何工作的?它的优点是什么?
5. 智能仪表主要有哪几种?
6. 汽车前部安全气囊的作用是什么?
7. 汽车侧面安全气囊的作用是什么?
8. 汽车安全带的作用是什么?
9. 汽车红外夜视系统的组成部分有哪些?汽车红外夜视系统的作用是什么?
10. 汽车后视镜的作用是什么?汽车后视镜上比较先进的功能有哪些?
11. 倒车雷达通常由哪几部分组成?倒车雷达的提示方式可分为哪几类?
12. 自适应前照灯系统(AFS)的优点是什么?
13. 多功能转向盘上一般会增加哪些控制功能?
14. 汽车的天窗有哪些较新的功能?

第十章 汽车轻量化

第一节 概 述

汽车轻量化是一个完整概念,是指汽车在保持原有的行驶安全性、耐撞性、可靠性、NVH性能,以及不增加成本的情况下,有目的地减轻汽车自身的重量。汽车轻量化是材料、工艺、CAE 技术的融合。有试验表明,汽车质量减轻 10%,油耗将降低 8%~10%,排放将下降 4%,同时,汽车轻量化直接提高汽车的比功率,使得汽车动力性提高,因此,汽车轻量化是有效降低油耗、减少排放、提升安全性的重要技术措施之一。

一、汽车轻量化是实现节能减排的有效手段

汽车燃油消耗与车重的关系很难用简单的数学关系式表达,但可以从理论分析和试验两个方面找到它们之间的关系。汽车行驶的阻力 F 可由下式表达:

$$F = Gf + G\sin\alpha + \delta m\alpha + \frac{C_d A v^2}{21.15} \tag{10-1}$$

式中:G——汽车重力;
　　　f——滚动阻力系数;
　　　α——道路坡度;
　　　δ——汽车旋转质量换算系数;
　　　m——汽车质量;
　　　C_d——空气阻力系数;
　　　A——迎风面积;
　　　v——车速。

由式(10-1)可知,汽车行驶阻力越大,燃油消耗越多。汽车行驶阻力包括滚动阻力、坡道阻力、加速阻力和空气阻力四部分,从式(10-1)可以看出,除了空气阻力主要与车身形状大小有关外,其他三项均与整车质量成正比。经验数据显示,空气阻力约占行驶阻力的25%。目前,减少这部分阻力的措施通常有流线型车身、全黏结风窗玻璃、隐蔽式刮水器、下地板全封装等。这些措施能将风阻系数降到0.3,但已到瓶颈。因此,从汽车行驶阻力来看,其他三项都与车重成正比,减轻汽车质量就成为减轻阻力从而节约燃油的重要措施。

汽车轻量化是当代国内外汽车工业发展的一个重要课题。

(1)在保证汽车质量和功能不受影响的前提下,最大限度地减轻各零部件的质量,降低燃油消耗,减少排放污染。

(2)在使汽车减轻质量、降低油耗、减少排放的同时,努力谋求高输出功率、高响应性、低噪声、低振动、良好操纵性、高可靠性和高舒适性等。

(3)在汽车轻量化的同时,汽车的价格应当下降或保持在合理水平,具有商业竞争能力,

即汽车的轻量化技术必须是兼顾质量、性能、价格的技术。

汽车轻量化对汽车技术的不断发展起到了重要作用。

二、汽车轻量化是环保的要求

在汽车市场蓬勃发展的同时,汽车尾气污染已经到了十分重要的程度,资料表明:2010年,我国大中型城市的汽车尾气污染已占大气污染的20%~40%。汽车尾气已经成为环境恶化的主要根源之一。我国也制定了一系列的法规限制汽车尾气排放,2005年4月27日,国家环保总局公布了5项更为严格的机动车污染物排放新标准,以代替原有的机动车排放和检测方法标准。按2005年美国环保局的数据,各个产业的温室气体排放情况如图10-1所示,交通运输业的温室气体排放量仅次于电力工业。这些数据表明,汽车工业节能减排对于一个国家的能源供应和环境保护都具有重要的意义。

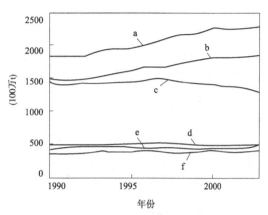

图10-1 美国各个产业温室气体排放情况
a-电力工业;b-交通运输业;c-工业;d-农业;e-商业;f-其他

汽车轻量化能有效减少汽车尾气排放总量。在发动机燃油效率、燃油质量、点火系统状态等条件不变的前提下,降低汽车油耗,汽车尾气排放量相应减少。我国汽车总量基数大,总的汽车尾气排放量减少是十分巨大的。因此,汽车轻量化对环境保护具有重大的影响。

三、实现汽车轻量化的主要途径

汽车轻量化技术可以分为结构优化设计、轻量化材料的应用和先进制造工艺三个主要方面。其中,结构优化设计方面包括:汽车结构的尺寸优化、形状优化、拓扑优化和多学科设计优化;轻量化材料的应用方面包括:高强度钢、铝合金、镁合金、塑料和复合材料等;先进制造工艺方面包括:液压成型和激光焊接等。

(1)轻量化的结构设计和分析,已经融合到了汽车的前期概念设计阶段。优化结构的主要途径是利用有限元和优化设计方法进行结构分析和结构优化设计,以减少零部件的质量和数量。由于计算机技术的飞速发展,目前利用CAD/CAE/CAM一体化技术可以准确实现车身实体结构设计和布局设计,对各构件的开头配置、板材厚度的变化进行分析,并可从数据库中提取由系统直接生成的有关该车的相关数据,进行工程分析和刚度、强度计算。这样不仅使得汽车开发周期大为缩短,研发投入大大减少,而且使开发的产品更为优秀可靠。

(2)轻质材料在汽车上的应用,包括铝、镁、高强度钢、复合材料、塑料等的应用,并在前期与结构设计融为一体,以及相应的装配、制造、防腐、连接等工艺的研究应用。据统计,汽车车身、底盘、发动机三大件占一辆轿车总质量的65%以上。一般全钢结构白车身通过优化设计可以减重7%左右,采用铝合金的车身可以带来减重30%~50%的轻量化效果,而想减轻更多的质量就只能借助于使用纤维复合材料。先进的加工工艺是为了应对材料和结构的变更,而提出的新工艺。

第二节　结构优化设计

汽车轻量化结构设计主要是在满足设计性能要求的前提下,尽可能使汽车零部件的材料在空间合理分布,避免不必要的材料利用,以获得最轻的结构设计。大多采用 CAE 技术对汽车的结构进行优化,使零件薄壁化、中空化、小型化、复合化。

结构优化设计分为尺寸优化设计、形状优化设计和拓扑优化设计。其中,拓扑优化设计是在设计空间内寻求结构最佳的传力路径,对提高汽车零部件综合性能和减少汽车零部件质量的效果较其他优化设计更突出。

一、尺寸优化设计

结构尺寸优化是应用最早,也是应用最成熟的一种汽车轻量化技术。它一般以汽车零部件的尺寸(如冲压件的壁厚、梁截面尺寸、减重孔的尺寸等)参数为设计变量,以满足不同工况下的刚度、强度、振动、吸能等约束条件,以结构质量最小为目标函数构建优化模型。

二、形状优化设计

形状优化主要是指改变结构的整体或者局部外形,使得结构受力更加均匀,从而更加充分地利用材料。

形状优化方法有两种,对于具有几何外形的结构,可以将结构的几何外形参数化,从而将形状优化转变为尺寸优化问题。但是对于汽车结构来说,更多的是具有不规则的几何外形,此时难以采用参数来描述几何外形,因此无法将其转化为尺寸优化问题,针对这种问题,目前广泛采用不需要尺寸参数的无参形状优化方法。

三、拓扑优化设计

拓扑优化以事先指定的设计空间的材料分布为优化对象,通过优化算法自动给出最佳传力路径,从而节省最多的材料。拓扑优化方法被认为是最具有潜力的结构优化方法,主要应用在结构概念设计阶段。目前提出的拓扑优化方法有多种,其中最主要的一种方法是变密度法。

拓扑优化将汽车零部件减重设计和汽车结构优化设计结合起来,进行零部件设计初期的概念设计,可以使得在满足零部件综合性能要求的情况下获得较轻的结构形式,指导设计者后期的设计,对于零部件结构形式的创新性设计和减重设计有着重要的帮助。由于在实际应用中,汽车零部件在工作过程中所受的载荷很多,需要考虑的设计要求也非常多,如刚度、模态频率和质量等。因此,使用多目标拓扑优化对汽车零件进行优化设计,有着重要的工程意义。多目标拓扑优化的主要任务是找到零件在多个目标下的最佳材料分布,使用多目标拓扑优化进行零件的初期概念设计,可以大大减少零件设计周期,减轻零件质量,为后期的详细设计提供指导。

现代汽车工业设计中,CAD/CAE/CAM/CAPP 一体化技术起着非常重要的作用,涵盖了汽车设计和制造的各个环节。合理地运用这些技术可以更加容易、更加快速地实现汽车轻量化设计与制造,也可以更加准确地实现车身实体结构设计、布局设计和检查各个部件之间的运动干涉等,对各构件的材料配置、板材厚度的变化进行优化分析,达到最为合理的材料配置,并可从车身实体部件的 CAD 数据中提取相关数据,进行工程分析以及刚度、强度计算等。此外,利用日益成熟与完善的 CAE 技术可以使计算机仿真模拟来代替实车进行试验,对设计的轻量化车身进行振动、噪声、疲劳和碰撞分析等,这些分析过去都得通过实车试验才能实现,整个过程节约了大量的开发成本且大大缩短了开发周期,另外通过优化车身、底盘、动力传动系统等大型零部件的整体加工技术和相关的模块化设计与制造技术,使设计的轻量化汽车从制造到使用各个环节都真正实现节能、环保。

第三节 轻量化新材料

采用轻质材料在目前看来具有更巨大的潜力,是汽车轻量化研究应用的主流。汽车行业普遍注重用开发轻量化材料来解决这一难题。在确保汽车综合性能指标的前提下,使用轻质材料来制造车身,可以很大程度减轻车身的质量。目前在国内外汽车上应用较多的轻量化材料有铝合金、镁合金、高强度钢、塑料及复合材料等。表 10-1 列出了某国中型轿车主要材料构成比例,从表中可以看出,汽车上使用钢铁材料的比例逐年减少,而使用铝合金等轻量化材料的比例不断上升。但是,高强度钢仍是颇具竞争力的汽车轻量化材料,它在抗碰撞性能、耐蚀性能和成本、回收等方面较其他材料仍具有较大的优势,尤其是用于车身结构件与覆盖件、悬架件、车轮等零部件。

某国中型轿车主要材料构成比例　　　　　　　　　　表 10-1

年份(年)	钢铁(%)	铝合金(%)	塑料(%)	其他材料(%)
1980	69	4	9	18
1990	60	5.5	12.5	20
2000	51	12	18	19
2010	44	16	20	20

现在已应用于汽车工业的轻量化材料可分为两大类:一类是低密度材料,如铝合金、镁合金、钛合金、塑料和复合材料等;另一类是高强度材料,如高强度钢和高强度不锈钢。镁合金和铝合金、钢铁和塑料的物理机械特性的比较见表 10-2,而表 10-3 列出了常用几种轻量化材料的减重效果及相对成本。

镁合金与铝合金、钢铁和塑料物理机械特性的比较　　　　　　　　　　表 10-2

材料		密度 (g/cm³)	熔点 (℃)	热导率 [W/(cm·K)]	抗拉强度 (MPa)	比强度	弹性模量 (GPa)	屈服强度 (MPa)
镁合金	AZ91D	1.81	598	54	250	138	45	160
	AM60B	1.8	615	61	240	133	45	130
铝合金	A380	2.7	595	100	315	116	71	260
钢铁	碳素钢	7.86	1520	42	517	80	200	400
塑料	ABS	1.03		0.9	96	93		
	PC	1.23			118	95		

轻量化材料减重效果及相对成本　　　　　　　表 10-3

轻量化材料	被替代的材料	减小质量(%)	相对成本(每个零件)
高强度钢	普通低碳钢	10	1
铝合金	钢、铸铁	40~60	1.3~2
镁合金	钢、铸铁	60~75	1.5~2.5
镁合金	铝合金	25~35	1~1.5
玻璃纤维增强复合材料	钢	25~35	1~1.5

目前正广泛研究并逐步应用于汽车制造的材料有：高强度钢、铝合金、镁合金、复合材料以及塑料等。

一、新型钢材

1. 高强度钢

一直以来，钢铁始终是汽车车身最常用的材料，但随着新型材料的出现，钢铁的地位受到了铝、镁、塑料等低密度材料的巨大挑战。而这种挑战也促使钢铁行业开发出了更轻、更安全、更低成本的新型钢种，促进了汽车车身用高性能钢的发展。其中尤以高强度钢板应用最为广泛。

对于高强度钢，以前并无统一的定义，有人将抗拉强度超过 340MPa 的称为高强度钢。瑞典学者将钢板强度级别分为普通强度钢(MS)、高强度钢(HS)和特高强度钢(EHS)。按照 ULSAB 所采用的术语，将屈服强度为 210~550MPa 的钢定义为高强度钢(HSS)，屈服强度为 550MPa 的钢定义为超高强度钢(UHSS)，而先进高强度钢(AHSS)的屈服强度则位于 HSS 和 UHSS 的强度范围之间(ULSAB 是超轻钢质车身项目的简称，该项目是由世界主要钢板生产商致力于开发出超轻钢质车身而发起的)。

沃尔沃 S40 就是通过使用不同强度的钢材(分为普通钢、高强度钢、超高强度钢、特高强度钢)而提高车身碰撞安全性的一个典型例子，其车身结构如图 10-2 所示。

图 10-2　沃尔沃 S40 车身结构

高强度钢板主要包括含磷高强度钢板、微合金高强度钢板、双相钢板及烘烤硬化钢板等。高强度钢板的优势在于价格低、经济性好、能够保证零件的刚度，而且可以利用现有的汽车生产线进行生产。另外，高强度钢板对减轻汽车质量起着极其重要的作用，对降低油耗、提高汽车构件强度、确保安全性能等也具有重要意义。一方面，高强度钢板由于材料强度的提高,钢板的厚度可以减小。例如,用 350MPa 的低合金高强度钢板制作汽车前梁、发动机支架、保险杠和车门等,钢板的厚度可以减小 15%~25%。当钢板厚度减小 0.05mm 时,车身的质量可减轻 6%;厚度减少 0.15mm 时,车身质量可减轻 18%。另一方面,汽车用钢板强度的提高,可改善汽车的安全性能。例如,用相变诱发塑性(TRIP)钢板制造汽车的防抗撞和提高安全性能的部件,以及强度和变形性能俱佳的部件时,能大幅度改善汽车的被动安全性。近年来高强度钢在开发、成形及连接技术方面所取得的进展,使其成为颇具竞争力的车身新材料。

高强度钢材使用对象分为两部分:一部分是汽车车身、减振及车轮用部件,另一部分是底盘和排气系统。如需要具备防碰撞功能的零件,汽车门内防撞梁、汽车前后保险杠防撞板、车身 A 柱 B 柱、发动机支撑梁、仪表板支架、门槛加强板、汽车座椅骨架等车身部件;车轮轮辐和轮辋高强度钢板;高强度弹簧、高碳传动轴管、高强度发动机螺栓等。汽车结构件用各种特殊钢强度一般都达到 1000MPa,如汽车转向节、转向扭杆等。

高强度钢板在车身上应用的目的主要是改善车身的变形特性和提高疲劳强度。塑形变形特性的利用模式可分为以下几种:

(1)增加构件的变形抵抗力,这对提高车身构件和加强件在受冲击时的抗破坏强度有利。

(2)提高能量吸收能力,这对提高车身的耐碰撞性有利。

(3)扩大弹性应变区,这主要应用于外力作用下变形不大的场合,当外力去除后能恢复原有的形状。

高强度钢又可分为传统高强度钢和先进高强度钢两类。传统高强度钢种包括低碳钢、无间隙原子钢、各向同性钢、烘烤硬化钢、碳锰钢、低合金高强度钢。先进高强度钢是金相组织强化的钢种,包含变相诱导塑料钢、复相钢、马氏体钢、双相钢等,在提高强度的同时具备了良好的延展性和塑性。

汽车用高强度钢板按照轧制方式又可以分为冷轧钢板(抗压强度在 340MPa)、热轧钢板(抗拉强度在 370MPa 以上),以及以它们为基底进行表面处理的钢板。在车身制造领域,为了使它们在各自的适用部位上满足所必需的性能,不但要求其具有特定的强度特性,而且要具有优良的冲压成型性、焊接性、疲劳强度、可涂装性等各种特性。厚度在 0.15~3.2mm 的高强度钢板是首选。车身多采用厚度在 0.6~0.8mm 的薄钢板,这种钢板的尺寸精度高、表面光滑,具有良好的力学性能、加工性能、成型性能和焊接性能,主要用于车身侧围板、顶盖、发动机罩、翼子板、行李舱盖、车门板和仪表板等覆盖件。图 10-3 所示为高强度钢板在汽车上的应用。

图 10-3　高强度钢板在汽车上的应用

目前，汽车车身上用到的高强度钢板主要有固溶强化型钢板、烘烤硬化型钢板、组织强化型钢板、合金化热镀锌型钢板等。汽车用高强度钢板种类选用的情况大致为：属于深拉伸型的固溶强化型高强度钢板多用于车身内外覆盖件；轧制时质地较软，烘烤时质地变硬的烘烤硬化型钢板多用于门和盖罩等加工度低的部件；加工时弹性恢复量小，成型性好，凸肚成型性优良，疲劳耐久性也好的组织强化型高强度钢板多用来制造轮辐、减振器支座等；高强度合金化热镀锌板多用于需要具备防腐蚀性的部分；热处理型强化钢板目前还正在进一步开发之中。

除高强度钢外，钢铁行业还在致力发展低密度钢板。所谓低密度钢板，是在铁基上加入3%~30%的铝生产出高含铝量钢板，其密度在 $6.09 \times 10^3 \sim 7.5 \times 10^3 \mathrm{kg/m^3}$。低密度钢板兼有钢的强度高、塑性好和铝的密度低等特点，有望解决汽车中有刚度要求的零部件轻量化的问题。

2. 热成型钢

热成型钢是指将钢板经过950℃左右的高温加热之后一次成型，又迅速冷却加工而成的一种具有超高屈服强度的钢。采用这种成型工艺制成的热成型钢板，其屈服强度可达到1000MPa以上，且每平方厘米能承受10t以上的压力。当采用热成型钢板制造车身时，在车身质量几乎没有太大变化情况下，使得车身的承受力提高了30%，使汽车的刚度、强度达到了一个全新水准。

热成型钢板主要有以下几个方面的优点：

(1) 极高的材料强度及延展性。一般的高强度钢板的抗拉强度在400~450MPa，而热成型钢材加热前抗拉强度就已达到500~800MPa，加热成型后则提高至1300~1600MPa，为普通钢材的3~4倍，其硬度仅次于陶瓷，但又具有钢材的韧性。因此由热成型钢板制成的车身极大地提高了车身的抗碰撞能力和整体安全性，在碰撞中对车内人员会起到很好的保护作用。

这方面比较典型的一个例子是迈腾轿车中热成型钢板的应用，如图10-4所示，图中箭头所指部分为使用热成型钢板的零件。在迈腾车身上，热成型钢板主要应用于前地板和车门加强梁，以及A柱、B柱等重要部位，在发生撞击，尤其在侧面撞击时，可有效减少座舱形变，保护驾乘人员的安全。

a)

图 10-4

b)

图 10-4　迈腾轿车车身

（2）能有效减轻整车质量，降低能耗。由于热成型钢板具有极高的材料强度，因此在设计时可以用一个热成型零件代替多个普通钢板的零件。例如速腾车型前后门中间的 B 柱，由于采用了热成型钢板则不再需要加强梁，在保证强度的情况下，减少了 5 个零件，减重约 4.5kg，自然减少了汽车的油耗，对缩减车主的使用成本也起到了辅助作用。迈腾轿车采用热成型钢板后，在同等车身强度前提下，可以使车身减少约 20kg 的质量，使得整车动力性和燃油经济性有更佳的表现。

（3）具有很好的材料成型准确度，消除材料回弹的影响，可实现复杂形状的设计。由于热成型钢板的特殊性质，并且其是加热后成型，因此可以用一道工序完成普通冷冲压成型需多道工序才能完成的复杂形状。一次成型的工艺好处在于可以确保钢板在加工过程当中，钢板内部纤维流向不必受到二次受力的冲击，保证钢板保持最好的强度和韧度，而且在零件成型后进行快速冷却，零件成型后的回弹量很小，极大地提高了材料成型准确度，更好地保证了零件尺寸精度，为下一步的车身焊接打下了良好的基础。

热成型钢板基于上述优点在车身制造中具有很大的应用潜力，但是，由于生产工艺及成本方面的限制，目前，热成型钢板在国内只有长春及上海的两家工厂在生产。

二、车用轻质合金

1. 铝合金

铝的密度是 $2.70 \times 10^3 kg/m^3$，约为钢的 1/3，是汽车应用最广泛的轻量化材料。铝的力学性能与其纯度关系密切，纯铝软、强度低，但与某些金属组成铝合金后，不仅在某种程度上保持铝固有的特点，同时又显著地提高了它的硬度和强度，使之几乎可与软钢甚至结构钢相媲美，所以，铝合金是车身轻量化最理想的选择。按铝合金的成分、加工特点和性能，可将铝合金分为变形铝合金和铸造铝合金两大类，其中变形铝合金又分为防锈铝、硬铝、超硬铝、锻铝四类。车身制造中所使用的铝合金主要是变形铝合金。

车用铝材料皆以铝合金的形式出现。铝合金在汽车上的应用，最初只是以铸造的方法生产发动机及其零部件，随后应用于轮毂等构件。它在汽车上的用量呈现持续增长的趋势。

根据国际铝业协会统计,自 1990 年以来,铝合金在轿车上的用量翻了一番,在轻型车中的用量则增长了 2 倍。目前每辆轿车的铝合金平均用量为 121kg,约占整车质量的 10%。奔驰 S 级轿车中的铝合金部件如图 10-5 所示。

a)车轮轮毂　　　　　　　　　　b)变速器壳体

图 10-5　汽车铝合金部件

同时,铝合金在车身制造中主要用来制造车身板件和车身框架等。车身板件可用防锈铝或硬铝生产,诸如车门、行李舱盖及车身面板、发动机罩、车厢底板和翼子板等。车身板件尺寸大、形状复杂,主要通过深冲和鼓凸两种方法复合成型,并以鼓凸成型为主。在车体结构上,目前有一种趋势是采用图 10-6 所示奥迪车身的无骨架式结构或空间框架式结构(ASF)。在制造这种结构件时,大多数以铝材为主,连接方式多为铆接、焊接、粘接。这种结构适用于多品种小批量生产,改型容易,车型多样化,绕开了铝合金不易冲压的缺点,不需要大型冲压设备,并减少了部件数量。另外,铝吸收冲击的能力是钢的 2 倍,如果使用铝材制造车身,在发生交通事故时,由于铝材的吸能性好,汽车前部的变形区在碰撞时会产生皱褶,能吸收大量的冲击力。这样,用铝材制造的车身,在碰撞安全性方面有明显的优势。

a)　　　　　　　　　　　　　　b)

图 10-6　奥迪全铝车身框架

不过,车身铝化现在仍存在一定的局限性。首先在制造技术方面,铝合金比钢材加工困难,成型性还需继续改善;铝合金板材的局部拉延性不好,容易产生裂纹;铝合金加工的尺寸精度不容易掌握,回弹难以控制。其次在制造成本方面,铝合金材料的价格比钢高,再加上工艺方面成本的增加,使得目前的全铝化车身只是见于一些中高级轿车上。

传统铝合金根据合金元素的含量和加工工艺性能特征可分为铸造铝合金、变形铝合金和铝基复合材料三类。

(1)铸造铝合金。

铸造铝合金是直接用铸造方法浇注或压铸成零件或毛坯的铝合金,其中又分为重力铸造件、低压铸造件等。其合金元素的含量比较高,合金元素的质量分数在 8%~25%。一般铸造铝合金铸造性能好,压力加工性能差,且在实际使用中还要求铸件具有足够的力学性能,因此,铸造铝合金的成分并不完全都是共晶合金,只是合金元素的含量比变形铝合金高一些。

铝合金铸件主要应用于发动机汽缸体、汽缸盖、活塞、进气歧管、离合器壳体、车轮、制动器零件、空气压缩机连杆、传动器壳体、摇臂、发动机悬置支架、把手及罩盖壳体类零件等。铝合金铸件中不可避免地存在缺陷,压铸件还不能热处理,因此在用铝合金来生产要求较高强度铸件时受到限制。为此在铸件生产工艺上做了改进,铸造锻造法和半固态成型法将是未来较多使用的工艺。

(2)变形铝合金。

变形铝合金中合金元素含量比较低。常用的变形铝合金中合金元素总量小于 5%,但在高强度变形铝合金中可达 8%~14%。变形铝合金指铝合金板带材、挤压型材和锻造材。变形铝合金在汽车上主要用于制造保险杠、发动机体、车门、行李舱盖等车身面板,车轮的轮辐、轮毂罩、车轮外饰罩、制动器总成的保护罩、消声罩、防抱死制动系统、热交换器、车身框架、座椅骨架、车厢底板等结构件以及仪表板等装饰件。变形铝合金车轮的轮毂、轮辐在成型加工时会产生加工硬化,强度增加,故与铸件相比,强度、韧性都大大具有优越性。目前,汽车用变形铝合金量正在逐渐增加。

变形铝合金按其成分和性能特点可以分为不能热处理强化铝合金和可热处理强化铝合金。不能热处理强化铝合金具备良好的抗腐蚀性,故称为防锈铝。可热处理强化铝合金的合金元素含量比防锈铝高一些,这类铝合金通过热处理能显著提高力学性能,它包括硬铝、锻铝和超硬铝。

(3)铝基复合材料。

铝基复合材料密度低、比强度和比模量高、抗热疲劳性能好,但在汽车上的应用受到价格及生产质量控制等方面的制约,还没有形成很大的规模。目前,铝基复合材料在连杆、活塞、汽缸体内孔、制动盘、制动钳和传动轴管等零件上的试验或使用显示出了卓越的性能。

随着快速凝固铝合金、粉末冶金铝合金、超塑性铝合金和泡沫铝材等新材料的开发与应用,未来铝在汽车中的应用范围将进一步扩大,并将呈现铸件、型材、板材并举的局面。预计铝将会成为仅次于钢的第二大汽车材料。

2. 镁合金

镁合金具有密度小,比强度、比刚度高,阻尼性、切削加工性、导热性好,电磁屏蔽能力强,尺寸稳定,资源丰富,易回收,无污染等优点。镁是比铝更轻的金属材料,它可在铝减重基础上再减轻 15%~20% 的质量。在轻量化的驱动下,自 1990 年以来,镁在汽车中的应用就一直以较快的速度增长。尽管目前全球每辆汽车镁合金的平均用量不到 3kg,但是汽车用镁正以年均约 20% 的增长速度发展,镁合金已成为汽车材料技术发展的一个重要领域。

目前已大批量应用镁的主要是车身、汽车仪表、座位架、方向操作系统部件、发动机罩、变速器、进气歧管、轮毂、发动机和安全部件。镁合金压铸件在汽车上的应用已经显示出长期的增长态势。在过去几年里,其年增长速度超过 15%。我国的镁资源非常丰富,储量占世界首位。但是国内镁用量很少,尤其汽车行业用量极少,因此前景非常广阔。而西方工业发达国家对镁基的金属基复合材料的开发和应用,已达到了产业化阶段,见表 10-4。

欧美采用镁合金制造的部分汽车零件　　　　　　　　表 10-4

汽车厂家	用镁合金制造的部分汽车零件
通用	汽缸盖、滤油器、空气滤清器壳、配电器、转向盘柱、前照灯罩、前照灯托架、发动机罩格栅、进气格栅中心座、前照灯框架、挡泥板支架、离合器壳、制动器
福特	踏板托架、转向柱定位机构、分动器壳
克莱斯勒	变速器壳体
大众	曲轴箱、变速器壳体、增压器壳、正时齿轮、离合器壳
沃尔沃	节气门连杆、驻车制动连杆、车门外把手
奔驰	座椅架
奥迪	仪表板
保时捷	风扇、风扇架、车轮

汽车中镁合金主要适宜制作壳体类和支架类的零部件,对于强度要求不高的壳体类零部件来说,镁合金是首选材料。但长期以来,受制造工艺方面的约束,镁合金在车身上的应用受到了限制。不过,随着压铸技术的进一步发展,可以压铸薄壁形状复杂的镁合金部件,主要应用于汽车车身的某些部位,如前后挡板等。随着等温锻造技术在镁合金上研究的进一步发展,等温锻造镁合金被开发出来,主要应用于汽车底盘,但由于汽车底盘对能量吸收能力和抗环境腐蚀能力的要求较高,制约了镁合金的广泛使用。近几年随着变形镁合金的研究和开发,一些变形镁合金的轧制或者挤压产品开始应用于汽车内部的各种部位,如仪表板、转向盘、座椅等(图 10-7)。

图 10-7　镁合金部件举例

另外,镁合金的强度与铝合金不相上下,但减重效果却要比铝合金明显得多,如果用镁铸件、镁合金薄板件、镁型材件代替铝制件,可以在确保汽车安全性的同时,使汽车质量减少 15%~20%。镁合金还具有优良的阻尼特性,在各种压力下的比减振量远远高于铝合金和铸铁。镁合金用作车身壳体部件时可以降低噪声,提高密闭性等。镁合金还具有长期使用条件下的良好抗疲劳性能,较低的裂纹倾向,以及无毒、无磁性等一些特点。

然而,镁合金的推广应用,仍有不少问题尚待解决,如镁成本较高,镁与铁易发生电偶腐蚀,表面处理技术低,接合水平低下,设计数据缺乏,生产设计周期长等。

根据加工工艺划分,镁合金可分为铸造镁合金和变形镁合金两大类,两者在成分、组织性能上存在很大的差异。

(1)铸造镁合金。

铸造镁合金多用于压铸工艺生产,其特点是生产效率高、精度高、铸件表面质量好、铸态组织精良、可生产薄壁及复杂形状的构件。根据不同汽车零部件对镁合金性能的特定要求，新型镁合金材料的开发一直致力于提高强度、改善塑形、增加高温蠕变抗力。

(2) 变形镁合金。

变形镁合金指可用挤压、轧制、锻造和冲压等塑性成型方法加工的镁合金，与铸造镁合金相比，变形镁合金具有更好的强度、更好的塑性和更多的样式规格。变形镁合金主要有 Mg-Al-Zn 系合金（AZ31C、AZ61A、AZ80A）和 Mg-Zn-Zr 系合金（ZK60）两大类。变形镁合金主要用于车身组件（车门、行李舱、发动机罩等）的外板、车门窗框架、座椅框架、底盘框架、车身框架等。变形镁合金在车身上的应用具有很大的潜力。

当前，制约镁在汽车中大量应用的最主要因素是技术问题。就结构件而言，由于存在诸如对镁材料的特性缺乏深层次的理解、镁零件的防蚀技术未取得突破、镁材料的性能数据缺乏（尤其缺少工艺—性能数据）和镁零件的设计与使用经验少等问题，使镁在汽车中的普及程度暂时还难以与铝匹敌。

三、复合材料

21 世纪材料科学的发展动态是使材料复合化、智能化、多功能化和高性能化，其中把对复合材料的研究放在首位，这里包括采用各种基体制作结构型和功能型的复合材料。

复合材料是指由两种或者两种以上不同形态或者不同性质的材料，按照一定的复合工艺组合而成的一种结构物。复合材料既具备原材料的特点又有原材料没有的性能，所以不能把复合材料看作组分材料的简单相加。汽车复合材料与汽车传统常规材料钢、铁、铝以及塑料、橡胶是完全不同的一类新型材料，它不像传统常规材料的材质均匀、各向同性，而是非均质、各向异性。

复合材料中的连续相称为基体，而分散相称为增强材料。增强材料以独立的形态分布于基体当中。基体的主要作用是承载增强材料，防止增强材料遭受腐蚀和物理损伤。增强材料除了提高复合材料基体的力学性能外，还能提高热变形温度，使复合材料在磁、电、热方面具有新功能。复合材料是以一种材料为基体，另一种材料为增强体组合而成的材料。各种材料在性能上互相取长补短，使复合材料的综合性能优于原组成材料而满足各种不同的要求。一般来说，复合材料应能满足以下条件：

(1) 必须是由两种或两种以上化学、物理性质不同的材料组成，材料之间有明显的界面。

(2) 是用人工方法制造的，各组分的形状、比例和分布均能人为地控制。

(3) 复合材料的性能优于各组分单独存在时的性能，具有协同增强的特点。

1. 复合材料的分类

(1) 按照材料性质的不同，复合材料可以分为结构复合材料和功能复合材料。结构复合材料包括树脂基复合材料、陶瓷基复合材料、金属基复合材料、碳/氮复合材料、水泥基复合材料等；功能复合材料有导磁功能复合材料、屏蔽功能复合材料、阻尼功能复合材料、换能功能复合材料等。

(2) 复合材料按其组成分为金属与金属复合材料、非金属与金属复合材料、非金属与非金属复合材料。

(3) 复合材料按其结构特点的不同，又可分为纤维复合材料、夹层复合材料、细粒混合材料和混杂复合材料。

(4)如果按照基体来分类,聚合物基复合材料可以分成热塑性复合材料与热固性复合材料。

热固性复合材料是指以热固性树脂(如不饱和聚酯树脂、环氧树脂、酚醛树脂、乙烯基酯树脂等)为基体,以玻璃纤维、碳纤维、芳纶纤维、超高分子量聚乙烯纤维等为增强材料制成的复合材料。环氧树脂的特点是具有优良的化学稳定性、电绝缘性、耐腐蚀性,良好的黏结性能和较高的机械强度。酚醛树脂具有耐热性、耐摩擦性、机械强度高、电绝缘性优异、低发烟性和耐酸性优异等特点。

热塑性复合材料是指以热塑性树脂为基体,以纤维为增强材料制成的复合材料。不同种类的热塑性树脂、不同种类的纤维制造的复合材料,其性能差别极大。按复合材料的性能可以分为普通型热塑性复合材料和高性能热塑性复合材料两类。前者是指用玻璃纤维增强的通用性树脂,如聚丙烯、聚乙烯、聚氯乙烯、锦纶等;后者是指用连续的碳纤维、芳纶纤维、高强度玻璃纤维或其他高性能纤维增强的高性能热塑性树脂,如聚醚酮、聚苯硫醚、热塑性聚酰亚胺、聚醚砜等。

热塑性塑料与热固性塑料两类材料的比较见表10-5。

热塑性塑料与热固性塑料的比较 表10-5

分类	成 分	工艺性能特点	成型方法	优 点	缺 点	常用品种
热塑性塑料	聚合树脂+添加剂	受热会软化或熔化,具有可塑性,可加热再利用	注射、挤出、吸、吹、塑等	成型工艺简便,形式多样,生产效率高	耐热性和刚性差	聚乙烯、聚丙烯、聚氯乙烯、ABS、工程塑料
热固性塑料	缩聚树脂+添加剂	在一定的温度下,经过一定时间的加热或者加入固化剂后即可固定成型;固化后的塑料质地坚硬,性能稳定	压缩、压铸、注射等	无冷流性、刚性大、硬度高、耐热性好、不易燃烧、制品尺寸稳定	脆性大、机械强度低、必须加入填料或者增强塑料以改善性能、提高强度,因而成型工艺复杂,生产效率低	酚醛树脂、环氧树脂、有机硅、不饱和聚酯和聚氨酯

(5)如果按照增强材料来分类,复合材料又可以分成颗粒增强复合材料与纤维增强复合材料。纤维增强材料主要包括玻璃纤维、碳纤维、陶瓷纤维、芳纶纤维等,在车身制造中应用较多的纤维增强材料主要有玻璃纤维增强材料、碳纤维增强材料和高弹性机体材料等,其中尤以玻璃纤维增强材料应用最为广泛。与碳纤维增强材料相比,虽然碳纤维增强材料的力学性质更加稳定,但其价格昂贵,使得碳纤维增强材料只是用于极少数的顶级轿车或赛车上,而玻璃纤维增强材料的应用却较为普遍。玻璃纤维增强复合材料中应用最广泛的是玻纤增强塑料,这也就是通常所说的玻璃钢,它是以不饱和聚酯为基体,以玻璃纤维及其制品增强的一种复合材料,可以代替钢板来制造车身大型覆盖件,图10-8所示就是应用复合材料制成的发动机罩。

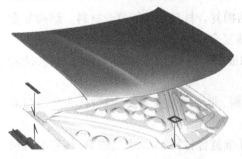

图10-8 复合材料制成的发动机罩

以下介绍几种常用的车用复合材料：

（1）玻璃纤维增强复合材料。

玻璃纤维增强复合材料（GFRP）俗称"玻璃钢"，它不仅质量稳定、资源丰富、成本低，而且吸收冲击能量的性能、耐腐蚀性能较好，降低噪声的效果较好，且具有设计灵活、强度高、工艺性能好、价格低等特点，因此是目前汽车上应用最多的树脂基复合材料，主要用于发动机、发动机周边部件及车身，可用于制造保险杠、发动机罩、挡泥板，甚至整个车身壳体。其中在车身制造中，使用玻璃纤维增强复合材料具有很多优点，例如可以大幅度降低车身质量，满足车身轻量化要求；具有良好的耐疲劳、耐腐蚀性能，使用寿命约为金属材料车身的2倍；强度高，即使在高速下翻车，车身的破坏程度也没有钢制车身严重；成型工艺好，适于轿车改型换代和单件小批量生产，还可以通过整体成型工艺制造出流线型极佳的车身壳体。玻璃纤维车架如图10-9所示。

图10-9　玻璃纤维车架

美国通用汽车公司从1990年开始，首先用玻璃钢制造轿车发动机气门罩、壳，随后用于进气歧管、油底壳、空气滤清器壳、齿轮室盖、导风罩、进气管护板、风扇导风圈、加热器盖板、散热器部件、发动机隔声板等零件的制造，效果很好。另外，玻璃钢还可用于车身结构件（如骨架、梁、柱等）、覆盖件（如格栅、前翼子板、顶盖、车门、行李舱盖、后侧板等）以及保险杠、油箱等，也有用于整个车身壳体，如美国的雪佛兰子弹头、东风客车公司生产的DHZ6122HR高速客车等都是采用全玻璃钢制造车身。从减轻汽车自重来看，采用玻璃钢代替钢材已成为车身结构发展的必然趋势。表10-6是发动机等主要零部件复合材料应用情况。

发动机主要零部件复合材料应用情况　　　　　　　表10-6

材 料 类 型	应 用 零 件
SMC、BMC	发动机罩、气门罩壳、散热器部件、发动机隔声板、导风罩、加热器盖板、汽缸盖、进气歧管、出水口外壳、水泵、燃料泵零件等
GMT	发动机罩、散热器附件、发动机噪声防护板、风扇叶片
RTM	发动机散热器、隔热罩、发动机罩
PA66 + GF	进气歧管、汽缸盖、汽缸盖罩盖、水室、水阀、散热器、机油滤清器壳、水泵涡轮、正时齿轮罩盖

随着原材料的发展与工艺的改进，在汽车中大量应用玻璃钢将是今后我国汽车工业发展的必然趋势。

（2）碳纤维增强复合材料。

碳纤维增强复合材料具有质量轻、强度高、模量高、减摩耐热、热导率大、自润滑、耐腐蚀、抗冲击性好、疲劳强度大等优越性能，在现代汽车工业中的应用将越来越广泛。这是近年来发展较快的一种复合材料，基体材料有各种树脂、碳、金属、陶瓷。

碳纤维增强复合材料是汽车覆盖件最理想的非金属材料，在减轻车身质量的同时，也能保持防撞性能。对于汽车生产商来说，碳纤维复合材料也表现出许多优点，零部件的集成化、模块化使总装成本低、投资小，避免了传统车身的喷涂过程和相应的环保处理，降低了成本。碳纤维材料不仅比钢材轻，而且难能可贵的是具有很好的能量吸收性能。然而碳纤维也有承载各向异性的问题,即承载零部件在各个方向上的能力有所不同。

碳纤维增强复合材料是汽车工业中大量使用的增强材料。目前汽车油耗要求逐年下降,要使汽车轻量化、发动机高效化、车型阻力小等,都要求轻型结构材料,而碳纤维增强塑料则是最理想的材料。主要可用于制造发动机系统中的推杆、连杆、摇杆、水泵叶轮,传动系统中的传动轴、离合器片、加速装置及罩等,底盘系统中的悬置件、弹簧片、框架、散热器等,高压泵及液压系统的动力密封装置,车体上的车顶内外衬板、地板、侧门等(图10-10)。

a)碳纤维轮毂　　　　　　　　　　b)碳纤维板弹簧

图10-10　碳纤维在汽车上的应用

碳纤维复合材料的材料性能及发展趋势顺应了汽车工业的发展要求,特别是随着新能源汽车的发展,碳纤维复合材料在汽车上将得到越来越广泛的应用。碳纤维复合材料由于其独具的刚度和强度特性,可以取代钢用于汽车的主承力构件。

2. 复合材料的性能

复合材料是各向异性的非均质材料,与其他材料相比有以下特点:

(1)比强度和比模量高,这是其最大优点。因为材料比强度提高,制造同一零件则自重小,采用比强度和比模量高的材料,可以大大提高动力设备的效率。纤维增强复合材料的比强度和比模量是各类材料中最高的。当用复合材料制成与高强度钢具有同等强度和刚度的零件时,其质量可减轻70%左右。

(2)抗疲劳性能好。纤维增强复合材料中的纤维与基体间的界面能够有效地阻止疲劳裂纹的扩展,外加载荷由增强纤维承担。大多数金属材料的疲劳强度极限是其抗拉强度的30%~50%,而复合材料可达到60%~80%。

(3)减摩、耐磨、自润滑性好。在热塑性塑料中掺入少量的短切碳纤维可数倍提高它的耐磨性。选用适当塑料与钢板复合可做耐磨物件,如轴承材料等。

(4)化学稳定性良好。纤维增强酚醛塑料,可长期在含氯离子的酸性介质中使用。用玻璃纤维增强塑料可制造耐强酸、盐、酯和某些溶剂的化工管道、泵、阀、容器等设备。耐碱纤维可用来取代钢筋和水泥复合。

(5)耐高温腐蚀性能好。纤维复合材料中除了玻璃纤维软化点较低(700~900℃)外,其他纤维的熔点(或软化点)一般都在2000℃以上,用这些纤维与金属基体制成发热复合材料,高温下强度和模量均有提高。

(6)工艺性和可设计好。调整增强材料的形状、排布、含量,可满足构建的强度、刚度等性能要求,且材料与构件可一次成型,减少零部件、紧固件和接头的数目,材料利用率大大提高。

(7)其他特殊性能。复合材料具有耐烧蚀性、耐辐射性、耐蠕变性及隔热性,特殊的电、光、磁等性能,韧性和抗热冲击性好、耐热性好,具有导电和导热性。缺点是层间剪切强度低、耐热性和表面硬度低,易老化,稳定性差,质量不易控制,成本较高。

复合材料基于这些优良性能,在现代车辆制造中得到了越来越广泛的应用,基于上述诸多优点,复合材料在汽车工业中广泛应用于车身板件及灯壳罩、前后护板、保险横杠、板弹簧、座椅架、驱动轴等部件中,如奥迪 A6 轿车和帕萨特 B5 轿车的发动机罩,切诺基后举升门总成和前散热器罩,江铃陆风车顶骨架等均是采用复合材料制成的。不过,实现大规模应用复合材料制造车身的目标,仍存在不少问题需要解决。例如,由于复合材料性能的限制,车身中有些零件还不能完全采用复合材料制造;采用玻璃纤维增强复合材料制造的车身件不易腐烂,回收困难;受原材料及生产水平的限制,相对于普通钢铁材料,复合材料的成本还是较高。

四、塑料

塑料是由非金属元素为主的有机物组成的,具有密度小、导热和导电性差、耐酸、耐碱、易老化等特性,塑料的力学性能随温度和时间而变化,塑料在汽车中的应用遍及所有总成,如内装饰件、外装件和功能件,汽车用塑料制品如图 10-11 所示。

图 10-11 汽车用塑料仪表壳

当前塑料材料已经广泛应用于汽车工业,各种通用塑料和工程塑料替代了各种昂贵的有色金属和合金钢材。以塑代钢不仅改善了汽车外部造型,提高了设计灵活性,而且有效减轻了整车质量,降低了燃油消耗,并减少了零部件加工、装配与维修成本。汽车塑料化已成为衡量汽车工业发展水平的重要标志。

一般来讲,应用于汽车制件的塑料主要是纤维增强塑料,还包括非增强塑料以及塑料合金等。在传统车身设计中,塑料只是用于车身的内部覆盖件及内外装饰件,但随着各种新型塑料的相继出现,塑料正在向着代替钢板应用在车身覆盖件和结构件等方面发展,现在已经出现了采用性能优越的新型塑料制成的发动机罩、行李舱盖、顶盖、前后保险杠、翼子板、挡泥板、车门内外板等。

塑料制件优点主要有:

(1)质量轻。绝大多数塑料的密度在 $0.8 \sim 2.0 \mathrm{g/cm^3}$,而铜的密度为 $7.8 \mathrm{g/cm^3}$,铝为 $2.7 \mathrm{g/cm^3}$。因此,车身材料塑料化是提高车身轻量化的一个非常有效的途径。

(2)多特性。可以通过添加不同数量和种类的填料、增强剂和硬化剂等,制出不同性能的塑料,以满足汽车各个部件对材料性能的要求。如软性聚氨酯泡沫塑料可用作汽车座椅的坐垫和靠背椅,不同刚度的复合坐垫能满足人体压力分布对座椅设计的需要等。

(3)加工简单,易成型。塑料使车身造型及结构设计有较大的选择余地,能制造出形状复杂的制件,以满足不同造型的要求,如一次加工成型的组合仪表台、仪表板、装饰成型件等。

(4)优良的缓冲、消声吸振性能。塑料制件在弹性变形时能吸收大量的碰撞能量,对强烈的撞击有缓冲作用。塑料还有很好地吸收、衰减噪声的能力。因此,用塑料制作内饰件不仅有保护作用,还能提高乘坐舒适度和环保性能等。

(5)良好的耐化学腐蚀性能。一般的塑料对酸碱、有机溶剂等化学溶剂有良好的抗腐蚀能力,如现代汽车的油箱已广泛采用聚乙烯塑料来制造。

(6)美观、大方。塑料通过添加色剂可以产生不同的色彩效果,使制件美观、质感好,有利于满足车身及附件的造型要求。

在安全、环保和成本等因素推动下,塑料技术一直在朝着高性能(高弹性模量、高强度、耐热、耐磨、耐火、抗老化)、低污染、低密度、低成本的方向发展。未来塑料新材料包括开发外表美观(低反光、耐磨、半透明)同时具有良好降噪性能的内饰新材料;开发具有良好撞击性能的外装件用聚合物体系,提高塑料零部件的表面粗糙度;开发光亮的着色剂;开发先进的增强材料,以满足零部件高强度、高耐热性及成形性要求;开发生产夹层结构的材料和工艺;开发满足零件设计要求的新型塑料合金和塑料共混物、热塑性塑料、热固性塑料和工程塑料;开发耐火塑料。

随着塑料制品的不断开发,塑料在汽车上的应用不断扩大,然而目前还是存在一些问题:汽车专用塑料牌号少,产品性能不能满足选材要求,有些产品目前国内不能生产,需进口或采用改性塑料替代;品种繁多,材料标准混乱,不利于大批量生产与应用;缺少大型骨干企业,现有的生产企业规模小而分散,技术开发能力薄弱,工艺水平落后,不仅使产品质量难以保证,而且有些零件至今有相当一部分仍依靠进口;塑料的回收、再生利用方面刚刚起步,与国外还有一定差距。

第四节 轻量化设计的先进成型技术

当今世界主流的轻量化设计工艺技术主要有三种:一是激光拼焊板技术,二是液压成型技术,三是高强度热成型技术。接下来就对这三种技术进行简单的介绍。

一、激光拼焊

拼焊技术,即可将经不同表面处理、不同钢种、不同厚度的两块或多块钢板通过一种焊接方法使之组合在一起,然后经冲压成型后获得高性能冲压件的技术。经这种拼焊技术而生成的板件称为拼焊板。激光拼焊板的原理如图10-12所示。

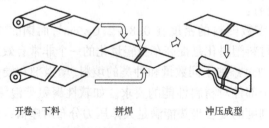

开卷、下料　　拼焊　　冲压成型

图10-12　激光拼焊板原理图

拼焊板的主要目的是减轻车身的质量、加强车身零件局部抗腐蚀能力、提高强度和刚度。进行拼焊的焊接方法有多种,如滚压电阻缝焊、激光焊、等离子焊等,但在车身制造行业中,目前比较主流的拼焊方法主要有滚压电阻焊接方法或激光焊接方法。由于利用激光焊接技术生产的拼焊板具有巨大的优势,使激光拼焊成为最流行的拼焊板生产方法。

近年来激光拼焊发展迅速,在汽车上已经得到了广泛的应用,主要用于差强度、差厚度或不同表面处理状态的零件整体成型,可以根据车身各个部位的实际受力和变形的大小,预先为各车身部件定制一块理想厚度的拼接板,从而达到节省材料、减轻质量且提高车身零部件性能的目的,并且还能实现不同材料板材的焊接,从而进一步发挥其减重的潜力。其应用的典型零件如图10-13所示,在汽车中采用激光拼焊板材后,可使零件质量减轻24%,零件数量减少19%,焊点下降49%,生产时间缩短21%,因此,其应用量正在迅速增加。

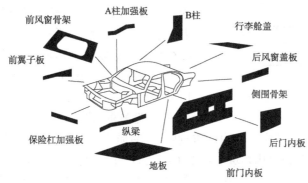

图10-13 激光拼焊应用的典型零件

激光拼焊技术具有很多优点,主要有:

(1)减少了零件数量。通过激光拼焊板的使用,将原来多个零部件冲压后再用点焊连接起来的工序,转变成通过激光拼焊将多张钢板连接在一起后再将其冲压成一个零部件的工序。从而实现了一体成型,减少了大量冲压设备和模具的使用,简化了工序,并且提高了车身的装配精度。在这一方面的典型运用便是轿车的侧围板,某些车型在侧围板生产中通过激光拼焊将5~6张不同厚度的钢板连接成一个毛坯件,再进行冲压成一个零部件,从而大大减少了汽车厂冲压工序和模具数量。

(2)减轻了零件质量。由于采用不同厚度钢板进行拼接,对不承受载荷或承载较小的部位,可采用比原先更薄的钢板,从而减轻了车身的整体质量。

(3)提高了车身耐蚀性。采用不同表面处理的钢板进行拼接,使一些受腐蚀较严重的部位可选用更耐蚀的镀锌钢板和其他合金镀层板。

(4)提高了车身质量和安全性。这也是汽车结构件采用激光拼焊板最重要的原因之一。由于采用连续的激光焊接代替不连续的点焊,使车身结构刚性和可靠性得到大大提高。同时在有碰撞要求的部位,使用高强度钢或厚板,而在要求低的部位,使用低强度钢或薄板,从而大大提高了汽车零部件抗碰撞的能力。也就是说,激光拼焊实现了高强度要求部位与低强度要求部位的有效组合。

二、液压成型

液压成型技术虽然有着悠久的历史,但并未得到大规模应用,不过随着计算机技术的发展及对车身轻量化、高质量和环保等的要求,液压成型技术逐渐得到工程师的重视。

液压成型是指采用液态的水、油作为传力介质,代替刚性的凹模或凸模,使坯料在传力介质的压力作用下贴合凸模或凹模成型。由于用液体代替模具,不但减少了模具数量,降低了费用,还提高了产品质量和成型极限,可以实现车身轻量化设计。

液压成型按成型毛坯的不同,可以分为管材液压成型和板材液压成型两种。以下分别就两种液压成型方式作简要论述。

(1) 管材液压成型的基本原理如图 10-14 所示。其原理大致为:首先将原料(直管或预先弯曲成型的钢管)放入底模,然后管件两端的冲头在液压缸的作用下压入,将管件内部密闭,冲头内有液体通道,液体不断流入管件,此时上模向下移动,与下模共同形成封闭的模腔,最后高压泵与阀门控制液体压力不断增大,冲头向内推动管件,管壁逐渐贴近模具变形,最终得到所需形状的产品。对于圆角尺寸较小,难以成型的产品往往采用分段式加压成型,即先用较小压力完成扩管,形成较大圆角,此时壁厚保持不变,然后再将压力加大,迫使管件贴合模具,圆角处材料产生拉伸变形,管壁减薄,最终得到所需形状。

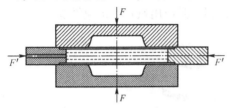

图 10-14　管材液压成型原理示意图
F-合模力;F'-轴向压力

管材液压成型由于其成型的构件质量轻、产品质量好,并且具有产品设计灵活、工艺过程简捷等特点,在汽车轻量化领域中获得了广泛的应用。与冲压焊接件相比,管材液压成型的优点是:节约材料,减轻质量,一般结构件可减重 20%~30%,轴类零件可减重 30%~50%(如轿车副车架,一般冲压件质量为 12kg 内高压成型件为 7~9kg,减重 34%,散热器支架,一般冲压件质量为 16.5kg,内高压成型件为 11.5kg,减重 24%);可减少后续的机加工量和组焊工作量;提高疲劳强度。与冲焊件相比,管材液压成型材料利用率为 95%~98%,降低生产成本和模具费用 30%。因此液压成型件的应用越来越多,目前,北美的新车型有近 50% 的结构件采用液压成型。液压成型件在汽车上的其他应用如图 10-15 所示,管材液压成型特别适用于制造汽车行业中沿构件轴线变化的圆形、矩形截面或异型截面空心构件和空心轴类件、复杂管件等。管材液压成型技术在车身中主要用来加工一些结构件,如前风窗玻璃支架、前风窗玻璃与侧窗玻璃的隔离条、侧窗玻璃之间的隔离条、空间骨架、座椅骨架、减振机架等。

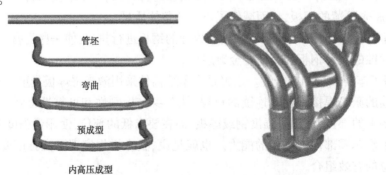

图 10-15　发动机副车架液压成型过程和排气歧管

(2) 板材液压成型技术在车身生产中主要用于车身覆盖件的生产。按照液压取代形式的不同可将其分为两大类:液体代替凸模[图 10-16a)]和液体代替凹模[图 10-16b)]。

第十章 汽车轻量化

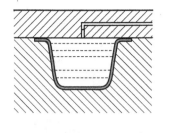
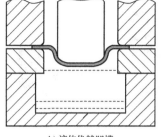

a) 液体代替凸模　　　　　　　　b) 液体代替凹模

图 10-16　板材液压成型示意图

液体代替凹模时,刚性凸模将板材压入液压室,板材在液压的作用下紧贴凸模而成型;液体代替凸模时,则是板材在液压的作用下直接被压入凹模,并紧贴凹模而成型。前者在成型过程中需控制的参数有:液体压力、压边力和凸模行程。而后者则只需控制液体压力和压边力。从参数数量上来看,前者比后者多,但后者在成型时对材料流动的控制不太容易,且板材变薄量较前者大。因此液压成型较为常见的形式是液体代替凹模的形式。但近年来由于对工艺和技术的改进,用液体代替凸模的液压成型也在逐渐增多。

板材液压成型技术与传统成型工艺相比具有很多优点。例如,液压成型仅仅需要一个凸模或凹模,另一半被液体介质所代替,减少了模具成本;液压成型能显著改善产品的质量和性能,如可以提高成型零件的尺寸精度、表面质量、降低回弹和残余应力等;液压成型可以成型一些形状非常复杂的零件,而用传统的冲压成型是非常困难的。还有很重要的一点是液压成型特别适合于成型性能差或高强度的材料成型,如铝合金、镁合金、钛合金、高强度的低合金钢及复合材料等,这为实现车身轻量化而采用轻质材料提供了必要的成型条件。

三、热成型技术

随着在汽车车身中新材料的应用,高强度钢板和超高强度钢板都得到了很大的应用,用高强度和超高强度钢板来制造车身结构件,既可以减轻车体质量,又能提高碰撞安全性。但高强度和超高强度钢板的屈服强度都较高,一般认为屈服强度在 210~250MPa 是高强度钢板,屈服强度大于 550MPa 的是超高强度钢板的,而钢板的成型性能和材料的屈服强度有关,屈服强度大的钢板不容易变形而且在冲压成型后容易产生回弹现象。

热成型技术是将热处理技术(淬火)与冷冲压相结合的制造工艺,可以成型屈服强度超过 1600MPa 的超高强度钢板。高强度钢板热成型(也称作热冲压)技术越来越受到工业界的关注,热成型技术的优势是:能够成型屈服强度高达 1.5GPa 的复杂承载零部件;高温下,材料塑性、成型性好,能一次成型复杂的冲压件;高温下成型能消除回弹影响,零件精度高,成型质量好。热成型工艺是冲压成型领域的前沿技术,可广泛应用于汽车前/后保险杠、A柱、B柱、C柱、车顶构架、车底框架以及车门内板、车门防撞杆等构件的生产。

热成型技术的原理是把特殊的高强度硼合金钢加热使之奥氏体化,随后将红热的板料送入有冷却系统的模具内冲压成型,同时被具有快速均匀冷却系统的模具冷却淬火,钢板组织由奥氏体转变成马氏体,因而得到超高强度比的钢板,热成型技术原理如图 10-17 所示。

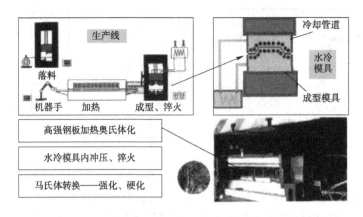

图 10-17　高强度钢板热成型技术原理图

与冷冲压不同,热冲压成型必须将钢板加热实现相变再冲压并进行淬火,从而获得更高的强度、抗变形性与硬度,热冲压成型技术是将传统的锻造、热处理技术和冷冲压技术在高强度薄板成型领域的完美结合。高强度钢板的热成型技术涉及十分复杂的金属材料热—力—相变等多物理场耦合和多尺度问题,以及热边界摩擦非线性力学问题,使得这项新技术的理论研究比常温下的金属板材冷冲压成型研究具有更大的难度。目前热成型技术还处于起步阶段,目前存在的主要问题是成型过程和热处理过程中存在的各种缺陷,如热软化、裂纹、马氏体转换的不均匀性、塑性变形能力低、表面氧化等,都是需要解决的技术问题。另外、热成型技术的成产效率偏低、制造成本比冷成型件高,因此,热冲压成型技术今后将朝着高效率、低成本、强韧化、节能方向发展。其中热成型技术在车身上的应用如图 10-18 所示。

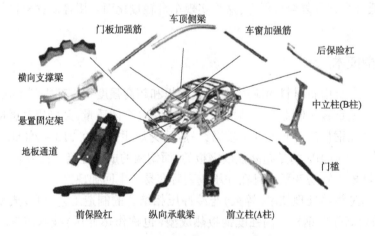

图 10-18　热成型技术在车身上的应用

第五节　汽车轻量化评价

全球汽车行业对燃油经济性和排放要求日益严格,高效动力系统、先进发动机、整车小型化和轻量化技术等在近年来得到广泛研究和应用。轻量化技术的应用成为现代汽车发展的主要趋势之一,针对汽车轻量化水平的合理、准确评判,对于指导汽车设计、制定相关法规以及出台国家鼓励政策等具有重要意义。

一、车身轻量化系数及车身结构利用系数

白车身轻量化系数作为汽车轻量化的表征参量和评价指标,考虑了车身扭转刚度、车身大小、质量水平,对白车身材料的合理使用、结构优化设计有重要意义,已发展成为汽车行业车身轻量化水平的重要评价方法。图10-19为车身轻量化系数中各参数的示意图。

$$L = \frac{m}{C_t} A \qquad (10\text{-}2)$$

式中：m——车身结构质量；
C_t——静态扭转刚度；
A——轮边距与轴距乘积所得投影面积；
L——车身轻量化系数。

图10-19 轻量化参数的示意图

由于轻量化工程主要影响的性能之一是车身刚度,因而轻量化评价指数主要考虑白车身质量的降低以及白车身静态扭转刚度的变化,以期在质量降低的同时,保证车身刚度提高或者不降低。由式(10-2)可知,若要减小车身轻量化系数,可以通过提高刚度或降低白车身的质量来实现。若要车身的质量不降低或降低很少,只需去提高车身的扭转刚度,也会降低车身轻量化系数,但显然这不是轻量化的目的,既未能实现整车质量的真正下降,更主要的是不能实现节能减排。因此,车身轻量化系数仅可作为一个参考指标,不是评判一个车型轻量化水平的绝对指标。

同时该评价方法还有一个问题值得商榷,即不能表征覆盖件的轻量化,如采用更薄的高强度钢材或者采用铝合金板材制造覆盖件,实现了整车减重的效果,但却不能通过车身轻量化系数 L 来表征。因此产生了车身结构利用系数这一公式：

$$L = \frac{m}{C_t} A \qquad (10\text{-}3)$$

式中：m——车身质量(包括四门两盖)。

该方法可以相对全面地表征车身的轻量化水平。

二、车身轻量化评价指标

通常轻量化是与原标杆车相比较时的相对值,因此为了更直接地反映轻量化的效果,也为了消除轻量化系数 L 的量纲,于是提出了轻量化指数 L_i 作为表征轻量化效果的指标,即：

$$L_i = \frac{L_1 - L_2}{L_1} \qquad (10\text{-}4)$$

式中：L_1、L_2——轻量化设计前后的轻量化系数或者车型轻量化前后的其他性能指标。

三、整车面密度

吉利汽车公司的姚再起等人认为人们对整车舒适性的要求,使内外饰、电子电器的比例明显增加,从而大大增加整备质量；动力性能的提高也明显增加了发动机和动力系统质量。因

此,消费者能够从感官体验到的车的各项性能指标可以让市场去衡量,轻量化评价只考虑整备质量水平更合理。在此基础上,不考虑整车各项性能,对于同类车型的轻量化指标可仅考虑整备质量与轮边距和轴距乘积所得投影面积(车型大小),即引入整车面密度的概念,如下式:

$$L_0 = \frac{W_k}{A} \tag{10-5}$$

式中:L_0——整车面密度,kg/m^2;

W_k——整备质量,kg;

A——轮边距与轴距乘积的投影面积,m^2。

根据 2011 年、2012 年和 2013 年欧洲、美国、日本、韩国 12 家主机厂共计 117 种 4 门轿车和 66 种承载式 SUV 的统计数据,随着轮边距与轴距乘积所得投影面积 A 的增加,L_0 整体呈线性增加趋势(图 10-20)。满足如下等式:

$$L_0 = aA + b \tag{10-6}$$

式中:L_0——同类车型的整车面密度随脚印面积的线性变化值;

a——变化斜率;

b——常数。

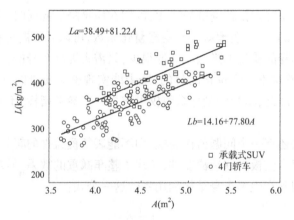

图 10-20 整车面密度

若同种车型包括不同配置,车型质量取各类配置的平均值。根据 4 门轿车统计结果,a 值可取 77.80,b 值可取 14.16;根据承载式 SUV 统计结果,a 值可取 81.22,b 值可取 38.49。承载式 SUV 与 4 门轿车的统计结果表明,随车型增大,整车面密度增大的斜率近似一致,随着统计车型样本的变化,a、b 值将会有所改变,即拟合曲线的斜率将有所变化,但不会太明显。

如图 10-20 所示,在平均线 L_0 附近的车型接近轻量化平均水平,在实线右下方车型的轻量化水平较高,而在实线左上方车型的轻量化水平较低。若将考察车型的对应数值标注在图中相应位置,可明显看出轻量化水平高低,但难以量化直观表达。

四、零部件轻量化评价

在不同车型上,具有相同功能的零部件质量千差万别,这与设计结构、使用材料和性能要求密切相关。总体上讲,随着车型增大,相应零部件质量也会增加,也就是说,每个零件、部件、分总成、总成都占整车的一定比例,若低于平均值,那么说明此零部件的轻量化水平较高,若高于平均值,那么此零部件的轻量化水平较低。

假设零部件质量为 W_i,整备质量为 W_k。同时针对白车身或其他总成,也可计算所包括零部件在整车、整个总成中的轻量化水平,如下:

$$L_r = \frac{W_i}{W_k} \times 100\% \tag{10-7}$$

式中:L_r——相对轻量化系数,也就是零部件占整车或总成的质量百分比;
W_i——零部件质量;
W_k——整备质量。

建立我国统一的轻量化评价方法是推动汽车轻量化及节能减排的基础,建立统一的轻量化评价方法可以让消费者和主机厂比较汽车产品的轻量化水平。但由于我国汽车轻量化技术刚刚起步,统一的轻量化评价方法尚需不断地探索和实践。如今,我国从不同角度总结和提出了一系列汽车轻量化评价方法,这些均有利于行业总结提炼以及选择应用,在实践后,可以提出各种方法的优劣,或在此基础上进一步提出更好的、得到行业认同的方法。

第六节 轻量化技术路线

轻量化技术的应用是一个完整的系统,涵盖行业多、学科多、产业链长,必须从轻量化的概念入手,通过产品的优化采用轻量化设计—材料的选择实现轻量化应用—工业的处理得到轻量化结果—产品的试验与产品全生命周期评价给出轻量化评价。因此,轻量化概念就目前研究的现状,集中体现在优化设计、新材料、工艺和轻量化评价4个方面。

一些典型车身零件的功能和材料性能的关系见表10-7。在这里应该强调的是设计零件的功能要求与对应的材料性能有一定的关系,但两者有很大的区别,是两个概念。不同结构件的功能要求不同,所对应材料的性能也不相同。对于车身轻量化设计时应考虑的一些构件功能和对应的材料特性见表10-8。

典型零件的功能和材料性能的关系 表10-7

构件使用中可能承受的变形量	用高强度钢所制造的零件	希望零件拥有的性能	板厚、强度和性能制件的关系方程
大的塑性变形	保险杠、加强板、门防冲柱、边梁加强筋	高的压溃强度	$P_s \propto t(\sigma_b)^n$ $n = 1/2$ $A_E = t^2(\sigma_b)^{2n}$ $n = 2/7 \sim 1/2$
小的塑性变形	车顶盖、发动机、盖板、门外板、行李舱盖	高的压痕抗力	$P_t \propto t(\sigma_p)^n$ $n = 1/25$
非常小的弹性与塑性变形	车身边梁、横梁	高的模量	$p \propto t \cdot E_D^n$ $\left(\frac{1}{E_D} = \frac{1}{E} + \frac{1}{E_s}\right)$
非常小的变形	边梁车轮	疲劳强度	$\sigma_{BC} \propto \sigma_b$

注:P_s 为压溃强度;A_E 为压溃吸能;P_t 为压痕抗力;p 为小变形抗力;σ_{BC} 为疲劳强度;σ_b 为抗拉强度;t 为板材厚度;σ_p 为成型状态的板材流变应力;E_D 为动荷模量;E 为弹性模量;E_s 为正割模量;n 为常数。

构件功能和材料特性   表 10-8

功 能	材料特性	功 能	材料特性
扭转、压缩、剪切刚度	E/ρ	扭转、压缩、剪切刚度	$R_{P0.2}/\rho$
弯曲皱缩刚度(碰撞能量)	$\sqrt{E}/\rho$	弯曲皱缩强度	$\sqrt{R_{P0.2}}/\rho$
弯曲刚度	$\sqrt[3]{E}/\rho$	弯曲强度	$\sqrt[3]{R_{P0.2}}/\rho$

注：E 为弹性模量；$R_{P0.2}$ 为屈服强度；ρ 为密度。

所以在进行零件轻量化设计时要遵循一定的技术路线，如图 10-21 所示。

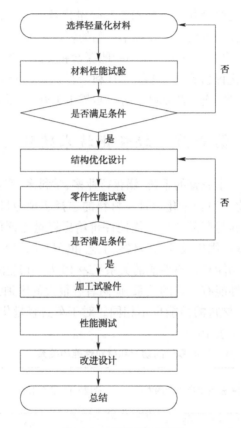

图 10-21 轻量化技术路线

(1)根据零件的受力和功能要求，按照表 10-7 和表 10-8 所列相关参量，通过对每个部件的轻量化目标和应力分析，优化设计完成后，才可确定轻量化材料。

(2)当采用轻量化的结构材料时，它可能会提高半成品的成本和打破原来的维修习惯，增加维修成本，因此必须通过几何形状优化和相关结构的轻量化优化设计，使零件的成本降至最低。

(3)对于轻量化材料的零部件进行应力应变分析和疲劳分析等，保证原有结构的性能不发生改变。

(4)通过合理选择轻量化材料和轻量化设计相结合，以及先进的加工技术，使之达到质量和成本的最佳匹配，准确确定每千克减重的成本保持在可以接受的限度内，否则会导致轻量化设计缺乏市场竞争力。例如作为车身覆盖件，镁合金塑料复合材料的每千克减重所带来的成本,还难以被市场所接受。

 **思考题**

1. 汽车轻量化可以实现节能减排的理论依据是什么?
2. 实现轻量化的技术途径有哪些?
3. 实现轻量化的先进成型技术工艺有哪些?
4. 轻量化的评价指标有哪些?

第十一章 新能源汽车

目前,以石油为主的交通能源短缺和环境污染已成为汽车工业发展中的两大挑战。随着发电效率、发电洁净程度提高和电网高效化、智能化,将会出现以电代替化石能源的长期趋势。以替代燃料和电驱动为代表的各种新型汽车能源动力技术迅猛发展,相互竞争,引发了一场新的技术变革,预示着人类将要进入后燃油时代过渡期和车用能源动力技术创新突破的机遇期。而在全球能源结构正由一次化石能源为主向二次电力能源为主转变的大背景下,以混合动力电动汽车、纯电动汽车和燃料电池电动汽车为代表的新能源汽车被普遍认为是未来汽车能源动力系统转型的主要方向。特别是近两年动力蓄电池的能量密度、寿命和安全性等技术水平显著提高,插电式混合动力电动汽车和纯电动汽车技术迅速发展,使得电动汽车成为新能源汽车发展的主要方向,如图11-1所示。

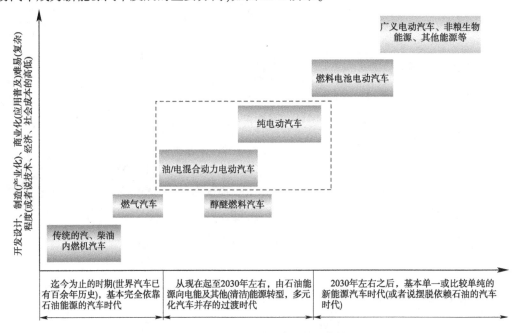

图11-1 中国新能源汽车产业发展路线图

第一节 纯电动汽车

纯电动汽车(Battery Electric Vehicle,BEV)是驱动能量完全由电能提供的、由电机驱动的汽车。纯电动汽车的动力系统主要由动力蓄电池和驱动电机组成,从电网取电(或更换蓄电池)获得电力,并通过动力蓄电池向驱动电机提供电能驱动汽车,具有零排放、振动噪声小、能效高等特点。目前在电动汽车上应用的动力蓄电池,大致分为铅酸蓄电池、锂电池和镍氢电池。锂电池根据材料的不同,又分为许多种,目前应用成熟的主要为三元锂电池和磷酸铁锂电池,市面上采用锂电池的车型基本都是使用这两种电池。

第十一章 新能源汽车

一、纯电动汽车的发展概况

1881年,第一辆电动汽车由法国人 Gustave Trouvé 制造,该车为三轮电动汽车,采用铅酸蓄电池供电并由直流电机驱动,整车及其驾驶人的重量约 160kg。

第一辆商品化的电动汽车是 Morris 和 Salom 的电动舟(Electroboat)。这辆电动汽车在纽约由其发明者所创建的公司以出租汽车方式运营。电动舟被证明是比出租马车更有应用价值的运载工具,尽管其购置价相比出租马车较高(约为 3000 美元比 1200 美元)。电动舟可用于 4h 制的三班交接运营,中间充电时间为 90min。该车装有两台电机,最高车速可达 32km/h,续驶里程为 40km。

19 世纪 90 年代最具影响力的技术是再生制动的发明。1897 年法国人 M. A. Darracq 在轿车上实现了该项技术。再生制动技术在制动时回收车辆的动能并向电池组充电,从而大幅增加了行驶里程。这个发明是对电动汽车和混合动力电动汽车应用技术最有价值的贡献之一。在市区行车时,再生制动技术对电动汽车能量效率的贡献超出其他任何因素。

当燃油汽车变得功率更大、更灵活,尤其是更易于操纵时,电动汽车开始消失。电动汽车的高成本无法与燃油汽车对抗,而其有限的续驶里程和性能削弱了其对燃油汽车的竞争力。

在 20 世纪 60—70 年代期间,对环境的忧虑引发了电动汽车某些方面的研究。尽管同期电池制造技术和电力电子技术取得了进展,但电动汽车的续驶里程和性能仍然是制约其发展的主要因素。

现代电动汽车的研究在 20 世纪 80 年代期间出现高潮,在 20 世纪 90 年代初期厂商展示了几种实际的电动汽车,例如通用汽车公司的 EV1,以及标志雪铁龙公司的 106 Electric。虽然这些电动汽车与早期电动汽车相比有很大进步,但是在当时,电动汽车仍然无法与燃油汽车在续驶里程和性能方面相竞争。汽车制造工业放弃电动汽车而转向混合动力电动汽车的研究,经过几年的研发,混合动力电动汽车已比以往的电动汽车更接近于批量生产。

在电动汽车研发方面,电池的应用技术最为薄弱,这也阻碍了电动汽车市场化的进程。业界在蓄电池方面投入了诸多努力和资金,力图改善电池性能并满足电动汽车需求。目前用在汽车上的动力蓄电池,大致分为铅酸蓄电池、锂电池、镍氢电池。锂电池是应用最为广泛的电动汽车动力电池。目前各大车企均推出自己的纯电动乘用车,电动汽车得到了迅速发展。

近期,国际上推出的纯电动汽车主要以乘用车为主,如日产 Leaf、三菱 i-MiEV、奔驰 SmartED 等车型,其续驶里程一般在 150km 左右,最高车速在 130km/h 左右。可以看出,这些车型主要以满足日常短途行驶需求的小型车为主。更长续驶里程的电动车代表车型为特斯拉 ModelS,它具有 60kW·h 及 85kW·h 两个版本,续驶里程分别可达 335km 及 426km。然而其为豪华跑车,定位为富人时尚的交通工具,有利于改变电动车在消费者中低端、续驶里程短的印象,然而高昂的价格限制了其大范围推广。特斯拉在 2016 年 4 月发布了更低价格同时具有较长续驶里程的 Model 3,进一步打开了电动车市场。我国电动车公司众多,产品繁杂。目前市场上销量较大的为低速电动车,然而低速电动车由于其安全性、管理等问题一直被政府限制。常规的电动乘用车有比亚迪 e6、比亚迪秦 EV300、比亚迪宋 EV300、北汽

EV160、北汽 EU260、北汽 EU400、帝豪 EV300、腾势 400、江淮 iev4、逸动 EV、众泰云 100、奇瑞 eQ、江铃 E100、康迪熊猫。这些车辆续驶里程从 100km 到 400km 均有，一般来说，取得较好销量的车辆为小型电动车，在一线城市由于电动汽车的优惠政策及较强购买力，倾向于购买较长续驶里程的纯电动汽车。

二、纯电动汽车的结构

纯电动汽车电驱动系统的概念如图 11-2 所示。驱动系统由三个主要的子系统组成：电机驱动子系统、能源子系统和辅助子系统。电机驱动子系统包括整车控制器、电力电子功率变换器、电机、机械传动装置和驱动轮。能源子系统包括能量源、能量管理单元和能量补充单元。辅助子系统由助力转向单元、车内空调温控单元和辅助功率单元组成。

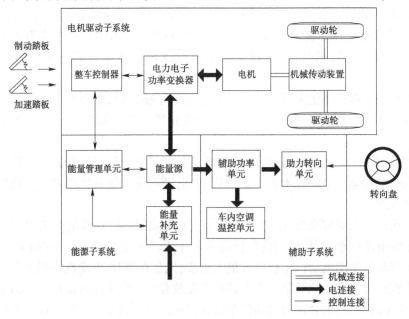

图 11-2　纯电动汽车结构的概念性图示

基于加速踏板和制动踏板的控制输入，整车控制器向功率变换器提供适当的控制信号，用以调节电机和能量源之间的功率流。电动汽车再生制动时会产生逆向的功率流，这部分能量可以回馈到能量源中，待需要时可再次被利用。大多数电动汽车中的蓄电池、超级电容和飞轮都具备储存再生能量的能力。能量管理单元与整车控制器相配合，控制再生制动和能量回收过程，能量管理单元还监控能量源的可用性。辅助电源为所有车载辅助设备（特别是车内空调温控和助力转向装置）提供不同电压等级的必要功率。

由于纯电动汽车电驱动性能和能量源的多样性，纯电动汽车具有多种结构形式，如图 11-3 所示。

（1）图 11-3a）展示了一种可选结构方案，其中用电驱动系统取代了传统汽车中的内燃机。电驱动系统包括电机、离合器、齿轮箱和差速器。离合器和齿轮箱可以用自动变速器代替。离合器用于连接或中断电机与驱动轮间的动力。齿轮箱提供了一系列传动比，使得车速与动力能够匹配负载需求。差速器是一种机械装置（通常是行星齿轮组），使得车辆在转弯时两侧的车轮能够以不同的速度转动。

(2) 如图 11-3b) 所示,借助于电机能够在较大速度区间内提供恒功率输出的特性,可采用固定速比的齿轮取代多挡变速器,并省去了结构中的离合器。这种结构不仅降低了机械传动装置的尺寸和重量,由于其不需要换挡过程还简化了传动系统的控制。

(3) 如图 11-3c) 所示,类似于 11-3b) 中的传动系统方案,但将电机、固定速比齿轮和差速器集成为一个部件,其两端输出轴与两侧驱动轮相连接。整个驱动系得到进一步简化,结构也更为紧凑。

(4) 如图 11-3d) 所示,用两台牵引电机代替机械差速器。当车辆沿着弯曲路径行驶时,两侧电机将以不同转速运行。

(5) 如图 11-3e) 所示,为进一步简化驱动系统,可将牵引电机放置于车轮内。这种结构就是所谓的轮毂电机驱动。可采用一种薄型行星齿轮来降低电机转速并提升电机转矩。该行星齿轮结构具有高减速比,以及输入和输出轴集成布置的优势。

(6) 如图 11-3f) 所示,完全舍弃电机与驱动轮之间的机械传动装置,将低速轮毂电机的外转子直接与驱动轮相连。此时电机转速控制等同于车轮转速控制,因此也对应车速。然而,这种结构要求电机具有更高的转矩,以满足车辆起动和加速时的性能需求。

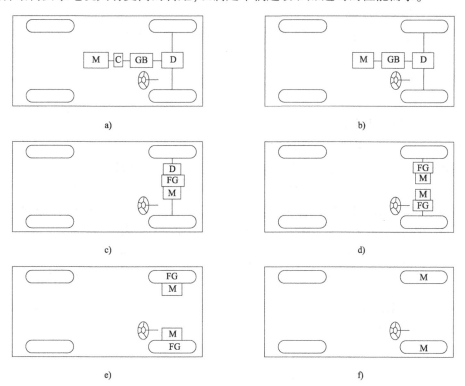

图 11-3 纯电动汽车的结构形式

C-离合器;D-差速器;GB-固定挡齿轮传动装置;FG-变速器;M-电机

三、纯电动汽车的性能

纯电动汽车基本的车辆性能包括最大巡航车速、爬坡能力和加速性能。

可以通过牵引力曲线和阻力曲线的交点得到最高车速,在使用较大功率牵引电机或较高传动比的设计中,有时不存在这样的交点。在这种情况下,最高车速是由牵引电机的最高转速决定的：

$$V_{\max} = \frac{\pi}{30} \frac{N_{\mathrm{mmax}} r_{\mathrm{d}}}{i_{\mathrm{gmin}} i_0} \tag{11-1}$$

式中：N_{mmax}——牵引电机所支持的最高转速；

i_{gmin}——传动系统的最小传动比（最高挡）；

i_0——主减速器的传动比；

r_{d}——驱动轮的半径。

纯电动汽车的爬坡能力可由车辆净牵引力 $F_{\mathrm{t-net}}$ 决定，其中 $F_{\mathrm{t-net}} = F_{\mathrm{t}} - F_{\mathrm{r}} - F_{\mathrm{w}}$。在中速及高速情况下，车辆的爬坡能力比低速下要差。给定车速下的最大爬坡度可由下式计算得到：

$$i = \frac{F_{\mathrm{t-net}}}{Mg} = \frac{F_{\mathrm{t}} - (F_{\mathrm{r}} + F_{\mathrm{w}})}{Mg} \tag{11-2}$$

式中：F_{t}——驱动轮上的牵引力；

F_{r}——轮胎的滚动阻力；

F_{w}——空气阻力；

M——车辆的总质量。

但在低速时，由式(11-2)计算得到的爬坡度要低于实际值，存在一定误差，此时应按照式(11-3)计算爬坡度：

$$\sin\alpha = \frac{d - f_{\mathrm{r}} \sqrt{1 - d^2 + f_{\mathrm{r}}^2}}{1 + f_{\mathrm{r}}^2} \tag{11-3}$$

式中：f_{r}——轮胎滚动阻力系数；

$d = (F_{\mathrm{t}} - F_{\mathrm{w}})/Mg$，被称为车辆的性能系数。

车辆的加速特性是指由车辆从低速 V_1（通常为零车速）加速到更高车速（对乘用车而言一般为 100km/h）所用的时间。对于纯电动乘用车来说，加速特性一般比最高巡航车速和爬坡能力更为重要。这是由于电机驱动系统的功率需求，是由整车对加速能力的要求决定，而不是由最高巡航车速或爬坡能力决定。电动汽车的加速时间可表示为：

$$t_{\mathrm{a}} = \int_0^{V_{\mathrm{b}}} \frac{M\delta}{\left(\dfrac{P_{\mathrm{t}}}{V_{\mathrm{b}}}\right) - Mgf_{\mathrm{r}} - (1/2)\rho_{\mathrm{a}} C_{\mathrm{D}} A_{\mathrm{f}} V^2} \mathrm{d}V + \int_{V_{\mathrm{b}}}^{V_{\mathrm{f}}} \frac{M\delta}{\left(\dfrac{P_{\mathrm{t}}}{V}\right) - Mgf_{\mathrm{r}} - (1/2)\rho_{\mathrm{a}} C_{\mathrm{D}} A_{\mathrm{f}} V^2} \mathrm{d}V \tag{11-4}$$

式中：V_{b}——电机基速对应的车速；

V_{f}——最终车速；

P_{t}——电机基速时传递到驱动轮的牵引功率；

ρ_{a}——空气密度；

C_{D}——空气阻力系数；

A_{f}——迎风面积；

V——车速。

式(11-4)右边的第一项是车速低于电机基速对应车速的区间，第二项是车速高于电机基速对应车速的区间。

式(11-4)很难直接得到解析解。初步估算加速时间和牵引功率的对应关系时，可以先忽略滚动阻力和空气阻力，即加速时间可表示为：

$$t_a = \frac{\delta M}{2P_t}(V_f^2 + V_b^2) \tag{11-5}$$

汽车转动惯量系数 δ 是一个常数。牵引功率 P_t 可表示为：

$$P_t = \frac{\delta M}{2 t_a}(V_f^2 + V_b^2) \tag{11-6}$$

需要注意的是，由式(11-6)得到的功率仅为车辆加速所消耗的功率。为准确求出牵引功率，需考虑克服滚动阻力和空气阻力所消耗的功率。加速时的平均牵引功率可以表示为：

$$\bar{P}_{drag} = \frac{1}{t_a}\int_0^{t_a}\left(Mgf_rV + \frac{1}{2}\rho_a C_D A_f V^3\right)dt \tag{11-7}$$

车辆速度 V 可通过时间 t 表示为：

$$V = V_f\sqrt{\frac{t}{t_a}} \tag{11-8}$$

将式(11-8)代入式(11-7)并积分，得到：

$$\bar{P}_{drag} = \frac{2}{3}Mgf_rV_f + \frac{1}{5}\rho_a C_D A_f V_f^3 \tag{11-9}$$

可求出车辆在 t_a 时间内，从零车速加速到 V_f 的牵引功率为：

$$P_t = \frac{\delta M}{2 t_a}(V_f^2 + V_b^2) + \frac{2}{3}Mgf_rV_f + \frac{1}{5}\rho_a C_D A_f V_f^3 \tag{11-10}$$

式(11-10)表明，对于给定的加速特性，电机基速较低意味着电机的功率值较小。但该功率的下降速率与电机基速的下降速率并不相同。在式(11-10)中对 V_b 进行微分，可得：

$$\frac{dP_t}{dV_b} = \frac{\delta M_v}{t_a}V_b \tag{11-11}$$

图 11-4 给出了 $\frac{dP_t}{dV_b}$ 与电机速度比参数 x 的实例。在这个例子中，加速时间是 10s，车辆质量是 1200kg，滚动阻力系数为 0.01，空气阻力系数是 0.3，迎风面积为 2m²。由图 11-4 可以清楚看出，x 较低(即 V_b 较高)时，降低基速(即增大 x)可以显著降低电机的功率需求，但当 x 较高(即 V_b 较低)时，例如 $x>5$，再增大基速对降低功率需求的效果就不那么明显了。图 11-5 给出了基于式(11-4)和数值方法得到的加速时间和加速距离与最终车速间的关系。

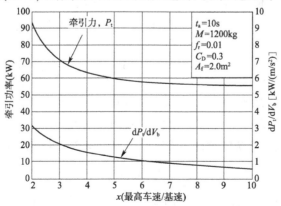

图 11-4　功率与电机速度比参数 x 间的关系

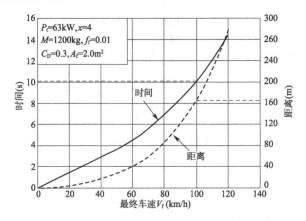

图 11-5 车辆加速时间及加速距离与最终车速间的关系曲线

在特定的循环工况中,车辆的牵引力可表示为:

$$F_t = Mgf_r\cos\alpha + \frac{1}{2}\rho_a C_D A_f V^2 + M\delta\frac{dV}{dt} \quad (11\text{-}12)$$

四、纯电动汽车的能耗

在交通运输中,能量单位通常使用千瓦时($kW \cdot h$),而不是使用焦耳或千焦(J 或 kJ)。整车能耗通常以单位距离的能耗来评估($kW \cdot h/km$)。内燃机车辆通常使用单位距离的耗油量来评估能耗,例如行驶 100km 所消耗的燃油升数($L/100km$);对于配备电池的电动汽车而言,一般用电池输出端的能量消耗($kW \cdot h$)作为度量单位:以 $kW \cdot h$ 为单位测定电池能量,并据此计算出整车行驶里程。

能量消耗即是电池输出端的功率积分。为驱动车辆,电池输出功率应等于阻尼功率、传动系统的功率损耗和电机驱动过程中的损耗(包括电子设备中的功率损耗)之和。传动系统和电机驱动过程中的功率损耗可分别通过其各自的效率系数 η_t 和 η_m 来描述,蓄电池的输出功率可表达为:

$$P_{b\text{-out}} = \frac{V}{\eta_t \eta_m}\left[Mg(f_r + i) + \frac{1}{2}\rho_a C_D A_f V^2 + M\delta\frac{dV}{dt}\right] \quad (11\text{-}13)$$

这里没有计入非牵引载荷(附加载荷)。在某些情况下,若附加载荷影响太大以致不能忽略,则应将其与牵引载荷共同计算。当电动汽车中应用再生制动功能时,传统汽车中损耗的一部分制动能量可通过电机工作在发电状态予以回收,并储存于电池组中而得到利用。电池端的再生制动功率可表示为:

$$P_{b\text{-in}} = \frac{\alpha V}{\eta_t \eta_m}\left[Mg(f_r + i) + \frac{1}{2}\rho_a C_D A_f V^2 + M\delta\frac{dV}{dt}\right] \quad (11\text{-}14)$$

再生制动时,上式中的路面坡度 i 或加速度 dV/dt 至少有一个为负值,或二者均为负值。$\alpha(0<\alpha<1)$ 是指电机制动能量占总制动能量的百分比,称为再生制动系数。再生制动系数 α 是随制动强度以及制动系统的设计和控制而变化的参数。电池组中的净能量消耗为:

$$E_{out} = \int_{traction} P_{b\text{-out}} dt + \int_{braking} P_{b\text{-in}} dt \quad (11\text{-}15)$$

应该注意,式(11-15)所描述的再生制动功率带有负号。当电池组的净能量消耗达到其总能量时,电池组完全放电并需要充电。两次充电间的行驶距离常称为续驶里程。续驶里程取决于电池组的总能量、阻尼功率以及再生制动系数 α。

如图 11-6 所示,牵引电机的效率随其在转速—转矩、转速—功率平面上的运行点而变化,其中存在最高效的运行区。如前文所述,在驱动系统设计时,应使最高效运行区与主要工作区域重合,或至少尽可能地接近。

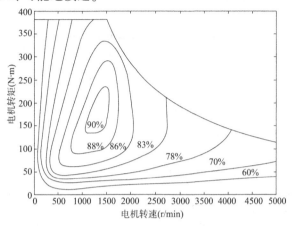

图 11-6　典型的电机效率特性曲线

第二节　混合动力电动汽车

混合动力电动汽车,是能够至少从下述两类车载储存的能量中获得动力的汽车:①可消耗的燃料;②可再充电能/能量储存装置。

一、混合动力电动汽车的发展概况

早期制造混合动力电动汽车结构是为了辅助当时功率偏小的内燃机,或是为了提高电动汽车的续驶里程。混合动力电动汽车利用了基本的电动汽车技术,并使之实用化。尽管混合动力电动汽车在设计中有很多的创造性,但在第一次世界大战后,仍然无法与已获重大进步的内燃机汽车相竞争。就功率密度而言,汽油发动机取得了惊人的进步,发动机变得更小、更有效,并且不再需要电机予以辅助。电机的附加成本和铅酸蓄电池带来的危害,是第一次世界大战后混合动力电动汽车从市场中消失的关键原因。

在 20 世纪 90 年代,当人们清楚纯电动汽车难以达到节能目标时,人们对混合动力电动汽车的概念产生了很大的兴趣。福特汽车公司启动了福特混合动力电动汽车挑战计划,该计划展现了源于大学对混合动力电动汽车所做的努力。

全世界汽车制造商生产的混合动力电动汽车取得了巨大的进步,在燃油经济性方面超过了对应的内燃机汽车。

在混合动力电动汽车的发展和商业化进程中,最有影响力的当属日本汽车制造商。1997 年丰田公司在日本推出了 Prius 混合动力电动轿车,本田公司也推出了 Insight 和 Civic 混合动力电动轿车。这些混合动力电动汽车目前在全世界得到了广泛应用,实现了燃油消耗量的优化。丰田公司的 Prius 和本田公司的 Insight 混合动力电动汽车具有历史性的价值,它们是解决私家车燃油消耗难题的当代首批商业化的混合动力电动汽车。

二、混合动力电动汽车的结构

混合动力电动汽车按推进系统能量流和功率流的配置结构关系或动力传输路线，可以分为串联式混合动力电动汽车、并联式混合动力电动汽车和混联式混合动力电动汽车。各技术类型特点比较如表 11-1 所示。

混合动力电动汽车各技术类型特点比较　　　　表 11-1

系　　统	动力系统组成	技术特点
串联式	发动机、发电机、驱动电机	发动机效率高、控制简单，但对电池要求高，能量利用率低
并联式	发动机、驱动电机/发电机、耦合机构	与串联相比，能量利用率高、成本较高，控制较复杂
混联式	发动机、发电机、驱动电机、耦合机构	可灵活调节发动机和电机运转，但结构复杂、控制难度大、成本高

1. 串联式混合动力电驱动系统（电耦合）

电耦合串联式混合动力电驱动系统是一种由两路电源向单个电功率装置（电机）供能，以驱动车辆的驱动系统结构。

最常用的串联式混合动力电驱动系统结构如图 11-7 所示。其中燃油箱为单向能源，与发电机相耦合的发动机为单向能量转换器（动力源）。发电机的输出通过可控电力电子转换器（整流器）连接到功率直流母线上。电池组为双向能量源，该电池组通过可控的双向电力电子转换器（DC/DC）连接到功率直流母线上。直流母线还与电机控制器相连。驱动电机可以工作在电动模式或发电模式，也可以正向或反向旋转。该电驱动系统还可能包括一个充电机，以通过墙上插座由电网向蓄电池充电。串联式混合动力电驱动系统结构源自纯电动汽车，由于纯电动汽车的续驶里程受制于低能量密度的蓄电池组，为改善该问题在电动汽车上添加了辅助的发动机—发电机组以提升续驶里程。

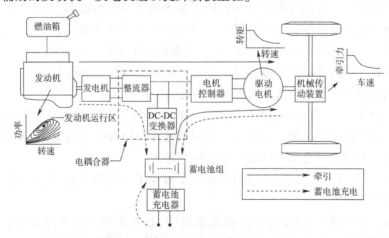

图 11-7　串联式混合动力电驱动系统的组成

根据驾驶人通过加速和制动踏板给出的运行指令，以及来自其组成部分的其他反馈信息，驱动系统需有一个车辆控制器，以控制运行和功率流。该车辆控制器将通过内燃机的节气门、电耦合器（可控整流器和 DC/DC 变换器）以及驱动电机，按以下的某一种运行模式控制内燃机产生所要求的驱动转矩或再生制动转矩。

（1）纯粹的电驱动模式：发动机关闭，车辆仅由蓄电池组供电、驱动。

（2）纯粹的发动机驱动模式：车辆牵引功率仅源于发动机—发电机组，而蓄电池组既不供电也不从驱动系统中吸收任何功率。电设备组用作从发动机到驱动轮的电传动系统。

（3）混合驱动模式：驱动功率由发动机—发电机组和蓄电池组两者在电耦合器中交汇，共同提供。

（4）发动机驱动和蓄电池组充电模式：发动机—发电机组同时供给向蓄电池组充电和驱动车辆所需功率。该发动机—发电机组功率在电耦合器中实施分解。

（5）再生制动模式：发动机—发电机组关闭，而驱动电机运行如同一台发电机，由车辆的动能或势能赋予动力。它所产生的电功率用于向蓄电池组充电，以及重复利用于往后的驱动之中。

（6）蓄电池组充电模式：驱动电机不接收功率，发动机—发电机组仅向蓄电池组充电。

（7）混合式蓄电池充电模式：发动机—发电机组和运行在制动的发电机状态下的驱动电机，两者都向蓄电池组充电。

串联式混合动力电驱动系统呈现以下三方面的优点：

（1）发动机与驱动轮之间没有机械上的连接，因此发动机能运行在其转速—转矩（功率）特性图上的任何运行工作点。这一特异的优点借助于完善的功率流控制，即可为发动机始终运行在其最大效率区创造条件。在该狭小区域内，通过优化设计和控制，发动机的效率和排放可进一步得到改善。相比于全运行范围内的优化，该狭小区域内的优化简易得多。此外，发动机从驱动轮上的机械解耦，使高转速发动机能够得到应用，而这类发动机难以直接通过机械连接去带动车轮，例如燃气轮机发动机或具有缓动态特性的动力机械（如斯特林发动机等）。

（2）因电机具有用于牵引近乎理想的转矩—转速特性，其驱动系统不需要多挡的传动装置。因此，驱动系统结构大为简化，且成本下降。此外，可采用两个电机分别带动一个车轮的结构，便可取消机械差速器。这样的结构还具有两个车轮转速解耦，相似的机械差速器的功能，类似于传统驱动控制的辅助防滑功能等优点。而且可应用四个轮式电机，分别驱动一个车轮。在这样的构造中，每个车轮的转速和转矩能独立控制，因而可大大提高车辆的驾驶性能。这对通常行驶在不利地形上（例如冰、雪和软地面）的越野车辆尤为重要。

（3）由于发动机与车轮之间在机械上完全解耦，相比于其他结构，串联式混合动力电驱动系统的控制策略可得以简化。

然而，串联式混合动力驱动系统有以下缺点：

（1）源于发动机的能量被两次转换（在发电机中，由机械能转变为电能；在牵引电机中，由电能转变为机械能）传递到终端——驱动轮。发电机和牵引电机两者的低效率导致显著的能量损耗。

（2）发电机附加了额外的重量和成本。

（3）因为驱动电机是唯一驱动车辆的动力装置，故其必须按最佳的加速和爬坡运行性能需求，为保证足够动力予以定制。

2．并联式混合动力电驱动系统（机械耦合）

和传统内燃机车辆一样，并联式混合动力电驱动系统是一个由发动机直接向驱动轮供

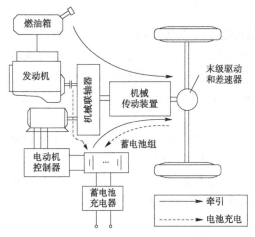

图 11-8 并联式混合动力电驱动系统的结构

给机械动力的驱动系统,它由机械上与传动系统相配合的电动机予以辅助,并通过机械联轴器两者共同配合提供动力,如图 11-8 所示。这一结构的特异性能是利用机械联轴器将由发动机和电动机提供的两个机械功率组合在一起的。

在串联式混合动力驱动系统中,已阐述的所有可能的运行模式依然有效。并联式混合动力驱动系统相比串联式混合动力驱动系统的主要优点如下:

(1)发动机和电动机都直接向驱动轮提供转矩,不存在能量形式的转换,因而能量损失较少;

(2)由于不需要附加额外的发电机,以及驱动电机相比于串联式混合动力电驱动系统中的驱动电机要小,因此其结构紧凑。

并联式混合动力电驱动系统的主要缺点是,发动机和驱动轮之间存在着机械联轴器,由此发动机的运行点就不可能固定在一个狭小的转速和转矩区域内,并且其结构和控制复杂。

3. 混联式混合动力电驱动系统(转矩和转速耦合)

混联式混合动力电动汽车兼有串联式和并联式混合动力电动汽车的特点,因而有很多种可能的控制方式。基本上可分成两种:一种称为发动机主动型,另一种称为电力主动型。车辆运行时,前一种主要是发动机起作用,而后一种主要是电动机起作用。

混联式混合动力电驱动系统代表是丰田 THS(Toyota Hybrid System)。从 1997 年丰田推出应用第一代 THS 的 Prius 以来,THS 已经历了三代发展,如今,第三代 THS 已应用在 Prius、Camry Hybrid 等多种车型上。丰田 Prius THS 如图 11-9 所示,可以看出,该系统由发动机、两台电机和行星齿轮组成,其中,行星齿轮位于发动机和电机中间,太阳轮与发电机连接,行星轮与发动机连接,外齿轮与驱动兼再生用电机连接。该系统能量流控制精细、发动机效率高,但机构比较复杂,开发成本较高。

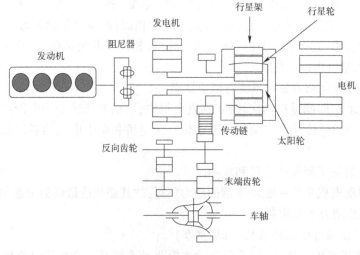

图 11-9 丰田 Prius THS

三、插电式混合动力电动汽车

插电式混合动力电动汽车（Plug-in Hybrid Electric Vehicle, Plug-in HEV）是一种能从外部电源（如家用电网）对其能量存储装置进行充电的混合动力电动汽车，具有纯电行驶模式，在一段里程内采用纯电驱动方式，当电池电量使用到一定程度后，采用混合动力驱动方式。

插电式混合动力电动汽车主要依赖于普通混合动力电动汽车技术，近年来得到了较快的发展。在技术方案上，由于具有纯电行驶功能，主要采用串联和混联方案。两者区别在于：串联式以纯电行驶为主，纯电行驶里程较长；混联式以混合动力行驶为主，纯电行驶里程较短。在产品技术上，插电式混合动力电动汽车呈现多样化特点。

1. 串联插电式混合动力电动汽车

串联插电式混合动力电动汽车常称为增程式电动汽车（Range Extended Electric Vehicle, REEV），代表车型有美国通用 Volt 和 Fisker karma，广汽 GA5 也采用这种结构。

通用 Volt 采用其 VolTec 系统，其动力系统如图 11-10 所示，可以看出，该系统由两个电机、发动机、行星齿轮和三个离合器组成。发动机通过离合器与小电机相连，大小电机分别通过离合器与行星齿轮连接，由行星齿轮将驱动力传给车轮。该动力系统具有四种工作模式：第一种模式仅由大功率电机来驱动；第二种模式并用小功率电机驱动；第三种模式通过发动机驱动小功率电机发电，同时利用大功率电机驱动；第四种模式由发动机与大功率电机共同提供驱动力，其中，发动机输出功率部分用于驱动，剩余传给小功率电机用于发电。在产品技术上，该车配备 16kW·h 锂离子电池，纯电可行驶 64km，发动机增程续驶里程可达 570km，最高时速为 160km/h。

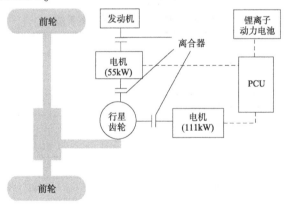

图 11-10 通用 Volt 动力系统

2. 混联插电式混合动力电动汽车

与串联插电式混合动力电动汽车相比较，在电池电量消耗到一定程度后，混联插电式混合动力电动汽车进入混合动力模式，代表车型有丰田 Plug-in Prius 和本田雅阁插电式混合动力电动汽车（日本名为 Inspire）。国内车型目前以比亚迪秦及荣威 e550 插电式混合动力电动汽车为典型的代表。

丰田 Plug-in Prius 基于传统 Prius 平台，两者动力系统结构相同。Plug-in Prius（2016 年款）技术参数如表 11-2 所示。可以看出，与传统 Prius 相比，在整车方面，Plug-in Prius 具有 EV 行驶模式，但对纯电行驶条件进行了限制，即在车速过高（大于 100km/h）或急加速等工况下不使用 EV 模式；在动力电池方面，采用了 8.8kW·h 的锂离子电池，纯电动行驶里程达

40km，并具备两种电压下的充电模式。

Plug-in Prius（2016年款）技术参数 　　　　　表11-2

结构	技术参数	
系统	最大功率输出(kW)	100
	经济性(L/100km)	2.5（纯电＋混合模式）/4.7（混合模式）
	EV行驶里程(km)	24
	充电时间(h)	5（120V）/3（240V）
发动机	类型	1.8L 4缸 VVT-i
	最大功率输出(kW)	73（5200r/min）
	最大转矩输出(N·m)	142（4000r/min）
电机	类型	永磁交流同步电机
	最大功率输出(kW)	60
	最大转矩输出(N·m)	207
电池	类型	锂离子电池
	电池容量(kW·h)	8.8

比亚迪目前开发了DM混动技术，第一代混动技术用于F3上，第二代DM技术用在比亚迪秦上。比亚迪秦发动机以及电机采用并联模式，通过一台双离合变速器进行动力输出。混动系统通过将电机接入6速双离合变速器的倒挡轴实现，比亚迪秦获得了较好的销量，在2015年款的基础上，2017年款电池由原来的磷酸铁锂电池改为三元锂离子电池，提高了纯电动行驶里程，其主要技术参数如表11-3所示。

比亚迪秦2017年款混动版技术参数　　　　　表11-3

结构	技术参数	
系统	最大功率输出(kW)	217
	经济性(L/100km)	1.6
	EV行驶里程(km)	70
	充电时间(h)	6
发动机	类型	1.5L缸内直喷涡轮增压发动机
	最大功率输出(kW)	113（5200r/min）
	最大转矩输出(N·m)	240（1750~4000r/min）
电机	类型	永磁同步电机
	最大功率输出(kW)	110
	最大转矩输出(N·m)	200
电池	类型	三元锂离子电池
	电池容量(kW·h)	15
	额定电压(V)	506

第三节　燃料电池电动汽车

燃料电池电动汽车是以燃料电池系统作为单一动力源或者是以燃料电池系统与可充电

储能系统作为混合动力源的电动汽车。燃料电池的化学反应过程不会产生有害物质,具有高效率、无污染、零排放、无噪声等优势。

一、燃料电池电动汽车的发展概况

早在1893年,William Grove(被称为燃料电池之父)发现通过电解水的反向过程可产生电。在1889年,两位研究者Charles Langer和Ludwig Mond创造了"燃料电池"术语,并利用空气和煤气力图设计制作了第一台实用的燃料电池。当20世纪初期进一步试图发展燃料电池以使煤或碳转换为电能时,内燃机的到来暂时抑制了该应用技术的发展。

近期,国际上新推出的燃料电池电动汽车在可靠性和成本控制等方面取得了长足进步,代表车型包括奔驰B-Class F-Cell、丰田FCHV Mirai、通用-欧宝SUV Hydro Gen 4和本田Clarity Fuel Cell等。燃料电池电动汽车代表车型参数见表11-4。在技术方案上,燃料电池电动汽车动力系统均采用电—电混合技术,即燃料电池与动力蓄电池混合,这有利于利用动力蓄电池回收制动能及调节燃料电池产生的电能;在驱动电机上,采用永磁同步电机;在动力蓄电池上,本田和奔驰等采用锂离子电池,丰田和通用则采用镍氢电池。

燃料电池电动汽车代表车型参数　　表11-4

类 别	奔驰 B-Class F-Cell	丰田 FCHV Mirai	通用-欧宝 SUV Hydro Gen 4	本田 Clarity Fuel Cell
电机类型	—	永磁交流同步电机	同步电机	永磁交流同步电机
电机功率(kW)	100	113	73	130
燃料电池功率(kW)	80	114	93	130
电池类型	锂离子电池	镍氢电池	镍氢电池	锂离子电池
氢罐压力(MPa)	70	70	70	35
续驶里程(km)	400	500	320	590
最高时速(km/h)	170	170	160	160
冷起动温度(℃)	-25	-30	-24	-30

从全球范围看,日本和韩国的燃料电池研发水平领先,尤其是丰田、日产和现代汽车公司,在燃料电池电动汽车的耐久性、寿命和成本方面逐步超越了美国和欧洲。目前所有较大的汽车厂商均有燃料电池样车或者概念车,然而到2017年市场上的量产车型仅有几款。其主要原因为前些年各大厂商的节能路线不同,日韩比较坚定地走燃料电池路线,而欧美走柴油车路线、纯电动汽车路线、替代燃料发动机路线。经过十年左右发展,因其他技术进步也不尽如人意,近几年来世界范围内均将发展重点转向燃料电池电动汽车,为燃料电池的技术发展及商业化运用带来巨大的推动力及历史机遇。

国际汽车厂商新推出的燃料电池电动汽车性能不断提升,如丰田Mirai,氢罐压力已达70MPa,氢罐总重87.5kg,具有5kg的储能容量,整车带两个氢罐,续驶里程超过400km,可满足长途行驶需求,冷起动温度已达-25℃下。丰田Mirai燃料电池电动汽车已经在2015年上市,产品投放在北美、日本及欧洲发达国家,售价为6万美元左右。截至2017年2月,全球销量接近3000台。燃料电池电动汽车典型代表有本田FCV,其燃料电池电动汽车经历了五代发展,其中第一代实验车采用巴拉德燃料电池,从第二代开始采用本田自主开发的燃料电池,功率达100kW。目前第五代产品的燃料电池功率已达130kW,成本进一步降低,可靠性及紧凑性不断增加。最近的产品 Clarity Fuel Cell 有望成为丰田 Mirai 有力的竞争者。本田 FCX Clarity 燃料电池电动汽车系统结构如图 11-11 所示,可以看出,该系统包含了驱动电机(电机与减速器同轴设计)、锂离子电池、高压氢气罐以及 VFlow 燃料电池发动机。在驱动形式上,该车前舱驱动电机输出功率为 80kW,后侧同时配备输出功率为 25kW 的轮内电机。

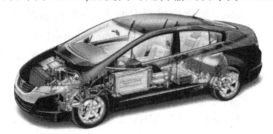

图 11-11　本田 FCX Clarity 燃料电池电动汽车

二、燃料电池电动汽车的结构

燃料电池电动汽车的基本结构多种多样。按照能量来源可分为车载纯氢和燃料重整两种方式;按照驱动形式可分为纯燃料电池驱动和混合驱动两种,其中混合驱动目前具体的动力配置方案主要有燃料电池 + 蓄电池、燃料电池 + 超级电容器、燃料电池 + 蓄电池 + 超级电容器、燃料电池 + 飞轮、插电式五大类。

纯燃料电池电动汽车只有燃料电池一个动力源,汽车的所有功率负荷都由燃料电池承担。其优点在于系统结构简单,整车装备质量小,控制实现相对容易。主要缺点有:燃料电池的功率大,成本昂贵;对燃料电池系统的动态性能和可靠性提出了很高的要求,不能进行制动能量回收。基于这些不利因素,目前的燃料电池电动汽车主要采用的是混合驱动形式,主要采用的方案是在燃料电池的基础上,增加一组电池或超级电容器作为另一个动力源。

图 11-12 是采用"燃料电池 + 蓄电池"(FC + B)混合驱动形式的燃料电池电动汽车动力系统结构图。该混合驱动形式相对于纯燃料电池电动汽车,可以实现在起动时对空气压缩机和鼓风机供电、对电堆进行加热、对氢气和空气进行加湿,同时能够回收制动能量。该系统降低了对燃料电池的功率和动态特性的要求,同时也降低了燃料电池系统的成本,但增加了驱动系统的质量、体积和复杂性,从而增加了电池的维护、更换费用。

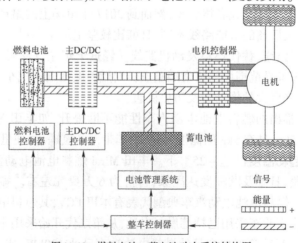

图 11-12　燃料电池 + 蓄电池动力系统结构图

根据燃料电池所提供的功率占整车总需求功率的比例不同,燃料电池混合动力电动汽车可分为能量混合型和功率混合型两大类。

在燃料电池电动汽车开发的早期,由于技术水平的限制,燃料电池的功率较小,还难以满足车辆的功率需求。在车辆行驶过程中燃料电池只能提供整车功率需求的一部分,不足的部分还需要其他动力源(如电池)来提供,采用这种混合驱动形式的汽车即为能量混合型燃料电池电动汽车。能量混合型燃料电池电动汽车为了满足一定的性能指标,往往需要配备较大容量的电池组,从而导致整车的自重增加、动力性变差、布置空间紧张。能量混合型燃料电池电动汽车的燃料电池可以经常在系统效率较高的额定功率区域内工作。但每次运行结束后,除了要加注氢燃料外,还需要用地面电源为电池充电。

随着燃料电池技术的不断成熟,燃料电池的性能逐渐提高,燃料电池所提供的功率比例越来越大,这样就可以减少电池的容量,从而减轻车重、提高动力性等。但为了回收制动能量,还需要一定数量的电池,但电池只提供整车所需功率中很小的一部分。燃料电池作为主动力源,电池作为辅助动力源,车辆需要的功率主要由燃料电池提供,电池只是在燃料电池启动、汽车爬坡和加速时提供功率,在汽车制动时回收制动能量。采用这种混合驱动形式的汽车即为功率混合型燃料电池电动汽车。

由于镍—氢电池或锂离子电池比能量及比功率较高,从而可以减少电池组的体积和重量,现在越来越多地被用作燃料电池混合动力电动汽车的电池。但是,由于目前这些电池的价格仍非常昂贵,同时使用过程中电池的工作电压、电流、温度等的变化与其安全有很密切的关系,所以往往需要配备专门的电池管理系统。

图11-13为燃料电池电动汽车"FC+C"的驱动形式,即采用燃料电池与超级电容器组合,完全摒弃了寿命短、成本高、使用要求复杂的电池。采用超级电容器的突出优点是寿命长和效率高,可改善整车的瞬态特性和大大降低使用成本,有利于燃料电池电动汽车的商业化推广和应用,但超级电容器同时存在能量密度低、维护费用高的缺点,所以此方案尚在实验中。

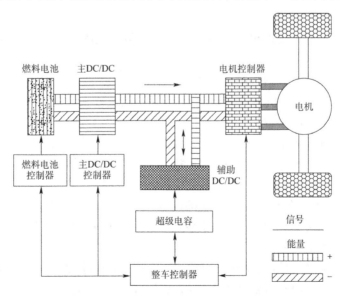

图11-13 燃料电池动力系统结构图

图11-14所示为采用"燃料电池+蓄电池+超级电容器"(FC+B+C)驱动形式的燃料

电池电动汽车的系统结构图,该形式是在"FC + B"的电压总线上再并联一组超级电容器,用于提供(吸收)加速(紧急制动)的尖峰电流,从而减轻电池的负担,延长其使用寿命。

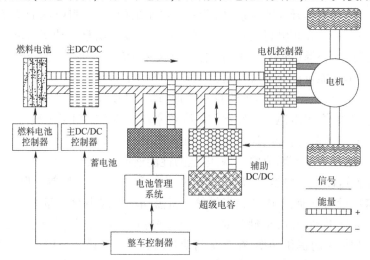

图 11-14 燃料电池 + 蓄电池 + 超级电容器动力系统结构图

这样可以使比能量和比功率的要求相互分离,可以较少考虑对辅助电池的比功率要求,着重优化辅助电池的比能量和循环寿命设计,比功率的问题可以靠超级电容器解决。由于超级电容器具有负载电平效应,充放电效率高,来自蓄电池的大电流放电和再生制动的大电流充电被大幅度降低,能有效防止蓄电池过放过充现象的发生,显著增加了辅助电池的可用能量、持续工作时间以及使用寿命。

这种模式是目前燃料电池电动汽车混合动力驱动的理想模式。当汽车处于起动、爬坡、加速等工况时,辅助电池和超级电容器可以配合或者单独提供峰值功率,能量分配更加合理。在急减速、紧急制动工况下,超级电容器可减轻电池负担,保护辅助电池免受强电流冲击。

此种动力配置方案比较理想,但其成本昂贵,控制系统比较复杂,参数匹配困难。目前此种技术还不成熟。

图 11-15 所示为采用"燃料电池 + 蓄电池 + 超高速飞轮"驱动形式的燃料电池电动汽车的系统结构图。超高速飞轮是机械方式储能元件,具有高比能量、高比功率、长循环寿命、高效率、快速补充能量、免维护和环境友好等特点,可以应用到混合动力电动汽车中。超高速飞轮的加入可以提高系统的效率和输出。但由于成本高、控制困难的原因,其实际应用较少。

插电式动力配置结构有两种配置方式:第一种是基于目前加氢设施不足,在车上装一个 RFC(Regenerative Fuel Cell)装置,这个装置有两种运行模式:当充电器充电时,RFC 是一个电解槽,生成的氢气和氧气分别存到相应高压氢气瓶和氧气瓶中;当汽车行驶时,RFC 是一个典型的燃料电池装置,利用电解槽生成的氧气、氢气进行反应提供电能,同时生成水。其动力系统结构如图 11-16 所示。

这种装置电解槽经过加压,无须使用空气压缩机,效率高,成本比燃料电池 + 蓄电池的配置方案低。动力蓄电池和电解槽可以在用电低峰时进行充电,尤其是当所用的电能来自于风能、太阳能时,这样的装置更环保。同时这样的动力配置方案减轻了对加氢站的依赖。此配置方式尚在实验中,尚无有关此种配置方案车型的报道。

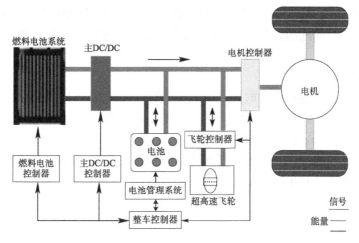

图 11-15　燃料电池 + 蓄电池 + 超高速飞轮动力系统结构图

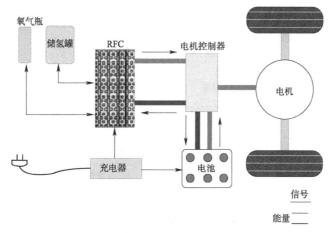

图 11-16　插电式燃料电池动力系统结构图一

第二种配置方式是以上汽荣威 950 为代表的插电式燃料电池电动汽车。与传统的插电式混合动力电动汽车类似，该方案有两种驱动模式：第一种蓄电池为主要动力来源，蓄电池外接充电器可以为蓄电池充电；第二种是纯燃料电池驱动。其配置方案如图 11-17 所示。

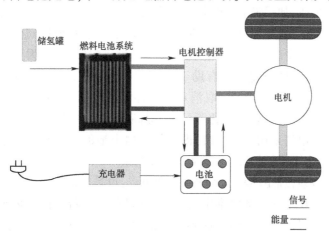

图 11-17　插电式燃料电池动力系统结构图二

一方面,此方案能够发挥电动汽车低速性能好的特点,解决拥堵造成的车辆起停和排放问题;另一方面,适当匹配动力系统结构参数,能够很好地解决燃料电池电动乘用车性能、应用和成本之间的矛盾。

1. 燃料电池系统

单独的燃料电池堆是不能发电并应用于汽车的,它必须和燃料供给与循环系统、氧化剂供给系统、水/热管理系统和一个能使上述各系统协调工作的控制系统组成燃料电池发电系统(简称燃料电池系统),才能对外输出功率。

如图 11-18 所示,燃料供给与循环系统在提供燃料的同时,循环回收阳极排气中未反应的燃料。目前最成熟的技术还是以纯氢为燃料,而且系统结构相对简单,仅由氢源、稳压阀和循环回路组成。

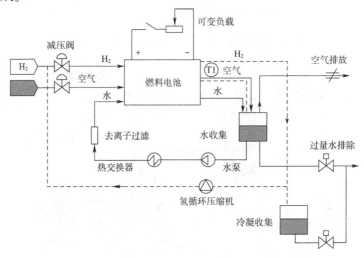

图 11-18 典型的质子交换膜燃料电池系统图
(图中虚线表示回收利用的气体)

燃料电池的功率密度随反应物氢和氧压力的升高而增大。因此,目前有些燃料电池采用提高空气供给压力(一般是 2~3atm)的方法来提高燃料电池系统的功率密度,但是空气在被加湿的情况下,由于水蒸气的存在,将减小氧气的分压,而且空气中大量的非反应物——氮气同时被加压,如果没有从燃料电池排出的空气中回收能量的良好措施,则会大大降低质子交换膜燃料电池(PEMFC)的净输出功率和系统效率,所以其作用受到了限制。这种空气加压系统的另一个问题是不可能提供较大的过量空气供给,因为过量空气供给越大系统效率就越低,而大量的过量空气有助于改善燃料电池的性能。如果采用环境压力(常压)空气作为氧化剂,通过对膜加湿(取消对空气加湿、加压)、加大过量空气供给以及采用先进的冷却方法等一系列措施,则简化了结构,提高了效率,可以克服加压燃料电池的一些不足。还有一类燃料电池采用变压系统,即根据燃料电池的负荷来调节系统中空气和氢气的压力,虽然也表现出不错的性能,但其结构比较复杂。

电池内部的水/热管理是燃料电池的难点和重点,也是电池性能好坏的关键。产物水首先通过燃料电池堆的反应区冷却电堆本身,在冷却过程中水蒸气被加热至燃料电池的工作温度,被加热的水再与反应气体接触,起到增湿的效果。除了在增湿过程中,部分热量被反应气体带走外,还需一个水/空气热交换器,将多余的热量带走,防止系统热量积累,造成电池温度过高。控制系统则根据负载对燃料电池功率的要求,或随燃料电池工作条件(压力、温度、电压等)的变化,对反应气体的流量、压力,水/热循环系统的水流速等进行综合控制,保证电池正常有效地运行。

燃料电池控制系统由多种功能不同的传感器、阀件、泵、调节控制装置、管路、控制单元等组成。随着电堆技术的日趋成熟,控制系统成为决定燃料电池系统性能和制造成本的瓶颈,因此必须对这些零部件进行系统的耐久性和安全性研究,并且制定适合车辆应用的统一标准。

燃料电池系统的主要研究热点包括:使用轻质材料,优化设计,提高燃料电池系统的比功率;提高 PEMFC 系统快速冷起动能力和动态响应性能;研究具有负荷跟随能力的燃料处理器;对电池或超级电容器、氢气存储进行系统优化设计,提高系统的效率和调峰能力,回收制动能量等。

2. DC/DC 变换器

燃料电池输出的电压一般来说比纯电动汽车动力总线的电压要低,且特性比较软,即随着输出电流的增加,电压下降幅度比较大。为了实现燃料电池输出电压与动力总线电压匹配,就需要有一个 DC/DC(直流/直流)变换器。另外,从控制的角度讲,为了控制燃料电池的能量输出,也需要有一个 DC/DC 装置。

1) DC/DC 变换器的作用

混合型燃料电池电动汽车的动力系统通常采用燃料电池加电池(如锂离子电池、镍—氢电池等)的混合结构。基于制造工艺和产品可靠性的考虑,燃料电池系统的输出电压通常比较低,一般在 240~430V,而且燃料电池的外特性(电压随电流的变化)曲线斜率较大,当输出电流变化时,输出电压波动较大。另外,设计较高的动力总线电压等级可以提高驱动系统的效率和减小驱动系统的体积及质量,电池组的标称电压一般设计在 380V 以上,而且,电池的充放电特性及其使用安全性也要求电池的端电压在较小的范围内变化。因此,燃料电池难以直接和电池并联使用。解决这一问题的方法是在燃料电池的输出端串接一个 DC/DC 变换器,对燃料电池的输出电压进行升压变换及稳压调节,使 DC/DC 变换器的输出电压和电池工作电压相匹配。同时,DC/DC 变换器可以对燃料电池的最大输出电流和功率进行控制,起到保护燃料电池系统的目的。

2) DC/DC 变换器的基本工作原理

升压变换的 DC/DC 变换器一般有两种结构:Boost 型和全桥逆变式。

Boost 型变换器也称为并联开关变换器,其电路原理如图 11-19 所示,由开关管 V_1、二极管 VD_1、储能电感 L_1 和输出滤波电容 C_1 组成。当 V_1 导通时,能量从输入端 AO 流入,并储存于电感 L_1 中,由于 V_1 导通期间正向饱和管压降很小,二极管 VD_1 反偏,变换器输出由滤波电容 C_1 提供能量。当 V_1 截止时,电感 L_1 中的电流不能突变,它所产生的感应电势阻止电流减小,感应电势的极性为右正左负,二极管 VD_1 导通,电感中储存的能量经二极管 VD_1 流入电容 C_1,并供给输出端 BO。如果开关管 V_1 周期性地导通和截止,开关周期为 T,其中,导通时间为 t_{on},截止时间为 $T-t_{on}$。则 Boost 型变换器输出电压 U_{BO} 和输入电压 U_{AO} 之间的关系为:

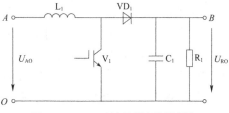

图 11-19 Boost 型变换器电路原理图

$$U_{BO} = U_{AO} \times \frac{T}{T - t_{on}} \qquad (11\text{-}16)$$

由式(11-16)可知,当开关周期 T 不变、改变导通时间 t_{on} 时,就能获得所需的上升的电压值。

当开关管 V_1 导通时,其饱和压降只有 2~3V,在 V_1 截止期间,二极管 VD_1 的压降为 1V 左右,因此,Boost 型变换器的效率可以高达 90% 以上,而且其电路结构简单、器件少,作为车载变换器,还具有质量轻、体积小的特点。

全桥逆变式变换器的电路原理如图 11-20 所示,主要由开关管 $V_1 \sim V_4$、中频升压变压器 TR 和输出整流二极管 VD_1、VD_2 组成。开关管 $V_1 \sim V_4$ 构成全桥逆变电路,需要两组相位相反的驱动脉冲进行控制:当 V_1 和 V_4 同时导通、V_2 和 V_3 同时截止时,输入电压 U_{AC} 通过 V_1 和 V_4 加到中频变压器 TR 的原边线圈上,原边电压 $U_{TR} = U_{AC}$;当 V_1 和 V_4 同时截止、V_2 和 V_3 同时导通时,输入电压通过 V_2 和 V_3 反方向地加到中频变压器 TR 的原边线圈上,原边电压 $U_{TR} = -U_{AC}$;当开关管 V_1、V_4 同时截止时,$U_{TR} = 0$。这样,通过开关管 $V_1 \sim V_4$ 的交替导通和截止,将输入的直流电压转换成交流电压加到变压器上,其副边电压通过 VD_1 和 VD_2 整流,输出直流电压。如果开关管 $V_1 \sim V_4$ 开关周期为 $2T$,其中,导通时间为 t_{on},变压器副、原边线圈变比为 n,则全桥逆变式变换器输出电压和输入电压之间的关系为:

$$U_{BD} = U_{AC} \times n \times \frac{t_{on}}{T} \qquad (11\text{-}17)$$

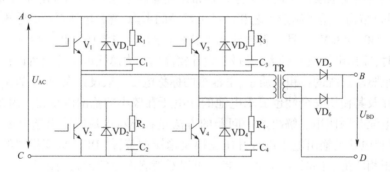

图 11-20 全桥逆变式变换器的电路原理图

由式(11-17)可知,当采用升压变压器时,$n > 1$,可获得变换器的升压特性;当开关周期 T 不变,改变导通时间 t_{on} 时,就能调节输出的电压值。

与 Boost 电路相比,全桥逆变式变换器的输入和输出是通过中频变压器隔离的,由于变压器具有一定的频率响应带宽,在变换器输入端和变压器原边电路产生的部分高频干扰信号不能传输到变换器的输出端,因此,作为车载变换器,全桥逆变式结构具有较好的电磁兼容性能。

在燃料电池电动汽车中,除了上述两种升压变换器外,还有对超级电容器进行充放电控制的双向 DC/DC 变换器,它位于电压总线与超级电容器之间。当总线电压对超级电容器进行充电时,它起到降压变换器的作用;当超级电容器对电压总线释放能量时,它起到升压变换器的作用。此外,车上还有对 DC 24V 低电压电池进行充电的降压变换器,由于电压变比大(输入 384V、输出 26V)、输出功率较小(一般只需要 5~6kW),因此,该降压变换器一般采用推挽式或半桥式的电路结构形式。

3. 驱动电机及其控制系统

驱动电机及其控制系统是燃料电池电动汽车的心脏,它的主要功能是使电能转变为机械能,并通过传动系统将能量传递到车轮驱动车辆行驶。

驱动电机基本构成有两部分:电机和控制器。电机由控制器控制,是一个将电能转变为机械能的装置。控制器的作用是将动力源的电能转变为适合于电机运行的另一种形式的电能,所以控制器本质上是一个电能变换控制装置。

目前,燃料电池电动汽车可以采用的电机驱动系统有直流电机驱动系统、异步电机驱动系统、同步电机驱动系统和开关磁阻电机驱动系统四种(表11-5)。直流电机因为其结构简单、易于调整等优势最早应用在电动汽车上,但随着技术的不断革新,交流电机展现出来的优势更强于直流电机。

燃料电池电动汽车常用的4种驱动电机的性能比较 表11-5

类型	直流电机	异步电机	同步电机	开关磁阻电机
电机尺寸	大	中	小	小
电机质量	重	中	轻	轻
可靠性	差	好	好	好
功率密度	差	一般	好	很好
过载性能(%)	200	300~500	300	300~500
控制能力	最好	好	好	好
转矩性能	一般	好	好	好
结构的坚固性	差	好	好	好
综合性能	差	好	好	一般

4. 辅助电池及其管理系统

辅助电池及其管理系统是混合型燃料电池电动汽车动力系统中的重要组成部分,它可以在汽车起动、加速、爬坡等工况下,需要的驱动功率大于燃料电池可以提供的功率时,释放存储的电能,从而降低燃料电池的峰值功率需求,使燃料电池工作在一个较稳定的工况下。而在汽车急速、低速或减速等工况下,燃料电池功率大于驱动功率时,存储动力系统富余的能量,或在回馈制动时,吸收存储制动能量,从而提高整个动力系统的能量效率。

目前被各类电动汽车所广泛采用的蓄电池主要有铅酸电池(VRLA)、镍-镉电池(Ni-Cd)、镍-氢电池(Ni-MH)、锌-镍电池(Zn-Ni)、锂离子电池(Li-Ion)等,不同电池的基本特性见表11-6。

常用五种车载蓄电池参数及性能比较 表11-6

类型	比功率(W/kg)	比能量(W·h/kg)	循环寿命(次)	优点	缺点	成本
铅酸电池	200~400	35~40	350~600	廉价,可靠性高,功率密度大	比能量低	低
镍-镉电池	180~200	50~60	500~1000	性价比高、寿命长、耐过充、过放性好	价高、充电率低,致癌金属污染	中

续上表

类型	比功率(W/kg)	比能量(W·h/kg)	循环寿命(次)	优 点	缺 点	成本
镍-氢电池	250~480	60~80	1000~1500	比能量高、比功率大、寿命长	成本高、充电效率低、温度特性差	高
锌-镍电池	70	180	200~300	比能量高、寿命长	加高充电效率低	较高
锂离子电池	400~800	100~130	500~1000	高电压、高能量密度	价高、安全性问题突出	高

三、燃料电池工作原理

燃料电池的种类繁多,通常燃料电池可以依据其工作的温度、燃料种类、电解质类型进行分类。

按照工作温度,燃料电池可分为高温型、中温型及低温型三类。工作温度从常温至100℃,称为低温燃料电池,这类电池包括固体聚合物电解质燃料电池等;工作温度在100~300℃的为中温燃料电池,如磷酸型燃料电池;工作温度在500℃以上的为高温燃料电池,这种类型的电池包括熔融碳酸盐燃料电池和固体氧化物燃料电池。

按照燃料的来源,燃料电池也可分为三类。第一类是直接式燃料电池,即其燃料直接使用氢气;第二类是间接式燃料电池,其燃料不是直接使用氢气,而是通过某种方法把甲烷、甲醇或其他烃类化合物转变成氢或富含氢的混合气后再供给燃料电池;第三类是再生燃料电池,指把燃料电池生成的水经适当方法分解成氢和氧,再重新输送给燃料电池进行发电。

国内外燃料电池研究者一般按照燃料电池的电解质类型分类。目前正在开发的商用燃料电池,依据电解质类型可以分成五大类(表11-7):碱性燃料电池(Alkaline Fuel Cell, AFC)、磷酸燃料电池(Phosphoric Acid Fuel Cell, PAFC)、质子交换膜燃料电池(Proton Exchange Membrane Fuel Cell, PEMFC)、熔融碳酸盐燃料电池(Molten Carbonate Fuel Cell, MCFC)、固体氧化物燃料电池(Solid Oxide Fuel Cell, SOFC)。

表11-7 燃料电池类型

燃料电池类型	燃料	电解质	工作温度(℃)	效率(%)	应用领域
碱性燃料电池	氢	氢氧化钾水溶液	约80	40~50	移动设备应用
磷酸燃料电池	氢,重整的(LNG,甲醇)	磷酸	约200	40~50	固定设备应用(>250kW)
质子交换膜燃料电池	氢,重整的(LNG,甲醇)	聚合物离子交换膜	约80	40~50	纯电动/混合动力电动汽车,工业上达到约80kW
熔融碳酸盐燃料电池	氢,一氧化碳(煤气,LNG,甲醇)	碳酸盐	600~700	50~60	固定设备应用(>250kW)
固体氧化物燃料电池	氢,一氧化碳(煤气,LNG,甲醇)	氧化钇稳定的氧化锆	约1000	50~65	固定设备应用

燃料电池实质上是电化学反应发生器。燃料电池的反应机理是将燃料中的化学能不经

燃烧而直接转化为电能。氢氧燃料电池实际上就是一个电解水的逆过程,通过氢氧的化学反应生成水并释放电能。氢气和氧气分别是燃料电池在电化反应过程中的燃料和氧化剂。图 11-21 是燃料电池装置的原理简图。其反应过程如下:

(1)氢气通过管道或导气板到达阳极。

(2)在阳极催化剂的作用下,一个氢分子分解为两个氢离子,并释放出两个电子,阳极反应为:

$$H_2 \rightarrow 2H^+ + 2e^- \tag{11-18}$$

(3)在电池的另一端,氧气(或空气)通过管道或导气板到达阴极,同时,氢离子穿过电解质到达阴极,电子通过外电路也到达阴极。

(4)在阴极催化剂的作用下,氧离子和氢离子与电子发生反应生成水,阴极反应为:

$$\frac{1}{2}O_2 + 2H^+ + 2e^- \rightarrow H_2O \tag{11-19}$$

总的化学反应为:

$$H_2 + \frac{1}{2}O_2 \rightarrow H_2O \tag{11-20}$$

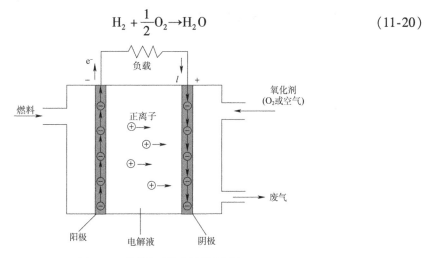

图 11-21 燃料电池基本原理示意图

与此同时,电子在外电路的连接下形成电流,通过适当连接可以向负载输出电能。氢燃料电池的基本结构包括电极、电解质隔膜与集电器等。电极是燃料氧化和还原的电化学反应发生的场所,氢燃料电池的电极用特制的多孔性材料制成,这是氢燃料电池的一项关键技术,它不仅要为气体和电解质提供较大的接触面,还要对电池的化学反应起催化作用。电解质隔膜的功能是分隔氧化剂与还原剂并同时传导离子。目前氢燃料电池所采用的电解质隔膜可以分为两类:一类为以绝缘材料制作多孔隔膜,如石棉膜、碳化硅膜和铝酸锂膜等,再将电解液,如氢氧化钾、磷酸和熔融碳酸盐等,浸入多孔隔膜;另一类电解质隔膜为固态离子交换膜,如质子交换膜燃料电池中采用的全氟磺酸树脂膜。集电器也称为双极板,它只有收集电流、疏导反应气体及分隔氧化剂与还原剂的作用,双极板的性能取决于材料特性、流场设计与加工技术。

燃料电池的工作原理和普通的电化学原电池、充电电池类似,都是通过电化学反应将化学能转换成电能,但两者之间还是有本质差别的。普通的原电池或充电电池是一个封闭系统。封装后它与外界只存在能量交换而没有物质交换。当电池内部的化学物质耗尽或反应条件发生变化时,系统就无法继续输出能量。而燃料电池则不同,其参与反应的化学物质,如氢和氧,是由燃料电池外部的单独供气系统供给的,只要保证物质供应的连续性,就可以保证能量输出的连续性。从这个意义上来讲,燃料电池本身是一个开放的发电装置,这正是燃料电池与普通电池的最大差别。

 思考题

1. 简述新能源汽车的定义和分类。
2. 简述纯电动汽车的定义和主要结构类型。
3. 简述混合动力电动汽车的分类和不同类型混合动力电动汽车的优缺点。
4. 以某一混合动力电动车型为例(如丰田 Prius、比亚迪唐等),分析其工作原理。
5. 简述燃料电池电动汽车的工作原理。
6. 对比分析不同类型新能源汽车的优缺点。

第十二章 智能汽车

　　智能汽车(Intelligent Vehicle,IV)是指搭载先进的车载传感器、控制器、执行器等装置，并融合现代通信与网络技术，实现车与人、车、路、云的智能信息交互与共享，具备复杂环境感知、规划决策、智能控制等功能，能综合实现"高效、安全、节能、环保、舒适"行驶的新一代汽车。智能汽车是新一轮科技革命背景下的新兴产业，集中运用了现代传感、信息与通信、自动控制、计算机、机械工程和人工智能等技术，是未来所有汽车新技术集成的载体，代表着未来汽车技术的战略制高点。智能汽车是汽车产业转型升级的关键，也是目前世界各国公认的未来发展方向。

第一节　智能汽车概述

　　汽车时代的到来拓展了人们出行工具的选择范围，改变了人们的时空观念，但是随着汽车保有量的增加，车与车、车与人以及车与环境之间的矛盾日益突出。在面对大量的交通事故、日趋枯竭的能源、日渐增多的雾霾天气以及挥之不去的城市拥堵的时候，汽车总是成为"千夫所指"的对象，这些问题已经成为影响和制约汽车工业发展的瓶颈。世界卫生组织2018年发布的《全球道路安全现状报告》中指出，尽管道路安全有所改善，但每年仍大约有135万人死于道路交通事故。全球最大的战略咨询公司麦肯锡指出，目前每年全世界因交通事故造成的经济损失约为2120亿美元。我国汽车消耗的燃油已经占到石油消耗总量的40%以上，石油对外依存度接近60%。与此同时，汽车产生的有害排放已成为环境污染的主要因素。城市交通拥堵现象也越来越严重，根据《中国主要城市交通分析报告》显示，中国所有超大城市、部分特大型和大型城市拥堵延时指数均超过1.5。其中，北京拥堵程度排名居首，拥堵延时指数2.032，人均年拥堵时间为174小时。汽车产业的高速发展和社会汽车保有量的激增，与城镇化建设、交通管理、空气污染治理等的矛盾日益加剧，社会、经济和环境发展均面临着前所未有的挑战。而以电子电气化技术和智能化技术为核心的智能汽车为我们提供了解决"安全、能源、污染、拥堵"等汽车四大公害问题的有效途径。

　　智能汽车顾名思义，具有"智慧"和"能力"两层含义，所谓"智慧"是指智能汽车能够像人一样聪明地感知、综合、判断、推理、决断和记忆；所谓"能力"是指智能汽车能够确保"智慧"的有效执行，可以实施主动控制，并能够进行人机交互与协同。智能汽车是智慧和能力的有机结合，两者相辅相成，缺一不可。

　　研究和发展智能汽车具有如下重要的战略意义。

　　1.减少交通事故伤亡，提高道路行车安全性

　　调查数据显示，90%以上的碰撞事故都是由驾驶人因素导致的。一方面，传统的安全系统不能完全解决驾驶人操纵受限制的问题，在交叉路口、夜间行车安全方面存在着一定的局限性，而智能汽车则通过车载设备与路边系统以及周边车载设备的通信，为驾驶人提供了全时空的信息，车与路、车与人之间的协调达到了最大化。如果汽车驾驶人在碰撞危险前的

0.5s得到预警提示,就可以至少避免60%的追尾撞车事故、30%的迎面撞车事故和50%的路面相关事故;若有1s的预警时间,则可以避免90%的事故发生。另一方面,智能汽车的转向、制动等操作都是由主动控制系统来执行的,其动作幅度可以量化,精确度与准确度高于一般的驾驶人控制。此外,智能汽车还可以有效减少人为不遵守交通规则而导致的交通事故,如酒后驾驶、疲劳驾驶、盲目超速等。

2. 提升道路通行能力,为高效交通提供支撑

美国电器电子工程师协会曾预测,至2040年,自动驾驶车辆所占的比例将达到75%。届时,基于智能交通系统(Intelligent Transportation System,ITS)的智能汽车将会给公路交通运输产业带来颠覆性的变革。通过先进的信息技术、数据通信传输技术、电子传感技术和控制技术,智能汽车可以依靠智能交通管理系统实现车车协同与车路协同,能够有效提高道路通行能力,行车速度可以变得更快,堵车将成为过去时,道路容量会成倍增加。

3. 节能环保,为构建面向未来的健康汽车社会提供全新可能

随着人们生态意识的觉醒,能源短缺、环境恶化等汽车社会问题对汽车产业未来发展的制约作用日益突出。智能汽车技术的发展为汽车产业有效解决能源和环保问题,全面构建面向未来的健康汽车社会提供了全新可能。智能汽车可以根据当前路况制定最佳的行驶路径,可以有效减少能源消耗,降低污染物排放;行驶时,智能汽车可控制近似匀速行驶,避免了停车起步和挡位的不断转换,从而进一步降低能耗,数据显示,车辆最优化运行状态下的油耗及排放至少可以降低10%。此外,据谷歌无人驾驶汽车团队统计,传统汽车在90%以上的时间内处于闲置状态,而智能汽车则可以通过汽车共享实现汽车使用的理想主义,即无须拥有,按需使用,随用随叫,随用随还,这将显著提高汽车的利用率,减少资源浪费,同时兼顾百姓用车需求和节约型汽车社会构建。

4. 解放人类双手,提高驾乘舒适性

传统汽车驾驶需要驾驶人的注意力高度集中,密切关注周围行车态势,这一烦琐、持久的过程严重影响驾驶人的驾驶舒适性。有别于传统汽车,在使用智能汽车时,驾驶人将驾驶任务交给智能驾驶系统,驾驶人不必时刻关注道路行驶情况,也不用对车辆状态进行连续的监测和控制,最大限度地缓解了驾驶人的驾驶操作压力,使整个驾驶过程更加安全、舒适。考取驾驶证将成为人类历史,人们可以优雅地坐在智能汽车中休息、娱乐甚至工作。

5. 推动汽车工业技术进步,促进多学科协同创新发展

智能汽车是未来智能制造模式下的产物,代表着汽车设计开发、生产制造、销售及服务等各个环节的根本性变革和汽车产品形态的全面升级,是未来所有汽车新技术集成的载体。发展智能汽车,能够整体推动汽车工业的技术进步。同时,智能汽车是多学科、多领域技术的交叉,涉及模式识别、自动控制、人工智能等诸多热点前沿技术,涵盖民用、科研和军用等不同需求场景,可以与交通、通信、能源、基建等众多其他领域实现紧密结合。深入研究智能汽车,可以促进多学科协同创新发展。

第二节 智能汽车的发展概况

一、智能汽车等级划分

智能汽车涵盖的范围很广,包括辅助驾驶、主动安全以及自主驾驶等各个方面。不同机

构对智能汽车的等级划分也不尽相同,图12-1为几种典型的智能汽车等级划分方法。

智能化等级	等级名称	等级定义	控制	监视	失效应对	典型工况
		人监控驾驶环境				
L0	人工驾驶	完全由人类驾驶人完成操作	人	人	人	所有行驶工况
L1	驾驶辅助(DA)	系统根据道路环境信息决策执行转向和加、减速中的一项操作,其他驾驶操作都由人完成	人与系统	人	人	车道内正常行驶,高速公路无车道干涉路段,停车工况
L2	部分自动驾驶(PA)	系统根据道路环境信息决策转向和加减操作,其他驾驶操作都由人完成	系统	人	人	高速公路及市区无车道干涉路段,换道、环岛绕行、拥堵跟车等工况
		自动驾驶系统("系统")监控驾驶环境				
L3	有条件自动驾驶(CA)	系统完成所有驾驶操作,根据系统请求,驾驶人需要进行适当的驾驶操作	系统	系统	人	高速公路正常行驶工况,市区无车道干涉路段
L4	高度自动驾驶(HA)	系统完成所有驾驶操作,特定环境下系统会向驾驶人提出响应请求,驾驶人可以对系统请求不进行响应	系统	系统	系统	高速公路全部工况及市区有车道干涉路段
L5	安全自动驾驶(FA)	系统可以完成人类驾驶人能够完成的所有道路环境下的操作,不需要人介入	系统	系统	系统	所有行驶工况

图 12-1 典型的智能汽车等级划分方法

L0 级别:人工驾驶,无自主控制,车辆完全由人类驾驶人操控。一些车辆虽装配有某些安全警示系统,如碰撞预警系统、盲区监测系统等,仍属于这一级别。

L1 级别:驾驶辅助,独立功能自主驾驶,车辆包含对转向或加速/制动的自动控制功能,但是不能协同控制转向和加速/制动,即驾驶辅助系统仅提供纵向和侧向中一个方向上的辅助,其他动态驾驶任务由驾驶人执行。

L2 级别:部分自动驾驶,车辆能够同时协同控制转向和加速/制动,实现在特定环境下的自动驾驶,同时解放驾驶人的手和脚。这一级别的智能驾驶在周边环境不满足条件时,自主驾驶系统会随时退出,需要驾驶人始终关注周边环境,并随时接管车辆。

L3 级别:有条件自动驾驶,从 L2 级别到 L3 级别,智能网联汽车的能力发生了本质的改变,车辆能够实现特定环境下的自主驾驶,但在某些情况下仍然会需要驾驶人接管车辆,车辆能够自主判断是否需要驾驶人介入,并预留出足够的驾驶人反应时间。

L4级别:高度自动驾驶,车辆具备在特定道路环境下实现完全自主驾驶的能力,无须驾驶人参与驾驶过程,在特殊情况下也能够自行解决问题,无须驾驶人接管车辆。

L5级别:完全自动驾驶,这也是我们通常所说的无人驾驶,车辆能够实现全部环境下的完全自主驾驶,不需要任何驾驶人参与。

我国对智能汽车的分级最早出现在《中国制造2025》重点领域技术路线图中,将智能汽车分为辅助驾驶(Driver Assistance,DA)、部分自动驾驶(Partial Automation,PA)、高度自动驾驶(High Automation,HA)和完全自主驾驶(Full Automation,FA)四级。其中,DA指驾驶辅助,包括一项或多项局部自动功能,并能提供智能提醒信息;PA指部分自动驾驶,在驾驶人短时转移注意力仍可保持控制,失去控制10s以上予以提醒,并能提供智能引导信息;HA指高度自动驾驶,在高速公路和市内均可自动驾驶,偶尔需要驾驶人接管,但是有充分的移交时间,并能提供智能控制信息;FA指完全自主驾驶,驾驶权完全移交给车辆。

2020年3月,我国工业和信息化部颁布了《汽车驾驶自动化分级》国家标准,这是我国智能汽车标准体系的基础类标准之一。该标准按照由低到高的自动化等级将智能汽车分为应急辅助、部分驾驶辅助、组合驾驶辅助、有条件自动驾驶、高度自动驾驶和完全自动驾驶共6个级别。

二、智能汽车发展概述

从20世纪70年代起,西方汽车技术先进国家就开始了无人驾驶智能汽车的研究,并取得了一系列的研究成果。最初的无人驾驶智能汽车源于军事用途,20世纪80年代以前,无人驾驶车辆的发展重点在远端遥控,主要用于排爆、侦察等任务。例如美国国防部在该时期就已经开始使用无人车去巡视危险地带,但这些智能车辆的行驶速度很低,对环境的适应能力也很弱。在军事需求的推动下,人们对无人驾驶智能汽车的研究热情急速增长,研究领域也扩展到了民用范围。

美国卡内基·梅隆大学研制了NavLab系列智能汽车,NavLab-1系统、NavLab-5系统以及NavLab-11系统是其典型代表。NavLab-1系统于1986年基于雪佛兰的一款厢式货车改装而成,含有Sun3、GPS、Warp等计算机硬件,但由于软件的局限性,直到20世纪80年代末,它的最高速度也只有32km/h。1995年建成的NavLab-5系统如图12-2所示,CMU与AssistWare技术公司合作开发研制的便携式高级导航支撑平台PANS为系统提供计算基础和I/O功能,并能控制转向执行机构,NavLab-5的车体为Pontiac运动跑车,在试验场环境道路上的自主行驶平均速度达到88.5km/h,首次进行了横穿美国大陆的长途自主驾驶公路试验,自主行驶里程为4496km,占总行程的98.1%,尽管计算机仅控制了方向,且道路绝大部分为高速公路,但是这个结果依然令人兴奋。NavLab-11系统是该系列最新的智能车平台,如图12-3所示,车体采用了Wrangler吉普车,最高车速可以达到102km/h,装配的传感器包括差分GPS、激光雷达、摄像机、陀螺仪和光电码盘等。其中,陀螺仪和光电码盘采用了Crossbow的VG400CA惯性姿态测量系统,能够实现在动态环境下的全姿态测量;使用Trimble AgGPS114的差分GPS系统,能够实现实时亚米级精度;激光扫描仪的最大扫描角为180°,角分辨率为0.5°,最大检测范围为50m,分辨率则为10mm。

德国慕尼黑国防科技大学从1987年开始一直从事智能汽车研究,设计出了VaMoRs

智能汽车，在当时创下了96km/h的无人驾驶记录,经过多年的努力,其设计开发的无人驾驶汽车VaMp已经能够在高速公路上完成给定路径的跟踪、车道识别和超车,自动驾驶车速可达160km/h。

a) NavLab-5 PANS导航平台　　　　　　　　　　　b) NavLab-5 控制箱

图12-2　NavLab-5

意大利帕尔玛大学VisLab实验室一直致力于ARGO智能汽车的研究,1998年,ARGO智能汽车沿着意大利的高速公路网进行了2000km的长距离道路试验,整个试验途经平原和山区,也包括高架桥和隧道,试验车的无人驾驶里程占总里程的94%左右,最高车速达到了112km/h。2010年,ARGO智能汽车从意大利出发,沿着马可·波罗的旅行路线,全程自主驾驶来到我国上海参加世博会,行程15900km,这次试验跨越了两个大洲,经历了各种不同的极端环境条件。当时,试验车装载了5个激光雷达、7个摄像机、1个GPS全球定位系统、1套惯性测量设备以及3台Linux电脑和1套线控驾驶系统,同时该试验车将太阳能作为辅助动力源。2013年,ARGO在智能驾驶模式下成功地实现了对交通信号灯、交通标志和行人等的识别,且可以实现主动避让行人、驶出十字路口和环岛等功能。

图12-3　NavLab-11

2009年,Google与DARPA合作建立了Google X实验室,开始了智能汽车的研究。2012年3月,谷歌获得了美国历史上第一张可在美国内华达州进行自动驾驶测试的许可证,标志着智能汽车正迈向产业化,处于大规模应用的前期。2014年,谷歌Waymo智能汽车正式发布,并于2015年5月完成公路测试,如图12-4所示。2017年,Waymo在美国凤凰城100mile^{2}的方位内首次实现了无驾驶人和安全员的公测无人驾驶出租汽车,并于2018年与捷豹路虎进行合作生产无人驾驶出租汽车。2020年,Waymo成为沃尔沃L4级自动驾驶全球独家合作伙伴。

图12-4　Waymo自动驾驶汽车

我国从20世纪80年代开始涉足自动驾驶智能汽车领域,也取得了一些阶段性的成果。国防科技大学于1992年成功开发了我国第一辆真正意义上的无人驾驶车辆,其后陆续研制了CITAVT-Ⅰ到Ⅵ、HQ系列等多种型号的智能汽车。清华大学设计的THMR-V智能汽车采用分层递阶的体系结构,基于以太网通信,集成有 CCD 摄像机、激光雷达、磁罗盘—光码盘、GPS 等多种传感器,并建立了相应的转向、节气门和制动三个自动控制系统,它在结构化道路环境下提出了一种基于扩充转移网络的道路理解技术和基于混合模糊逻辑的控制方法实现道路轨迹的自动跟踪。吉林大学也先后开发出了 JLUIV 系列智能汽车。上海交通大学则承接了欧盟 ICT 计划 CyberC3 项目。西安交通大学搭建了 Spingrobot 智能车试验平台,并于 2005 年 10 月成功完成了"新丝绸之路"活动的演示。军事交通学院于 2013 年研究设计出猛狮 3 号(JJUV-3),到目前为止已完成了 1 万多 km 测试,最高车速达到 120km/h。部分国内研制的智能汽车如图 12-5 所示。

a)HQ3　　　　　　　　　　　　　b)THMR-V

c)DLIUV　　　　　　　　　　　　d)CyberC3

图 12-5　部分国内研制的智能汽车

2013 年,我国百度公司开始研究智能汽车相关项目,其技术核心是"百度汽车大脑";2015 年,百度智能汽车在北京进行了自动驾驶测试,可实现进入高速公路和驶出高速公路的场景切换;2017 年,百度发布"Apollo(阿波罗)"计划,向汽车行业及自动驾驶领域提供一个开放、完整、安全的软件平台;2018 年,百度宣布与厦门金龙合作的 L4 级自动驾驶公交车阿波龙量产下线,如图 12-6 所示。

图 12-6　阿波龙自动驾驶汽车

2019 年,百度在长沙宣布自动驾驶出租车队 Robotaxi 试运营正式开启。首批 45 辆 Apollo 与一汽红旗联合研发的"红旗 EV"Robotaxi 车队在长沙部分已开放测试路段开始试运营,如图 12-7 所示。

阿里巴巴与上汽集团合作,推出了搭载有 YunOS for Car 智能操作系统的上汽荣威 RX5,如图 12-8 所示,该车型于 2016 年 7 月正式投入市场,成为第一款实现量产的互联网汽车。

图12-7 百度自动驾驶出租车队Robotaxi

图12-8 上汽荣威RX5

尽管传统汽车企业与IT企业在智能汽车领域上都有所建树,但两者选取的技术路线却不尽相同。IT企业凭借着自己强大的后台数据、网络技术以及智能软件的支持,能够很好地实现汽车与云端的互联;而汽车企业更多地考虑车辆的实用性与安全性,内敛于汽车本身的优势。例如,沃尔沃、奔驰、宝马、丰田、日产等企业在技术装置方面主要采用常规的雷达、照相机和车载传感器等进行环境的感知与识别,更加注重机电一体化系统动力学和控制技术的研发,成本低廉,便于大规模推广使用。

与此同时,为了推动智能汽车技术的发展,国内外都举办了大量的无人驾驶汽车比赛,例如美国的DARPA无人驾驶车辆挑战赛和我国智能车未来挑战赛等。

2004—2007年,美国共举办了3届DARPA无人驾驶车辆挑战赛,每一次比赛都极大地推动了无人驾驶智能汽车技术的发展。

2004年第一届DARPA挑战赛在美国的Mojave沙漠进行,道路全长240km,参赛队伍共有21支,有15支进入了决赛,但却没有一支队伍完成整场比赛,这与参赛车辆配备的感知系统庞大而整车系统不够稳定有着一定联系。尽管比赛结果不尽如人意,但它强烈地激发了人类对无人驾驶智能汽车技术的兴趣,其所带来的影响具有里程碑的意义。

2005年第二届DARPA挑战赛共有195支队伍申报,23支队伍进入了决赛,其中,有5支队伍通过了全部考核项目。来自斯坦福大学的Stanley以30.7km/h的平均速度和6h 53min 58s的总时长夺冠,卡内基·梅隆大学的Sandstorm和Highlander分别夺得亚军和季军,平均速度分别为29.9km/h、29.3km/h。本届比赛所有的参赛车辆都装备了GPS、激光雷达和CCD摄像机,以便对汽车周围的环境进行感知。

2007年第三届DARPA挑战赛在美国加利福尼亚州一个后勤空军基地举行。比赛要求参赛车辆在6h内完成96km的城市道路,同时遵守所有的交通规则。这次比赛与越野挑战赛的区别是,它不仅要求参赛车辆完成基本道路的无人行驶,更重要的是参赛车辆会与其他车辆发生实时交流,相遇时能主动避让。为增加道路车辆的密集度,包括有人驾驶和无人驾驶车辆在内,超过50辆汽车行驶在比赛的道路上。最终,来自卡内基·梅隆大学的Boss智能汽车取得了冠军,总用时4h 10min 20s,平均速度22.53km/h,Boss智能汽车如图12-9所示。

图12-9 Boss智能汽车

我国智能车未来挑战赛是国家自然科学基金委员会支持的"视听觉信息的认知计算"研究计划的重要组成部分,从2009年起,每年举办一届。

2009年,首届中国智能车未来挑战赛在西安浐灞生态区举行,湖南大学获得冠军。

2010年,第二届中国智能车未来挑战赛在西安市长安大学举行,最终中科院合肥物质科学研究院先进制造技术研究所的"智能先锋"获得冠军。

2011年,第三届中国智能车未来挑战赛在内蒙古自治区鄂尔多斯市康巴什新区举行,比赛首次从封闭道路环境转为真实道路环境,参赛车辆需要识别交通信号、避让静动态障碍物、汇入车流以及进行U形转弯等测试,道路全长10km,最终国防科技大学夺得冠军。

2012年,第四届中国智能车未来挑战赛在内蒙古自治区赤峰市翁牛特旗举行,这是国内第一次在真实城区道路和乡村道路环境中进行的公开比赛。比赛第一赛段规定在50min内完成约6.9km的城区赛程,第二赛段需在1h之内完成15.8km的乡村道路赛程,重点考核无人驾驶车辆安全性、智能、平稳性和速度。军事交通学院智能车团队的"猛狮3号"总揽了总成绩和各单项比赛的第一名。

2013年,第五届中国智能车未来挑战赛为环湖赛,比赛车辆绕昆承湖行驶一周。此次比赛冠军是北京理工大学与比亚迪汽车有限公司合作的Ray车队。

2014—2020年,中国智能车未来挑战赛均在江苏常熟举行。所有参赛智能车在真实交通道路环境中,进行避让行人、交通信号灯等候、施工路段行驶以及左转让直行等多个项目的测试,重点考核无人驾驶智能车辆的安全性(Safety)、舒适性(Smoothness)、敏捷性(Sharpness)和智能性(Smartness)等水平。部分参赛队伍的智能车如图12-10所示。

图12-10　军事交通学院的军交猛狮

第三节　智能汽车功能架构

一、智能汽车的功能组成

智能汽车是一个高度智能化的复杂系统,通过智能传感设备实现环境感知,进而进行智能决策与智能控制,同时,智能汽车还涉及本车与他车或道路之间的信息通信与共享,本车与驾驶人之间的交互与协作等。智能汽车主要由环境传感与感知模块、智能决策规划模块、智能集成控制模块、移动信息网联通信模块和人机交互与共驾模块组成,其系统组成架构如图12-11所示。

第十二章 智能汽车

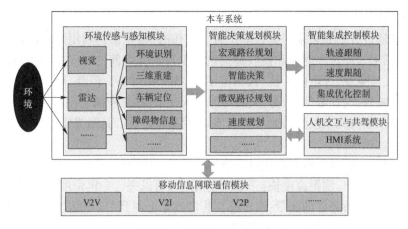

图 12-11　智能汽车功能架构

1. 环境传感与感知模块

智能汽车的环境传感与感知系统就像是人类的视听觉系统,主要是利用各种传感器对周围环境进行数据采集与信息处理,以获取当前行驶环境的有关信息。环境传感与感知模块可以为智能汽车提供道路交通环境、本车定位、障碍物位置与运动状态、交通信号标志等一系列重要信息,是其他功能模块的基础,是实现辅助驾驶与自动驾驶的前提条件。

智能汽车常用的环境感知传感器有视觉传感器、激光雷达、毫米波雷达、超声波雷达和红外线传感器等。

1) 视觉传感器

视觉传感器是智能汽车最为重要的环境传感模块,相比于其他传感器,视觉摄像头最为接近人眼获取周围环境信息的工作模式。

视觉传感器通过工业摄像头按一定的分辨率采集前方道路图像,然后通过图像处理技术将图片转换为二维数据,在此基础上,使用模式识别算法获取车道线、交通标志、交通信号灯以及车辆、行人等周围障碍物信息。视觉传感器视野范围广、尺寸小、质量轻、功耗低、技术较为成熟、成本较低,具有广阔的应用前景,是智能汽车技术产业化的主要方向,高校和企业界都对其展开了广泛研究,并取得了很多成果,例如以色列的 Mobileye 公司开发的基于摄像头的高级驾驶辅助系统已经在奥迪、宝马、福特、通用、丰田等众多汽车品牌中得到了应用。

目前,视觉传感器主要有以下几种:

(1) 单目摄像头。单目摄像头一般安装在前风窗玻璃上部,用于探测车辆前方环境,识别道路、车辆、行人等,广泛应用于自适应巡航、车道偏离预警、前方碰撞预警等功能中。

(2) 后视摄像头。后视摄像头一般安装在车尾,用于探测车辆后方环境,应用于倒车可视系统。

(3) 双目摄像头。双目摄像头是利用两个经过精确标定的摄像头从不同的位置获取被测物体的两帧图像,通过计算图像对应点之间的位置偏差来获知物体的三维几何信息。

(4) 环视摄像头。环视摄像头一般至少包括 4 个摄像头,分别安装在车辆前、后、左、右侧,实现 360°环境感知,应用于自动泊车和全景泊车系统。

视觉传感也存在一定的局限性:天气状况、光线条件、车辆速度、车辆运动轨迹和摄像机安装位置等因素都会对视觉传感产生影响;物体识别基于机器学习数据库,需要的训练样本大,训练周期长,难以识别非标准障碍物。

2) 激光雷达

激光雷达通过发射光束来探测目标位置。工作时，激光雷达利用旋转的反射镜将激光发射出去，然后通过测量发射光和接收障碍物表面反射光之间的时间差来进行测距。激光雷达方向性好、波束窄、无电磁干扰、探测范围广、探测精度高。但是，激光雷达工作时受天气和大气的影响较大，在浓烟、浓雾、大雨等恶劣天气下，激光衰减急剧加大，传播距离受限，大气环流也会使激光光束发生畸变与抖动，影响测量精度，同时，激光雷达的数据量较大，在现阶段价格也比较昂贵。

根据扫描机构的不同，激光雷达可以分为二维和三维两种，二维激光雷达只在一个平面内进行扫描，结构简单，测距速度快；三维激光雷达则可以进行一定角度的俯仰，进行立体扫描，能够进行复杂地形条件的测量；两者都在智能汽车上得到了广泛应用。图 12-12 为几种典型的车用激光雷达，其性能参数见表 12-1。

a) SICK雷达

b) IBEO雷达

c) Velodyne雷达

图 12-12 典型车用激光雷达

典型车用激光雷达性能参数 表 12-1

雷达类型	SICK LMS511	IBEO LUX-4-HD	Velodyne HDL-64E S2
探测距离	80m (standard) 16m (0.1 reflection)	200m (standard) 50m (0.1 reflection)	120m (0.8 reflection) 50m (0.1 reflection)
激光线数	1 线 (2D)	4 线 (3D)	64 线 (3D)
波长	905nm	905nm	905nm
扫描视角	190°	85°	360°
角度分辨率	0.25° (可调)	0.125° (可调)	0.09° (可调)
扫描频率	25/35/50/75Hz	12/25/50Hz	5~20Hz
垂直视场角	—	3.2°	26.8°
测距精度	24mm	10cm	20mm
数据量	19k/s	5k/s	1.33m/s
外形尺寸	185mm×155mm×60mm	164.5mm×93.2mm×88mm	φ203mm×254mm

3) 毫米波雷达

毫米波雷达是指工作在毫米波波段（工作频率 30~300GHz，波长 1~10mm）的雷达。毫米波雷达发射的电磁波遇到障碍物反射产生回波，通过对回波进行检测和处理可以计算出与目标的相对距离和相对速度。毫米波雷达波束窄、分辨率高、测量距离远、抗干扰能力强、环境适应性好、可靠性高，其测距精度受雨、雪、雾、阳光等天气因素和杂声、污染等环境的影响较小,因此,毫米波雷达已成为智能汽车最核心的传感器。根据测量原理的不同,车载毫米波雷达一般可分为脉冲雷达和调频连续波雷达两类,其中后者更为常用。根据频率的不同,车载毫米波雷达主要有 24GHz 和 77GHz 两种,一般 24GHz 雷达用于中短距离检测,常用作实现盲点探测系统(Blind Spot Dectection,BSD),而 77GHz 雷达主要用于中长距离测距,多用于实现自适应巡航系统(Adaptive Cruise Control,ACC)、前碰撞预警系统(Forward Collision Warning,FCW)等。

图 12-13 所示为两种典型的车用毫米波雷达,其性能参数见表 12-2。

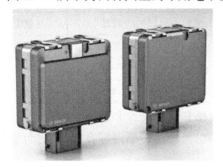

图 12-13 典型车用毫米波雷达

典型车用毫米波雷达性能参数　　　　　表 12-2

雷达类型	Bosch MRR	Delphi ESR2.5
频率	76~77GHz	76~77GHz
探测距离	160m/80m	175m/60m
扫描视角	45°/150°	20°/90°
最大目标探测数目	32	64
调制方式	FMCW	FMCW
外形尺寸	60mm×70mm×30mm	130mm×90mm×39mm

4)超声波雷达

超声波雷达是指工作在超声波波段(工作频率高于 20kHz 的声波)的雷达。超声波具有与声波相同的特性,波长短、绕射现象小、方向性好,超声波雷达主要应用的是超声波的反射特性。超声波雷达数据处理简单快速、制造成本低廉,广泛应用于汽车的倒车雷达测距。

超声波雷达的频率相对较低,因此探测前方物体时穿透力和所能探测到的距离都比较有限,同时,超声波在空气中传播时能量会有较大的衰减,难以得到精准的距离信息。

5)红外线测距传感器

红外线测距传感器是利用红外线(波长 0.76~400μm)的物理性质进行测距的传感器。红外线传感器测距的原理主要有两种:一种是被动式测量,所有高于绝对零度(-273.15℃)的物质都可以产生红外线,红外线的强弱与距离有关,温度确定时,物体距离越远,检测到的红外线强度就越弱,红外线的强度与距离之间存在一定的对应关系,通过这个对应关系可以测量障碍物的距离;另一种是主动式测量,与超声波雷达测距的工作原理比较相似,是利用发射出的红外线与反射回来的红外线之间的时间延迟来计算两个目标之间的距离。

红外线测距传感器不受风、沙、雨、雪、雾和光线的影响,环境适应性好、功耗低,但其探测视角小、探测距离短、温度稳定性差。同时,红外线测距传感器不依赖可见光,常被用于智能汽车的夜视系统当中。

综上所述,智能汽车常用的环境感知传感器种类多,原理各异,其主要性能比较见表12-3。

智能汽车环境感知传感器性能比较　　　　　表12-3

传感器	视觉传感器	激光雷达	毫米波雷达	超声波雷达	红外线
最大探测距离	一般	大	大	小	小
分辨率	一般	好	好	差	差
响应时间	较慢	快	快	较慢	较快
数据处理	复杂	复杂	一般	简单	简单
环境适应性	差	差	好	一般	一般
价格	一般	高	一般	低	低

智能汽车的终极目标是无人驾驶,因此,对环境感知的精确性和适应性要求均较高,单一的传感器几乎无法满足智能汽车的技术需求,因此,将上述传感器综合应用,进行多源信息融合是智能汽车环境传感与感知模块的发展趋势。

2. 智能决策规划模块

智能汽车智能决策规划模块就像是人类的大脑,是智能汽车的控制中枢,其主要任务是依据环境感知系统处理后的环境信号以及先验地图信息,在满足交通法规、动力学特性等汽车行驶诸多约束前提下,根据路网文件、任务文件和定位信息等生成一条可实现全局最优的车辆运动轨迹。

智能汽车智能决策规划模块以任务层次分解为基础,可以分为三个模块化结构:宏观路径规划、中观行驶行为决策和微观轨迹规划,如图12-14所示。

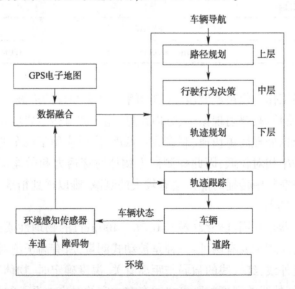

图12-14　智能汽车分层决策规划架构

宏观路径规划在已知电子地图、路网以及宏观交通信息等先验信息下,根据距离最短、时间最短或其他优化目标得到两点之间的最优路径。一些商业软件如百度地图均可以提供路径规划功能。路径规划通常是全局规划,并只考虑宏观静态障碍物,路径规划的周期通常在几分钟到几小时。规划路径一般不考虑车道、车道线信息,也不包含实时时间信息。完成路径规划的传感信息主要来自于 GPS 定位信息以及电子地图。

中观行驶行为决策的作用是产生一系列的行驶行为来完成宏观规划路径。行驶行为一般根据本车周围道路、交通以及环境信息,以及驾驶人的驾驶习性等,动态地规划车辆行驶行为,体现交通法规以及结构化道路约束。通常,行为规划周期长度为几十秒到几分钟。行为规划的传感信息主要来自车载传感器如雷达、照相机等,用以识别道路障碍、车道线、道路标识信息和交通信号灯信息等。

微观轨迹规划的规划周期长度在几秒之内,需要综合考虑影响车辆的各种性能指标(如安全性、舒适性和操控稳定性等),以决策出最优轨迹。车辆的动力学约束也会在下层得到体现。微观轨迹规划除了必要的外部环境信息外,还需要对车辆状态信息测量或估计。

3. 智能集成控制模块

智能汽车智能集成控制模块主要是通过控制车辆的驱动、制动、转向、挡位等,对智能决策规划模块规划出的轨迹和速度进行跟随控制,从而使得车辆沿着期望的路径和速度行驶。智能集成控制模块类似于驾驶人操纵汽车执行机构,确保车辆能够沿着期望的道路行驶,其架构如图 12-15 所示。

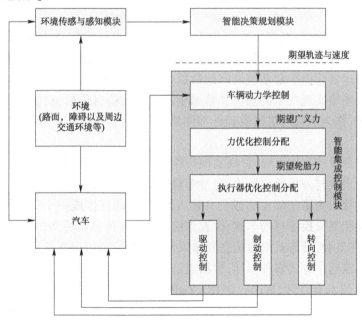

图 12-15 智能集成控制模块架构

智能集成控制模块是整个智能汽车系统的最底层,其本质是控制车辆的运动来减少车辆实际路径与期望路径之间的空间误差和时间误差,主要包括纵向控制和横向控制。纵向控制一般是通过控制节气门和制动的动作,实现对期望车速的精确跟随;横向控制是在保证车辆操纵稳定性的前提下,使车辆精确跟随期望道路,同时,确保车辆具有良好的动力性和乘坐舒适性。

4. 移动信息网联通信模块

智能汽车的移动信息网联通信模块以本车为主体和主要节点,以现有移动通信网络和宽带无线城域网络为基础,按照规定的通信协议和数据交互标准,将内部信息通过现代通信和网络技术与他车或外部节点相互交流,进行信息共享和行为协调,即实现车联万物(Vehicle to Everything,V2X)。其中,X 代表任何与本车交互信息的对象,典型的 V2X 系统包括车—车通信(Vehicle to Vehicle,V2V)、车—办公室通信(Vehicle to Office,V2O)、车—路侧基础设施通信(Vehicle to Infrastructure,V2I)、车—家通信(Vehicle to Home,V2H)、车—行人通信(Vehicle to Pedestrian,V2P)等,如图 12-16 所示。

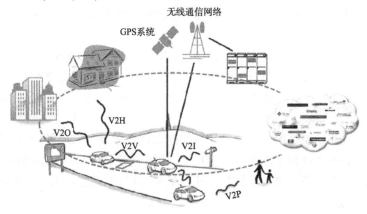

图 12-16 智能汽车移动信息网联通信模块

V2X 是一种网状网络,网络中的节点可以发送、接收并转发信号,因此,移动信息网联通信模块的主要功能是数据接入和传输控制。数据接入功能是指实现车辆信息系统、路网环境等运行系统与运营管控平台系统之间的数据传输;数据传输控制功能主要通过移动无线网络和专用核心网络实现汽车信息源和数据中心之间的信息传输,提供用户终端连接和对用户终端的管理,作为承载网络提供到外部网络的接口,实现汽车各种服务、管理和交互过程的控制。

智能汽车内部设施利用 CAN 总线实现短距离互联通信,而车辆定位模块、车辆信息采集模块以及通信模块与外界通信模块,通过车载通信网关以 WLAN、WiMAX、蜂窝通信网络、通信卫星等方式接入道路基础设施或公共接入网络,自动连接成一个移动的车域网。在一定通信范围内能相互交换各自的车速、位置等信息和车载传感器感知的数据,并能应用于行驶安全预警、辅助驾驶、分布式交通信息发布以及基于通信的纵向车队控制等方面。

移动信息网联通信方式多种多样,根据通信距离可分为短距离技术和长距离技术,能实时响应的短距离技术有蓝牙、Wi-Fi、DSRC、ZigBee 等,可实现对高速运动下移动目标的识别;长距离技术有 GPRS、LTE-V 等,可用于提供即时的互联网接入。

1) 蓝牙

蓝牙是基于收发器芯片,具有主从架构的能实现短距离通信的无线通信协议。在微网中主设备可和多个从设备通信,从设备通过协议可转换为主设备。蓝牙通过跳频技术将传输的数据分割成数据包,通过指定的蓝牙频道在主从设备间分别进行传输。蓝牙的数据传输速率为 1Mb/s,传输距离为 10~100m,组网时间小于 10s,同时,它是全球统一的、开放的技术标准,可穿透障碍物传输数据,抗衰减能力和抗干扰能力均较强,因此,蓝牙在智能汽车领域得到了一定应用,如蓝牙免提通信、蓝牙防盗装置、蓝牙车载导航等。

2) Wi-Fi

Wi-Fi 是一种允许电子设备连接到无线局域网的技术,由网络桥接器(Access Point,AP)

和无线网卡组成无线网络,以无线的模式配合既有的有线架构分享网络资源,是当今使用最广的一种无线网络传输技术。在智能汽车终端安装无线网卡,连接到 AP 就能与有线宽带网络快速相连。Wi-Fi 与蓝牙相比,数据安全性能较差、传输质量也有待提高,但其技术成熟、覆盖范围广、传输速率快、通信设备简单、组网成本低,在智能汽车网联通信领域具有很大优势。目前,Wi-Fi 在智能公交等领域已经得到广泛应用,可以支持终端接入云平台实现远程管理。

3) DSRC

DSRC 是在 Wi-Fi 技术基础上发展的智能交通专用短距离通信技术(Dedicated Short-Range Communications,DSRC),以 802.11a 为底层协议,能实现在特定小区域内(通常为数十米)对高速运动下移动目标的识别和双向通信,例如车—路通信和车—车通信等。DSRC 支持车速 200km/h,准频率宽度 5.85G ~ 5.925GHz,传输速率可达 27Mb/s,具有低延时、高可靠性的特点,能承载大宽带车载应用信息。经过 10 多年的发展,DSRC 技术已经趋于成熟,标准已经相对完备,2014 年 2 月,DSRC 被美国交通部确认为 V2V 的标准。DSRC 技术已经在智能交通、智能网联汽车等领域得到了广泛应用,美国的 IntelliDrive、欧洲的 CVIS、日本的 Smartway 等计划均使用了 DSRC,美国的 M – city、我国的国家智能网联汽车(上海)试点示范区等示范测试区均提供了 DSRC 的测试功能。

4) ZigBee

ZigBee 是一种基于 IEEE802.15.4 标准的短距离无线网络协议,是由多个无线数传模块组成的一个无线数传网络平台,数传模块之间可以相互通信。网络结构由协调器、路由器和终端设备构成,协调器负责启动和配置网络,路由器可将信息转发到其他设备。相比于 Wi-Fi,ZigBee 具有信息安全性高、组网能力强、网络规模大等优点,并且,其采用极低功耗设计,在耗能、网络规模上能满足网联智能汽车通信需求。但是,ZigBee 传输速率慢,产品开发难度大、开发周期长。ZigBee 技术目前在智能公交、胎压监测等系统中有所应用。

5) GPRS

通用无线分组业务(General Packet Radio Service,GPRS)是以 GSM(Global System for Mobile Communications)网络为基础,通过分组交换技术,采用 IP 数据网络协议,增加网关支持节点(Gateway GPRS Support Node,GGSN)和服务支持节点(Serving GPRS Support Node,SGSN)而形成的通信协议。GGSN 将多种不同的数据网络连接,SGSN 可记录汽车当前位置信息,并在汽车终端和各种数据网络间收发移动分组数据。虽然传输速率较低(170kb/s),但 GPRS 技术成熟、性能可靠、传输距离长、可实时在线,因此,其非常易于在智能网联汽车领域进行应用。目前,在车辆远程监控、车辆定位等领域已经有很多成熟的 GPRS 产品。

6) LTE-V

LTE-V(LTE-Vehicle)是一种基于 TD-LTE 的汽车专用通信技术,其定义了两种通信方式:集中式(LTE-V-Cell)和分布式(LTE-V-Direct)。集中式也称蜂窝式,可以利用现有的蜂窝网络进行车辆与路侧通信单元以及基站设备的通信;分布式也称为直通式,与 DSRC 技术类似,无须基站作为支撑,可进行低延时、高可靠的车—车短距离直接通信。LTE-V 是我国通信业界和政府主推的智能网联汽车通信技术,相比美国主导的 DSRC 标准,LTE-V 在容量、覆盖范围、高速移动场景、网络可靠性、频率资源利用率、基础设施完备性等方面具有一定优势。

综上所述，智能汽车常用的移动信息网联通信方式多种多样，典型的智能汽车移动信息网联通信方式主要性能比较见表12-4。随着技术的进步，会有更多高速、低延时、大容量、高可靠性的通信技术应用在智能汽车上。

智能汽车移动信息网联通信方式比较　　　　　　表12-4

种类	蓝牙	Wi-Fi	DSRC	ZigBee	GPRS	LTE-V
传输距离	短	较长	较长	较短	长	长
传输速率	慢	快	较快	慢	慢	快
组网时间	3~10s	3s	30ms	30ms	3s	<30ms
可靠性	高	一般	高	高	一般	高
设备费用	低	较低	较高	较低	较高	高
使用成本	低	低	低	低	较高	高
典型应用	免提通信	智能公交	智能交通系统	车载传感器通信	远程监控、定位	智能交通系统

5. 人机交互与共驾模块

智能汽车人机交互与共驾模块是人类驾驶人与智能机器控制系统的信息交互接口。通过人机交互与共驾模块，机器可以更好地理解人、辅助人，甚至取代人；而驾驶人也可以更好地了解车、掌控车和享受车。人机和谐交互与协同共驾是智能汽车面临的最大难题和挑战。智能汽车只有充分理解人的需求、调动人的兴趣点、保护驾驶人的机能，同时使驾驶人放心、舒心，实现人性化、个性化的类人驾驶，才有可能打通通往市场化的最后一道大门。

人机交互与共驾模块主要包括人机交互界面（Human Machine Interface，HMI）和人机共驾（Co-piloting）模块两个部分。

人机交互界面包括按键选择、全息影像、语音对话、手势控制、驾驶人状态监测等，随着智能驾驶座舱技术的发展，人机交互界面的模式也越来越丰富。

人机共驾是智能汽车技术发展带来的全新课题，随着汽车辅助驾驶与自动化驾驶技术的不断发展，汽车与驾驶人之间的关系变得十分复杂，各种基于环境信息感知的车辆主动控制系统与性格各异的驾驶人共同构成了对智能汽车的人车并行二元控制，两者之间动态交互，形成相互耦合与制约关系。与智能机器的精细化感知、控制能力相比，人的驾驶行为具有模糊、退化、个性化等特点；而机器对比人而言，学习能力相对较弱，对于未知复杂工况的决策能力较差。因此，人机共驾存在两个任务分割层次：一是驾驶人与机器控制的驾驶权切换，二是驾驶人与机器控制的驾驶权融合。从驾驶权切换的角度来讲，切换的时机、切换的平稳性、切换时驾驶人的适应性和接受性是需要解决的关键问题。而从驾驶权融合的角度进行分析，需要着重考虑机器控制对人操纵的干扰、机器控制对人驾乘体验的影响以及驾驶人对控制系统的干扰。深入理解复杂汽车控制系统和驾驶人驾驶机理与驾驶行为的特征规律及表征方法，进而探索两者之间的冲突机理与交互机制，以此为基础，建立人车共驾理论体系，实现在汽车辅助驾驶、主动安全和高度自动化操纵等不同控制系统下的人机和谐交互与智能集成，建立人性化、个性化的汽车智能控制系统，实现人—车—环境整体性能最优已成为智能汽车技术发展过程中亟待解决的关键问题。

二、智能汽车的体系结构

智能汽车具有信息密集、信息多层次性、环境交互多样性以及信息与知识存储分布广等特点,是一个高智能、多系统的复杂控制体,要想实现良好的控制效果,需要设计适合使用需求的体系结构。体系结构是智能汽车的基本骨架,它描述了系统各个组成部分的分解、组织和输入输出关系,确定了系统的信息流和控制流,同时定义了系统软硬件的组织原则、协调机制、集成方法和支持程序。一个合理的体系结构能够实现系统各模块之间的恰当协调,具有开放性和可扩展性。

典型的智能汽车体系结构有分层递阶式(也称慎思式)、反应式(也称包容式)以及两者相结合的混合式。

1. 分层递阶式体系结构

分层递阶式体系结构是一个串联系统结构,如图 12-17 所示。

在该结构模式下,系统的各模块之间次序分明,上一个模块的输出即为下一个模块的输入,执行器的动作是经过环境传感感知、路径规划、行驶行为决策、轨迹规划和轨迹跟随控制层层求解之后得出的结果,每个模块的工作范围逐层缩小,对问题的求解精度逐层提高,具备良好的规划推理能力,容易实现高层次的智能控制。

分层递阶式体系结构的缺点也很明显:一方面,它对全局环境模型的要求比较理想化,对传感器性能和系统的计算能力要求都较高,控制过程存在延迟,缺乏实时性和灵活性;另一方面,这种体系结构的可靠性不高,一旦其中某个模块出现软件或者硬件故障,信息流和控制流的传递通道就会受到影响,整个系统很有可能发生崩溃,这也是次序分明结构的通病所在。

2. 反应式体系结构

基于行为的反应式体系结构是反应式体系结构中最常用的一种,属于并联系统结构,如图 12-18 所示。

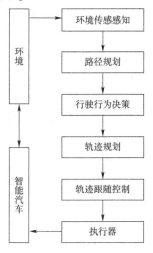
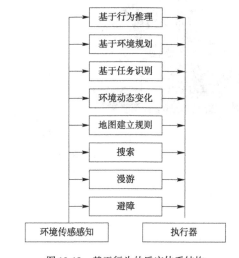

图 12-17　分层递阶式体系结构　　　图 12-18　基于行为的反应体系结构

反应式体系结构存在着多个并行的控制回路,每个回路均可以独立地接受感知信息,并根据感知信息独立作出相应的控制。在这种体系结构下,每个子模块均可针对不同的局部目标设计对应的功能,并均可独立地进行问题的求解,通过协调配合后输入控制装置,进而产生有目的的动作。与分层递阶式体系结构最大的不同之处在于,这种结构的每个控制层可以直接基于传感器的输入进行决策,因而它所产生的动作是传感器数据直接作用的结果,突出了"感知—动作"的特点,可以适应完全陌生的环境。基于行为的反应式体系结构响应快速、实时性强，每一层只需负责系统的某一个行为，整个系统可以方便灵活地实现低层次到高层次的过渡，如若其中一层模块出现故障，其他层次仍能正常工作，系统鲁棒性和灵活性很强。

反应式体系结构强调模块间的独立、平行工作，但会存在各个控制回路对同一执行机构争夺控制的冲突，因此需要建立一个完善的协调机制来解决冲突。同时，随着任务复杂程度以及各种行为之间交互作用的增加，预测一个体系整体行为的难度将会增大，缺乏较高等级的智能。

3. 混合式体系结构

分层递阶式体系结构和基于行为的反应式体系结构都存在各自的优点和不足，因此，兼具两者优点的混合式体系结构越来越得到关注。

混合式体系结构分为两个层次，在较低层次上时间与空间的处理范围小、分辨率高，主要完成高精度与快反应的行为，生成面向目标搜索的反应式体系结构；在较高层次上则正好与此相反，主要完成长时计划与抽象的概念，生成面向目标定义的递阶慎思式行为。

三、智能汽车功能架构实例

1. Boss 智能汽车

Boss 无人驾驶智能汽车是 2007 年美国 DARPA 城市挑战赛的冠军，由卡内基·梅隆大学与通用汽车公司等众多合作伙伴共同研制而成，如图 12-19 所示。

Boss 智能汽车采用分层式体系结构，其环境传感与感知模块配置见表 12-5，包括 1 个 Velodyne HDL64 线激光雷达、1 套 APLX GPS/INS、2 个 Point Grey 摄像机、5 个 Continental ARS 300 雷达、8 个 SICK LMS 291 单线激光雷达、2 个 Continental ISF 172 激光雷达和 2 个 IBEO Alasca XT 激光雷达。感知层融合处理来自 Boss 车载传感器的数据，根据 Applanix 车辆定位系统和 GPS 系统，确定车辆位置和速度。通过 64 线激光雷达等高精度雷达与视觉传感器的融合确定道路信息、动态障碍物信息、静态障碍物地图等周围环境信息。

图 12-19 Boss 无人驾驶智能汽车

Boss 智能汽车环境传感与感知模块配置　　　　　　表 12-5

传　感　器	特　　点
APLX（Applanix POS-LV 220/420 GPS/IMU）	通过 Omnistar VBS 修正，具有亚米级精度
SICK LMS 291-S05/S14 单线激光雷达	180°/90°×0.9°两种扫描范围，角分辨率有 1°和 0.5°两种，最大测距 80m
Velodyne HDL 64 线激光雷达	360°×26.8°扫描范围，角分辨率为 0.1°，最大测距 120m
Continental ISF172 激光雷达	12°×3.2°扫描范围，最大测距 150m
IBEO Alasca XT 激光雷达	240°×3.2°扫描范围，最大测距 320m
Continental ARS 300 雷达	60°/17°×3.2°两种扫描范围，最大测距 60m/120m
Point Grey 摄像机	高动态摄像机，45°扫描范围

智能决策规划模块使用了10个2.16GHz的Core2Duo处理器,主要负责对环境传感与感知模块所获取的信息进行分析和处理,对道路环境进行三维建模,估算车辆在路网结构中的方位,根据已有路网文件以及局部环境信息决策出一条到达目的地的最优路径。通过状态机的方法将驾驶任务分解成一系列的驾驶行为,进行道路行驶、路口方案和目标选择等行为决策,最终生成理想的运动轨迹。Boss遵循的"螺旋发展进程",对决策规划模块的进程和任务优先顺序周期性地检查,且具有较高的灵敏度,能更快地分析和纠正任务顺序。

智能集成控制模块可自主完成加速、制动、转向、变换挡位等任务,实现轨迹跟随功能,能够以48km/h的车速安全行驶。

2. 猛狮智能汽车

猛狮智能汽车是由军事交通学院猛狮车队自主研制的无人驾驶智能汽车,先后获得2012年、2014年和2015年三届中国智能车未来挑战赛冠军,如图12-20所示。2012年猛狮3号智能汽车完成了从北京到天津114km的高速公路自主驾驶测试,最高车速达105km/h,历时85min。2015年,军事交通学院猛狮5号智能汽车完成了从郑州市郑开大道城铁贾鲁河站至开封市郑开大道开远门站的自主驾驶,总行程32km,共包含27个路段、26个路口、26个红绿灯。

猛狮智能汽车已经研发到了第五代,配置了3个视觉摄像机、1个GPS+INS以及64线激光雷达、4线激光雷达、单线激光雷达和毫米波雷达,可以在复杂的环境下,对道路、交通标志和障碍物进行精确可靠的探测。

图12-20 猛狮智能汽车

猛狮智能汽车的"大脑"是由两台core i5工控机和一台备用计算机组成的执行系统,计算机具有4G内存,通过CAN总线与感知模块和底层控制模块的硬件进行数据交换,在复杂条件下具有自主决策和优化控制能力,可以对环境传感与感知模块所得的信息进行判断和分析,完成全局路径和局部路径规划,作出行驶速度和驾驶模式的决策。

猛狮智能汽车智能集成控制模块可以对节气门、制动和转向机构进行控制,实现轨迹跟随。

此外,猛狮智能汽车还包含人机交互模块,驾驶人可以通过触摸屏对汽车输入指令以更好地控制汽车,同时交互模块还能给驾驶人提供语音和图像反馈,实现辅助驾驶功能。

3. 谷歌智能汽车

谷歌是最早开发智能汽车的IT企业,在其他公司还在进行小范围内部测试的时候,谷歌智能汽车已经成功地行驶在美国的大街上。谷歌智能汽车最开始使用的是丰田混合动力电动汽车普锐斯,后续又自行开发了Google self-driving prototype vehicle,如图12-21所示,这款无人驾驶原型车已经取消了节气门、制动踏板和转向盘。

图12-21 谷歌无人驾驶智能汽车

谷歌智能汽车的环境传感与感知模块运用了多种传感器设备以及图像识别技术、雷达技术、深度学习技术和GPS定位技术,传感器包括64线激光雷达、毫米波雷达、摄像头和 GPS + INS 等。谷歌高精度地图为谷歌智能汽车提供了坚实的数据支持，通过车载传感器信息与谷歌地图数据进行融合，可以实现智能汽车的高精度定位和厘米级的路径规划。

智能决策规划模块通过无线自组织网络算法对路况进行判断，规划最优路径和具体任务。此外，规划决策模块通过智能分类算法对传感器的数据模型进行深度对比和自学习，能提高分辨精确度，将现有的环境模型与之前的网络比较，提前预判周围物体的运动轨迹，动态作出轨迹规划。

智能集成控制模块依据规划出的轨迹控制车辆进行制动、转向、加速等，保证车辆能跟随预期规划的轨迹。

第四节　智能汽车技术挑战与发展趋势

智能汽车是汽车产品的未来形态及汽车技术发展的制高点，智能汽车技术的发展和产品普及将颠覆性地改变人类的生产和生活模式。纵观现有研究，先进传感感知、电子控制、人工智能、网络通信等技术不断完善，不同层次的智能汽车技术迅猛发展，辅助驾驶技术与半自动驾驶技术已进入到产业化阶段，高度自动驾驶技术已经开始实用化研究。然而，虽然目前已取得了可观的成绩，但是必须看到，现阶段高端智能汽车相关技术的研究还是以展示和示范为目标，以不计成本的高昂传感器为基础，并往往在良好的行驶工况、结构化的道路，甚至是封闭的交通环境下运行，智能汽车实现完全无人驾驶仍然面临着众多挑战，这不仅有来自于技术上的挑战，更有法规、社会接受等方面的制约。

一、智能汽车技术挑战

1. 瓶颈技术

智能汽车是高新技术集合体，从技术层面而言，它必须能够同道路上的其他交通参与者实现协同，感知道路环境状态，实现高效、安全的轨迹规划和轨迹跟随，适应不确定的交通场景，而当前，还有很多技术难题尚未得到有效解决。

环境感知技术是目前智能汽车发展最主要的技术瓶颈之一。人车环境闭环系统的各个主要组成部分都需要能够被精确感知，但实际交通环境异常复杂，不同的天气条件、不同的光强情况、不同的车辆类型等都会对智能汽车环境传感感知系统产生巨大影响，低成本、高精度的环境感知技术是促进智能汽车产品推广的首要因素。

认知技术是智能汽车发展的另一技术瓶颈。人类驾驶过程中，驾驶人通过视觉、听觉和嗅觉时刻感知周围环境，通过触觉感知车内转向盘、节气门、制动系统的状态，通过大脑处理海量信息，从中提取与驾驶相关的信息，过滤掉其他无关信息，从而作出正确抉择，其数据量之大和决策之复杂可想而知。智能汽车认知层需要在复杂动态交通环境下作出实时、正确的决策和规划，具有很大难度。

在智能汽车一体化控制方面，涉及的系统众多、高度复杂且具有较强的动态耦合特征，控制目标多样且具有普遍的矛盾特征，控制手段冗余且具有较强的动态约束和非线性特征，对控制系统控制精度、响应速度、鲁棒性、可靠性、容错性、自适应性和智能化程度的要求越来越高，这些都是智能汽车技术发展需要解决的关键核心问题。

随着汽车智能辅助驾驶与自动化技术的不断发展,汽车与驾驶人之间的关系变得十分复杂。驾驶人与汽车自动控制系统共同驾驶汽车并构成人机共驾的状态将长期存在,两者由于驾驶机理的显著差异,在不同的行驶环境和工况下往往彼此制约、甚至构成冲突。因此,探索并研究驾驶人的驾驶机理及其共性特征,深刻分析机器驾驶与自然人驾驶之间的内在本质差异,实现汽车在不同自动化程度下的人车和谐交互和人机协同共驾也是智能汽车技术发展的重要挑战。

与此同时,智能汽车网联化已经成为汽车智能化的高阶要求,欧洲公路运输研究咨询委员会(ERTRAC)提出了"Green Corridor"计划。而美国交通运输安全管理局已展开基于5.9GHz专用短程通信技术的车—车通信场景测试。欧盟第七科技框架计划资助了大量智能网联汽车的相关理论、应用和测试研究项目,例如,SARTRE 项目旨在解决制约车队在高速公路自主编队行驶的理论和技术问题,CVIS 项目旨在设计、开发和测试车—车/车—路通信技术,PRESERVE 项目旨在设计、实现和测试 V2X 安全系统,ITSSv6 项目旨在完善 IPv6 相关的车载协议栈标准。虽然一些通信协议已经标准化,但是,还无法支持低时延、高可靠、大容量的智能汽车控制要求,也不能保证车载移动网络的无缝互联,同时也缺乏安全性和隐私性。

2. 标准与法规

虽然智能汽车已毫无疑问成为汽车产业未来发展的方向,但是由于现在其还处于起步研发阶段,所以在法律法规方面,智能汽车技术仍存在很多空白。

智能汽车发展缺乏全局性的政策及行业标准,基本处于相关企业各行其是、自行发展的状态,至今仍未有一套行业内公认和遵守的标准,这会给未来智能汽车产业发展造成巨大的障碍。需要针对传感系统、车载终端、通信协议、测试评价以及其他关键技术制定出统一标准,以利于智能汽车技术的发展和配套设施的建设。

智能汽车技术的发展还需要完善的法律法规支撑,例如,无人驾驶智能汽车的开放道路测试、智能汽车交通事故的责任认定等都需要国家从立法的层面进行宏观规划。

此外,有关智能汽车伦理道德的难题也是无人驾驶技术在未来面临的巨大挑战。例如,车辆在无法避免事故的极端条件下,是选择撞向左边人群,还是撞向右边人群?

3. 社会接受与信息安全

从过往的汽车发展史中可以看出,汽车技术实现产业化,成为普通大众能够消费得起的商品,至少需要两个因素:一是观念上的认同,二是成本上的接受。没有人类驾驶人的无人驾驶汽车要想取得人的信任和接受,需要一个渐进的过程。

同时,智能汽车的安全性和隐私性也是智能汽车技术发展的重要挑战,如何以最好的方式保护智能汽车系统免受远程破解、恶意攻击以及可能影响交通安全的任何图谋,变得至关重要。虽然已有大量的安全协议和算法,但这些机制以大量的时间和空间为代价,这在链路生存周期短、带宽严重受限的车联网中是不能接受的,严重地制约了智能网联汽车的用户认可度和市场普及率。

二、智能汽车技术发展趋势

智能汽车是现代制造业与新一代信息技术深度融合的创新前沿与战略制高点,具有重要的科学意义、深远的社会影响和广阔的市场前景。近年来,制造业互联网化的趋势日趋强化,以深度信息化为典型特征的第四次工业革命已经到来,欧美国家均制定了相应的国家战略,如德国的"工业4.0战略",美国的"先进制造业国家战略计划"等,而我国政府也提出了"互联网+"行动计划。在这些计划中,智能汽车作为传统汽车工业与现代信息产业完美结合的创新载体,受到了广泛关注。沃尔沃、奥迪、奔驰、宝马、通用、福特、丰田等汽车企业以及谷歌、苹果、英特尔、三星等IT巨头均对智能网联汽车相关技术进行了广泛的研究,取得了许多重要成果。

以移动技术为代表的普适计算、泛在网络已渗透到生产生活、经济社会发展的方方面面,传统汽车产业生态价值链重组加速,以大数据驱动的有序高效行车模式与便利安全的优质个人移动已成为智慧生活的迫切需求。以无人驾驶汽车为代表的智能汽车已经为人们展示了未来交通的雏形,已成为未来必然的发展趋势。

思考题

1. 什么叫智能汽车?发展智能汽车有什么意义?
2. 智能汽车按照智能化程度如何分级?
3. 简述智能汽车发展历史。
4. 简述智能汽车的功能组成。
5. 智能汽车体系结构有哪些?分别具有什么特点?
6. 目前制约智能汽车发展的因素都有哪些?说说你的看法,并分析解决思路。

参 考 文 献

[1] 李彧,刘圣华,宫艳峰.GDI 发动机研究概况[J].内燃机,2006(2).
[2] 雷小呼,王燕军,王建昕,等.缸内直喷汽油机燃烧控制策略及实验[J].内燃机工程,2004(3).
[3] 尚秀镜,江俊峰,张建昭,等.汽油缸内直喷的关键技术和发展现状[J].汽车技术,2001(4).
[4] 蔡伟义.可变气门正时技术[J].汽车电子,2003(8).
[5] 苏岩,李理光,肖敏,等.国外发动机可变配气相位研究进展——机构篇[J].设计·计算·研究,1999(6).
[6] 张君涛,梁生荣,丁丽芹.车用清洁代用燃料及发展趋势[J].精细石油化工进展,2005(4).
[7] 陈敏.国内车用发动机代用燃料研究综述[J].柴油机,2003(5).
[8] 赵俊华,钱叶建.二甲醚一种新型的车用清洁燃料[J].商用汽车,2001(9).
[9] 张光德,黄震,乔信起,等.二甲醚发动机的燃烧与排放研究[J].汽车工程,2003(2).
[10] 张改丽.奔驰 9G-TRONIC 自动变速器描述[J].汽车维修与保养,2014(12).
[11] 葛安林.自动变速器[J].汽车技术,2001(5)~2002(3).
[12] 牛铭奎,葛安林,金伦,等.双离合器式自动变速器简介[J].汽车工艺与材料,2002(12).
[13] 牛铭奎,高炳钊,葛安林,等.双离合器式自动变速器系统[J].汽车技术,2004(06).
[14] 齐钢.DSG 的结构与原理[J].北京汽车,2006(01).
[15] 刘启佳.四轮转向汽车侧向动力学最优控制和内外环联合控制研究[D].北京:北京理工大学,2014.
[16] 郑校英.四轮转向的基本结构与发展[J].汽车与配件,1991,04:30-35.
[17] 林逸,施国标.汽车电动助力转向技术的发展现状与趋势[J].公路交通科技,2001,03:79-82+87.
[18] 吕威.电动助力转向系统稳定性和电流控制方法研究[D].长春:吉林大学,2010.
[19] 于蕾艳,林逸,李玉芳.汽车线控转向系统综述[J].农业装备与车辆工程,2006,01:32-36+48.
[20] 王菊,左建令.汽车线控转向技术的研发现状及发展前景[J].汽车研究与开发,2005,05:30-35.
[21] 王祥.汽车线控转向系统双向控制及变传动比特性研究[D].长春:吉林大学,2013.
[22] 李波,夏秋华.线控技术在汽车转向系统中的应用[J].汽车电器,2005,04:8-11.
[23] 何仁,李强.汽车线控转向技术的现状与发展趋势[J].交通运输工程学报,2005,02:68-72.
[24] 刘春晖,张文.2010 年款奥迪 A8 可调空气悬架系统[J].汽车电器,2014(1):47-50.
[25] 杨昂,孙营,吴晓明,等.重型牵引车复合材料板簧的开发与验证[J].汽车工程,2015,37(10):1221-1225.

[26] 杨德旭,祝海峰,张林文.复合材料板簧研究进展[J].玻璃钢/复合材料,2014(10).

[27] Lian-Yi Chen,Jia-Quan Xu,Hongseok Choi,et al. Processing and properties of magnesium containing a dense uniform dispersion of nanoparticles[J] Nature,2015,528(7583):539-543.

[28] Anderson Z M,Avadhany S,Cole M D,et al. ACTIVE VEHICLE SUSPENSION SYSTEM:US20150224845[P].2015.

[29] Hoo G K. Investigation of direct-current brushed motor based energy regenerative automotive damper[J]. Masters,2013.

[30] 钱琛.某轻型客车复合材料板簧关键特性建模与性能优化[D].长春:吉林大学,2018.

[31] 柯俊,吴震宇,史文库,等.复合材料板簧制造工艺的研究进展[J].汽车工程,2020,42(8):1131-1138.

[32] 程军.汽车防抱死制动系统的理论与实践[M].北京:北京理工大学出版社,1999.

[33] SAVARESI S M,TANELLI M. Active Braking Control Systems Design for Vehicles[M]. Milano:Springer-Verlag London Limited,2010.

[34] 韩龙.乘用车EHB液压特性建模及车辆稳定性控制算法研究[D].长春:吉林大学,2008.

[35] 杨坤.轻型汽车电子机械制动及稳定性控制系统研究[D].长春:吉林大学,2009.

[36] 刘巍.轻型汽车转向稳定性控制算法及硬件在环试验台研究[D].长春:吉林大学,2006.

[37] 林逸,马天飞.汽车NVH特性研究综述[J].汽车工程,2002.

[38] 马天飞.轿车NVH特性刚弹耦合一体化研究[D].长春:吉林大学,2003.

[39] 苑改红,王宪成.吸声材料研究现状与展望[J].机械工程师,2006(6).

[40] 高玲,尚福亮.吸声材料的研究与应用[J].化工时刊,2007(2).

[41] 顾健,武高辉.新型阻尼材料的研究进展[J].材料导报,2006.

[42] 李素华.减振降噪阻尼材料在汽车上的应用[J].汽车工艺与材料,2015(7).

[43] 刘学广.车内低频噪声多次级声源有源消声系统研究[D].长春:吉林大学,2004.

[44] 靳晓雄,张立军.汽车噪声的预测与控制[M].上海:同济大学出版社,2004.

[45] 熊云亮.全顺轻型客车动力总成液压悬置动特性研究[D].长春:吉林工业大学,2000.

[46] 刘文军.某中型客车驱动桥振动噪声分析与试验研究[D].长春:吉林大学,2013.

[47] Yunhe Yu,G Naganathan Nagi,V Dukkipati Rao. A literature review of automotive vehicle engine mounting systems[J]. Mechanism and Machine Theory,2001,36(1):123-142.

[48] 王利荣,吕振华.汽车动力总成液阻型橡胶隔振器的研究发展[J].汽车工程,2001,23(5):323-328.

[49] 张云侠.液阻悬置动态特性仿真与试验研究[D].上海:上海交通大学,2007.

[50] YasuhiroKakinuma,Tojiro Aoyama,Hidenbu Anzai,et al. Application of ER gel with variable friction surface to the clamp system of aerostatic slider[J]. Precision Engineering,2006,291:280-287.

[51] 背户一登.动力吸振器及其应用[M].北京:机械工业出版社,2013.

[52] S. R. Hong,S. B. Choi,D. Y. Lee. Comparision of vibration control performance between flow

and squeeze mode ER mounts: Experimental work[J]. Journal of Sound and Vibration, 2006,291(4):740-748.

[53] 史文库,郑瑞卿. 主动控制式电致伸缩液压悬置隔振特性仿真[J]. 吉林大学学报. 2005,35(3):116-121.

[54] Gastineau Jean-Luc, Durand Sylvain, Gennesseaux, et al. Hydraulic Method of Damping Vibration, Active Hydraulic Anti-Vibration Mount and Vehicle Including Such a Mount [P]: US,6523816B1,2003.

[55] Choi J Y, Lee W H, Kim J H, et al. Development of Pneumatic Active Engine Mount[J]. Journal of KSAE,2008:282-283.

[56] 蔡俊. 主动控制式电磁液压悬置隔振特性研究[D]. 长春:吉林大学,2005.

[57] 刘圣田. 汽车动力传动系双质量飞轮式扭振减振器设计开发研究[D]. 长春:吉林工业大学,1996.

[58] 刘圣田,吕振华,邵成,等. 双质量飞轮式扭振减振器[J]. 汽车技术,1997(1).

[59] 张树平. 多级非线性双质量飞轮研究及分析[D]. 重庆:重庆大学,2014.

[60] 宋立权,李亮,罗书明,等. 基于形状约束的双质量飞轮设计理论研究[J]. 机械工程学报,2012,48(1):111-117.

[61] 毛阳. 磁流变液双质量飞轮设计理论及扭振控制研究[D]. 长春:吉林大学,2015.

[62] Naderi M, Durrenber L, Molinari A, et al. Constitutive relationships for 22MnB5 boron steel deformed isothermally at high temperatures.[J] Materials Science and Engineering A,2008, 478:130-139.

[63] 胡平,马宁. 高强度钢板热成形技术及力学问题进展[J]. 力学进展,2011,41(3):310-334.

[64] 马宁,胡平,郭威,等. 高强度硼钢热成形技术研究及应用[J]. 机械工程学报,2010,46(14):69-72.

[65] 廖君. 汽车轻量化技术发展的探讨[J]. 北京:机械工业出版社,2009.

[66] 马鸣图,易红亮,路洪州,等. 论汽车轻量化[J]. 中国工程科学,2009,11(9):20-27.

[67] 聂采顺. 汽车零部件轻量化技术现状及研究方法[J]. 汽车实用技术,2015(9):29-32.

[68] 鲁春艳. 汽车轻量化技术的发展现状及其实施途径[J]. 轻型汽车技术,2007(6):22-25.

[69] 冯美斌. 汽车轻量化技术中新材料的发展及应用[J]. 汽车工程,2006,28(3):214-220.

[70] 路洪州,王智文,陈一龙,等. 汽车轻量化评价[J]. 汽车工程学报,2015,5(1),2-8.

[71] 姚再起,马芳武,刘强,等. 汽车轻量化评价方法研究[J]. 中国工程科学,2014,16(1),36-39.

[72] 王利,杨雄飞,陆匠心. 汽车轻量化用高强度钢板的发展[J]. 钢铁,2006,41(9),1-7.

[73] 陈慧岩,熊光明,龚建伟,等. 无人驾驶汽车概论[M]. 北京:北京理工大学出版社,2014.

[74] 赵福全,刘宗巍. 中国发展智能汽车的战略价值与优劣势分析[J]. 现代经济探讨,2016,4:49-53.

[75] 孙浩,邓伟文,张素民,等. 考虑全局最优性的汽车微观动态轨迹规划[J]. 2014,44(4):

918-924.

[76] 朱冰,贾晓峰,王御,等.基于双 dSPACE 的汽车动力学集成控制快速原型试验[J].吉林大学学报:工学版,2016,46(1):8-14.

[77] 袁一,李明喜,黄向东,等.基于分层结构的智能车系统架构[J].军事交通学院学报,2016,18:37-42.

[78] Raffo G V, Gomes G K, Normey-Rico J E, et al. A predictive controller for autonomous vehicle path tracking[J]. IEEE transactions on intelligent transportation systems,2009,10(1):92-102.

[79] DaLio M, Biral F, Bertolazzi E, et al. Artificial co-drivers as a universal enabling technology for future intelligent vehicles and transportation systems[J]. IEEE Transactions on Intelligent Transportation Systems,2015,16(1):244-263.

[80] MCNAUGHTONM. Parallel Algorithms for Real-time Motion Planning[D]. Carnegie Mellon University,2011.

[81] URMSON C, ANHALT J, BAGNELL D, et al. Autonomous driving in urban environments: Boss and the Urban Challenge[J]. Journal of Field Robotics,2008,25(8):425-466.

[82] THRUN S, MONTEMERLO M, DAHLKAMP H, et al. Stanley: The robot that won the DARPA Grand Challenge[J]. Journal of Field Robotics,2006,23(9):661-692.

[83] CHRISTOPHER R. BAKER, JOHN M. DOLAN. Street Smarts for Boss[J]. Automation Magazine,2009:78-87.

[84] Kazi Masudul Alam, Mukesh Saini, Abdulmotaleb El Saddik. Toward Social Internet of Vehicles: Concept, Architecture, and Applications[J]. IEEE Journals,2015:343-357.

[85] Mehrdad Ehsani, Yimin Gao, Ali Emadi. 现代电动汽车 混合动力电动汽车和燃料电池电动汽车[M].3 版.杨世春,华旸,熊素铭,译.北京:机械工业出版社,2019.

[86] 章桐,贾永轩.电动汽车技术革命[M].北京:机械工业出版社,2010.

[87] Antoni Szumanowski.混合电动车辆基础[M].陈清泉,孙逢春,译.北京:北京理工大学出版社,2001.

[88] 李相哲,苏芳,林道勇.电动汽车动力电源系统[M].北京:化学工业出版社,2011.

[89] 李骏.汽车发动机节能减排先进技术[M].北京:北京理工大学出版社,2011.

[90] Richard F.现代汽车技术[M].杨占鹏,梁桂航,于京诺,译.北京:机械工业出版社,2010.

[91] 杨世春.电动汽车设计基础[M].北京:国防工业出版社,2013.

[92] 杨世春.电动汽车基础理论与设计[M].北京:清华大学出版社,2018.